遍路国往還記

復刻版

早坂　暁

セーラー広告株式会社

お松大権現　訴訟の神様おうじん猫（徳島県阿南市）P.235

吉川英治の出世作『鳴門秘帖』（徳島県鳴門市・鳴門海峡）P.136

山田敬の家内工場が産んだ『立川文庫』（愛媛県今治市・来島海峡）P.301

江戸の豪商塩原太助が寄付した灯台「太助灯籠」（香川県丸亀市）P.91

『いのちの初夜』 北条民雄の故郷（徳島県阿南市・那賀川）P.160

『てんやわんや』獅子文六が寄寓した大畑旅館（愛媛県・津田町）P.49

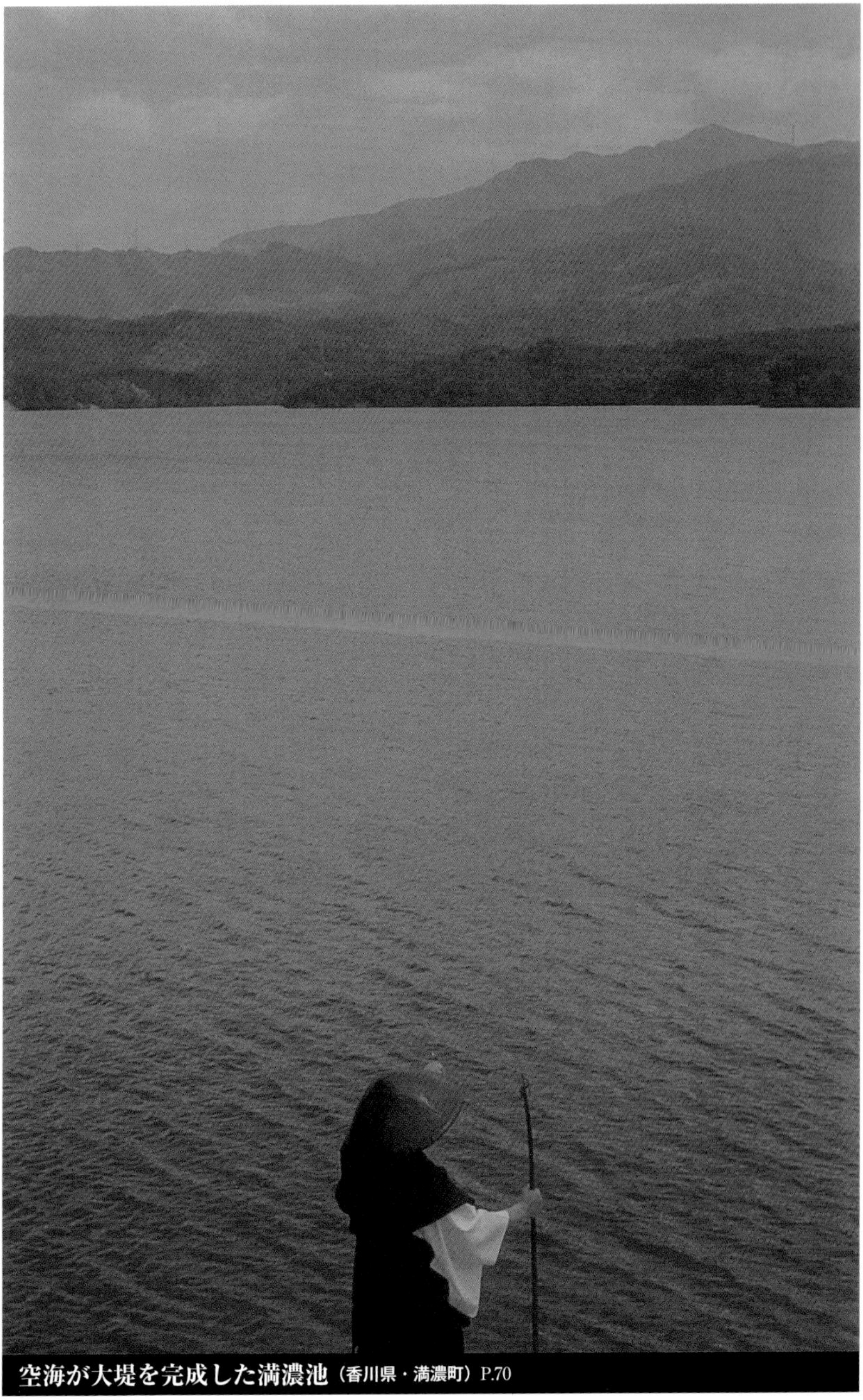

空海が大堤を完成した満濃池（香川県・満濃町）P.70

一茶の道（愛媛県北条市）P.205

毎年発明工夫展が開かれる平賀源内の旧邸（香川県・志度町）P.25

吉井勇が隠棲した猪野沢温泉（高知県・香北町）P.109

ジョン万次郎が船出した宇佐の夜明け（高知県土佐市宇佐）P.13

人形師天狗久のかしら（徳島市内）P.79

聖徳太子が政策をねった道後の湯（松山市）P.61

岩本千綱　日本人初の南方探検行（タイ・アユタヤの仏教遺跡に立つ筆者）P.181

岡田勢一　百隻余の沈船を引き揚げて香港を復活（香港・ビクトリア湾）P.184

美空ひばり　樹齢二千年の大杉にお礼参り（高知県・大豊町）P.64

藤堂高虎が築いた海城　今治城（愛媛県今治市）P.286

遍路国往還記　復刻版・目次

日本音楽著作権協会（出）許諾
第９３６０１０２－３０１号

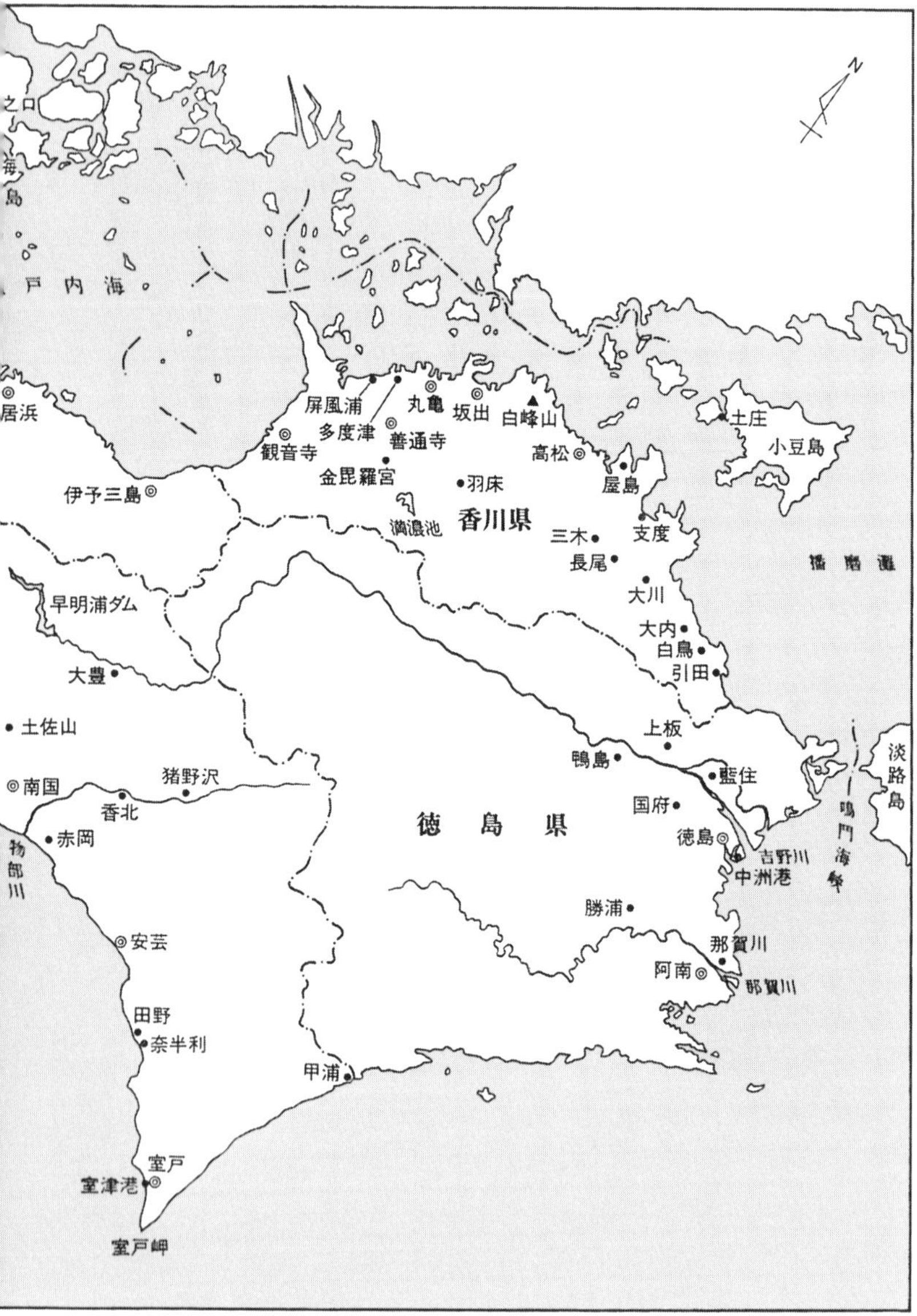

之口
戸内海
居浜
屏風浦
多度津
丸亀
坂出
白峰山
善通寺
観音寺
金毘羅宮
羽床
高松
屋島
土庄
小豆島
伊予三島
香川県
満濃池
三木
支度
長尾
播磨灘
早明浦ダム
大川
大内
白鳥
引田
大豊
土佐山
上板
鴨島
藍住
淡路島
南国
猪野沢
香北
国府
徳島県
徳島
吉野川
中洲港
鳴門海峡
赤岡
物部川
勝浦
安芸
那賀川
阿南
那賀川
田野
奈半利
甲浦
室戸
室津港
室戸岬

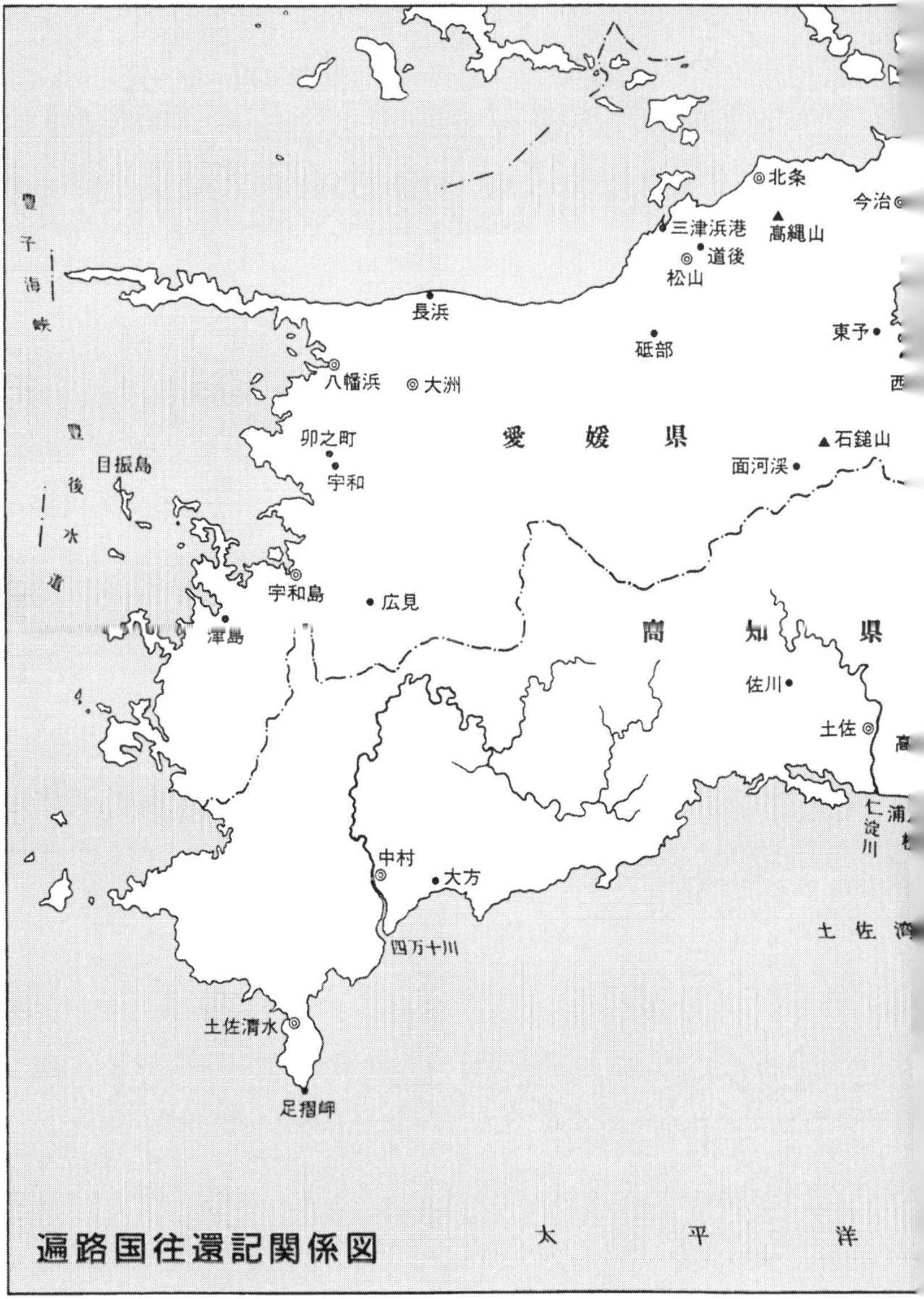
豊予海峡
北条
今治
三津浜港
高縄山
道後
松山
長浜
東予
砥部
八幡浜
大洲
卯之町
愛媛県
石鎚山
面河渓
宇和
目振島
豊後水道
宇和島
広見
津島
高知県
佐川
土佐
仁淀川
中村
大方
四万十川
土佐湾
土佐清水
足摺岬
太平洋

遍路国往還記関係図

遍路国往還記

装幀・熊谷　博人
写真・西田　茂雄

日本の鎖国の扉を叩いた一漁師
ジョン万次郎

きのうの朝、この土佐宇佐港を出た漁船が、今日一月六日になっても帰ってこない。船は五人乗りの、ハエナワ漁で、アジやサバをとる小舟である。おそらく遭難したにちがいない。

船には土佐清水から来た十四歳の少年も乗っている。父が死んだので働きに来て、最初の出漁だった。その名は万次郎。

――今から、ざっと百五十年前（天保十二年・一八四一年）のことである。

万次郎はなん日たっても帰ってこなかった。帰ってきたのは、なんと出港後十二年目である。二十六歳になった万次郎は心身ともに見違えるような人間になっていた。名前も、もう一つもっている。――ジョン・マン。

万次郎の乗ったハエナワ船は、やはり遭難したのだった。嵐に流され、無人の鳥島に漂着。飢えと闘うこと百四十三日、アメリカの捕鯨船ジョン・ハウランド号に救われて、ハワイに向かった。仲間は下船したが、万次郎はそのままジョン号に乗って捕鯨の航海を続け、二年後に同号の母港ニューベッドフォード（アメリカ東海岸）に入港した。

「ジョン・マン。私の町へ行こう」

船長ホイットフィールドは、万次郎を自分の子のように可愛がり、船の名をとってジョン・マンと呼んだ。引退する船長と共にフェアヘーブンの町に住むことになったジョン・マンは、桶《おけ》職人として働きながら、オックスフォード校（初級）に入校、小さい子供に混じって勉強した。

さらに専門学校に進んで数学、航海、造船学を学び優等で卒業する。

しかし、どうしても母に会いたかった。帰国の資金を稼ぐために、ゴールドラッシュに沸くカルフォルニアへ行き、必死に働いて金塊を手に入れてから、ハワイに向かった。そこには遭難した漁船の仲間がいた。

「ワシも連れて帰ってくれ」

伝蔵と五右衛門の二人が日本帰国に同行することになった。しかし、鎖国を続ける日本では、遭難漁師といえども、帰国は死罪、もしくは終身禁固の罪とされている。文字通り決死の帰国である。上海行きの客船に、上陸用の小舟を積み込んで、日本に向かった。

死を覚悟の帰国は、母に会いたさもあったが、もう一つ大きな目的があった。万次郎は客船に乗る時、ホイットフィールド船長あてに手紙を書いている。

「やがて世の中が変わり、日本が開国して、そこから善意が生まれてくると信じます。そうしたら、またお目にかかりたいと思います」

アメリカ捕鯨船の船員たちから、日本に近づいてひどい目にあった話をさんざん聞かされた万次郎は、自分の手で日本を開国させたい、と思った。アメリカ人は決して野蛮《やばん》な国民でないことを教え、もはや日本は世界から孤立して生きていけないことを訴えたいと決心したのだ。ペリーの日本遠征に先立つこと二年の〝日本遠征〟である。

琉球の沖で客船を停めてもらった万次郎たちは、小舟で摩文仁に上陸した。薩摩、長崎での厳しい取り調べが一年八カ月。やっと郷里土佐清水に帰ってきたのは二十六歳の秋だった。母は健在で、十二年ぶりの再会に、母も子も感極まって言葉もなかったそうである。

万次郎が終身禁固の罪を免れたのは、翌嘉永六年（一八五三）に日本を震撼させるペリー提督の黒船のためである。幕府はアメリカ事情に詳しい万次郎を呼び出し、直参として取り立ててアメリカとの交渉にあたらせた。英語を喋れるのは日本で万次郎ただ一人だったのである。万次郎は、この時に故郷中浜の地名をとって中浜万次郎とした。

万次郎は通商条約批准使節団の「咸臨丸」に案内役として乗り、九年ぶりにアメリカを再訪した。フェアヘーブンの町の人たちは、万次郎がプリンスになって、使節団を率いてきたと思ったらしい。のちに大統領になるF・ルーズベルトは、この町の少年だったが、「万次郎は私の少年時代の夢だった。一平民からプリンスになった物語の実例として……」と語っている。

万次郎は開成学校、のちの東京大学の教授となり、日本の文明開化、日米関係に大きな足跡を残した。土佐宇佐港から出港したハエナワ船は思いもよらぬ大漁で帰港したと言えるのだ。

平成の時代になって、万次郎の四代目になる医師中浜博さんは、ホイットフィールド船長の四代目に会うためにアメリカに出かけている。高知の小さな漁港からはじまった日米往還の織り糸は、まだ類《たぐ》いまれな布を織り続けているようだ。

近年、この港から出漁する船で遭難した例は、ない。

松山には子規という文学の産婆がいた
夏目漱石

『ぷうと云って汽船がとまると、艀《はしけ》が岸を離れて、漕《こ》ぎ寄せて来た。船頭は真っ裸に赤ふんどしをしめている。野蛮《やばん》な所だ』

夏目漱石が書いた「坊っちゃん」は、日本で最も広く読まれている小説だが、右の文章は〝坊っちゃん〟が松山中学校に赴任するため、松山市郊外の三津浜港に着いたくだりである。

野蛮な所だ——とは、ずいぶん高飛車だが、なにしろ〝坊っちゃん〟は箱根より西は僻地《へきち》だと粋がっている江戸っ子なので、まあ仕方あるまい。

しかし、夏目漱石自身が英語教師として松山中学校に赴任してきたのは、日清戦争末期の明治二十八年（一八九五）の四月だったから、千トンクラスの汽船が接岸できる桟橋もなく、赤ふんどしをした船頭の艀に乗り移って上陸した。漱石こと夏目金之助は二十八歳だった。

東京帝国大学を卒業した文学士夏目漱石が、なぜ東京高等師範の教師をやめ、わざわざ遠い四国の田舎中学校へ赴任してきたのか。失恋説もあるが、どうやら温暖な土地でのんびりと病気をなおそうと考えたらしい。

病気というのは、実は肺結核の初期の徴候があったのである。漱石の長兄も次兄も結核で死んだし、当時の結核はほとんど不治の病気と考えられていた。四国の松山は転地療養にはもってこいの土地だ。松山は漱石にとってはじめての十地ではない。二年前の夏、帰省していた親友正岡子規をたずねて、松山の子規の家で数日を過ごしている。

また、金をためて洋行をしようという気持ちもあったようだ。なにしろ松山中学の月給は外人教師並みの八十円、校長の月給より高い破格のものである。

ともあれ漱石は艀で三津浜の陸にあがった。そこから松山までは蒸気機関車が引っぱる列車に乗る。『乗り込んで見るとマッチ箱のような汽車だ。ごろごろと五分ばかり動いたと思ったら、もう降りなければならない。道理で切符が安いと思った。たった三銭である』――と〝坊っちゃん〟には書いてあるが、五分では松山へは着かない。実際は十五分ぐらいかかる。

漱石は松山市の二番町の離れに下宿した。そこからは濠端《ほりばた》にある松山中学校へは歩いて通える。ところが四カ月たった八月の暑い日に、正岡子規が漱石の下宿へころがり込んできた。

「やあ、ここがいいなぁ」

漱石の承諾も聞かず、勝手に住みはじめたのだ。

「正岡さんは肺病だから伝染しますよ」

と家主に忠告されるが、漱石は笑って自分は二階にあがり、広い階下を子規に明け渡した。たしかに子規の肺結核はひどいものだった。東京の新聞社に勤めていた子規は、みんなが止めるのも聞かず、日露戦争の従軍記を書くのだと朝鮮半島に渡り、戦地で大喀血《かっけつ》をしてしまった。半死半生のありさまで神戸へ送還され、やっと郷里松山にたどり着いたのである。

漱石と子規は同い年で、東京帝国大学予備校以来、生涯の友という間柄であった。漱石の号も、子規が使っていたのを贈ったものである。漱石枕流、石にくちすすぎ流れに枕す——つまり大変な強情張りを意味している。

階下に陣取った子規のまわりには俳句の門下生が集まってきて、毎日のように句会が開かれる。中学校から帰ってきた漱石も、さそわれて句会に出席するようになった。おかげで、せっかく洋行の費用にと考えていた八十円の給料も半月でなくなる始末となった。階下の費用が全部漱石持ちであったからだ。

しかし、この時の文学的な刺激は、漱石にはかり知れないものを与えている。漱石の女婿松岡譲は「子規の産婆術よろしきを得て、漱石は文豪になった」と言っているほどだ。

一年後、漱石は同じ三津浜港から次の赴任地熊本の第五高等学校へと旅立った。

小説「坊っちゃん」では『その夜おれと山嵐はこの不浄な地を離れた。船が岸を去れば去るほどいい心持ちがした』と書いているが、その「坊ちゃん」といい、その前の小説第一号である「吾輩は猫である」も他ならぬ子規の俳句誌「ホトトギス」に発表したことでも分かるように、小説家夏目漱石の誕生は下宿愚陀佛庵《ぐだぶつあん》の五十数日の豊かな結実であったようだ。

漱石を艀で迎え、また見送った三津浜港も今は一万トン級のフェリー船が着岸し、年間車両三十五万台、乗客七十四万人が乗降している。

尾崎放哉

漂泊の俳人、小豆島に果てる

浅黄色の風呂敷包み一つ持って、尾崎放哉は小豆島《しょうど》土庄《とのしょう》港へ着いた。暑いさかりで、島の山からクマゼミの鳴く声が夏日の唸《うな》り声のように響いてくる。

風呂敷包みの中には、シャツや猿股《さるまた》と一緒に、俳句の師である荻原井泉水《せいせんすい》の手紙が入っている。島の素封家で、井泉水の門下である井上一二にあてたものであった。

『小豆島で托鉢《たくはつ》的な生活ができる所があれば……。堂守ふうな役目の所なら、さらに望ましいのです。酒はぜったい禁ずるように約束させました。

あすからは禁酒の酒がこぼれる

この句を以《もっ》て、はなむけとした次第です』

東京帝国大学まで出た放哉が、一流保険会社の課長の席を追われたのは、酒のせいである。寝間着のまま出勤、朝から酒を飲みながら執務、夜は街頭で札束をまく狂態ぶりだった。妻とも別れ、寺男や堂守として生活していた放哉は、海を渡って台湾へ行きたいと、師の井泉水に告げたのだ。病身の放哉が、台湾へ行くというのは、死に場所を求めてのことである。

井泉水は妻を亡くした折、遍路となって小豆島の八十八カ所を廻《まわ》ったことがあった。——あの島なら、あたたかく、安らげる場所があるにちがいないと、手紙を持たせて放哉を小豆島へ送り出したのだ。

放哉は島の第五十八番札所である西光寺の奥院南郷庵に入った。庵はお大師さまをまつった六畳、居間の八畳、台所の三畳という簡素なもので、西に窓が一つある。

障子あけて置く海も暮れきる

放哉の糧は、遍路たちの賽銭《さいせん》だけ。焼き米をかじりながら、日に日に痩《や》せていく暮らしとなった。

肉がやせてくる太い骨である

放哉のつくる俳句は自由律で、五七五の定型ではない。

淋しいぞ一人五本の指を開いて見る

放哉の病気は肺結核である。

庵は冬になると、海風が強く吹きつけた。『島の寒さは論外なり。昼夜ぶっ通しで北西風が四日でも五日でも続けざまに吹いて吹いて吹きまくる』と日記に書きつけてある。

追つかけて追ひ付いた風の中

畳を歩く雀《すずめ》の足音を知つて居る

春になれば菜の花が咲き、お遍路さんたちが鈴を鳴らしながら庵へやってきてくれる。入庵して七カ月たった頃には、衰弱してほとんど足腰の自由を失った。この放哉を支えてくれるのは、近所の漁師の妻、おシゲさんである。庵に通ってきて、結核の放哉を厭《いや》な顔ひとつせず、面倒を見てくれた。

　とんぼが淋しい机にとまりに来てくれた
おシゲさんは、とんぼではない。同行《どうぎょう》二人の、もう一人の人というべきか。
「庵主さん、もうすぐ春ですよ」
「シゲさん、起こしてくれ」
放哉はおシゲさんに支えられて、下からあがってくるお遍路の鈴の音を聞くようにしている。風はやんで、陽は明るくなっていた。
「シゲさん、いま、なん時だ……」
放哉はもう目が見えなくなっていた。南郷庵には時計もない。
大正十五年（一九二六）四月七日、放哉はおシゲさんに抱かれるようにして、死んだ。四十二歳。島に来て、七カ月と十八日目である。
　残された最後の句は、
　春の山のうしろから烟《けむり》が出だした
漂泊の俳人・尾崎放哉が死んだ南郷庵は、今は無く、その跡に『俳人放哉……』の碑が建っている。放哉の墓はその奥の墓地内にあるというが、判りにくい。
　漬物石になりすまし墓のかけである
島では墓のかけらを漬物石に使っている。南郷庵跡からは、昔のように海が見える。島の集落も見える。
　山に登れば淋しい村がみんな見える
はたしてこの句は〝淋しい〟の前で切るのか、後で切るのか――。

女性を愛し徳島の土となるポルトガル詩人

モラエス

モラエスは阿波の辺土に死ぬるまで日本を恋ひぬ　かなしきまでに　　吉井勇

詩人のヴェンセスラシオ・デ・モラエスが、ポルトガル日本総領事の職を返上し、神戸から徳島の中洲《なかず》港に着いたのは、大正二年（一九一三）七月四日の早朝である。手にしているのは白い片道キップ一枚。すでにモラエスは六十歳になっていた。

——もうポルトガルには帰らない。徳島で死のう。死んで徳島の土になろう。

港には斎藤ユキが迎えに来ており、すぐに市内の眉山麓にある潮音寺に向かった。そこにはユキの妹である福本ヨネの真新しい墓が出来上がっていた。法喜蓮照信女、行年三十八歳と刻まれてある。

ヨネは徳島から出てきて大阪松島遊廓の芸者となったが、来日間もないモラエスに見染められて、結婚した。モラエスは美しい大きな眼と、美しい小さな手を持ったヨネを深く愛したけれど、心臓の悪かったヨネは、十三年目に死んでしまったのだ。

モラエスは伊賀町にある四軒長屋の南端の家を借りた。書斎にした二階からは窓いっぱいに眉山が見え、かねて憧れていた「方丈記」や「徒然草」の隠遁《いんとん》生活をはじめた。

思えば長い航海の果てである。ポルトガルの首都リスボン近郊にあるレイリヤ市に、高級官吏の子として生まれたモラエスは、「ここは大地のつきるところにして、大海のはじまるところ」の詩の通りに、ポルトガルの港から海軍士官となって大海へと乗り出したのだ。アフリカのモザンビーク、インドネシアのチモール島、中国のマカオと、まるで日本に引き寄せられるように赴任地を変えながら、リスボンに詩や紀行文を送り続けて、マカオで海軍中佐になった頃はポルトガル随一の海洋詩人にして海洋作家になっていた。

モラエスはマカオの港務副司令の職を突然辞任、憧れの日本移住を決行する。そして神戸に住んだモラエスは、すぐにヨネにめぐり合ったのだ。日本には西欧がすでに失った美しさ、静けさ、優しさがあふれ、その生きた姿が、ヨネであった。

伊賀町の〝方丈〟には、ユキの娘、つまりヨネの姪になる小春が一緒に住むようになった。小春もヨネに似た美しい娘で、小さな手をしている。ヨネと重ね合わせるようにして小春を愛しはじめたモラエスは、小春には日本人の若い恋人がいて、その男の子供を妊《みごも》っていることを知るけれど、許した。モラエスにとって孤独を慰めてくれるのは、小春ただ一人である。

しかし、その小春も血を吐いて倒れた。肺結核で、あっという間に二十三歳の若さで死んでしまう。今度こそモラエスは、たった一人になった。巡査が来て、標札が斎藤小春のままでは困ると注意した。モラエスは新しい標札に毛筆でモラエスと書き、小春の標札の上に重ね、両方の名前が見えるようにした。

毎朝夕の潮音寺への墓参は欠かさない。ヨネと小春の墓の前で涙を流し、その涙を掛けるようにして、必ず水を墓石にそそいだ。二人とも死ぬ時に水を欲しがったからである。よく夏の夜に、モラエスが墓石を持ちあげて、それを清水に浸《つ》けているのを見た徳島の人たちは、変な〝西洋乞食《こじき》さん〟の剛力ぶりに驚いている。〝西洋乞食〟といわれるのも無理はなく、モラエスは着ている洋服も和服も、中折帽も、七年も八年も同じもので、杖《つえ》がわりのコウモリ傘などはとっくに突端がすり切れていた。

日本人と同じような米と魚と野菜を食べ、タタミの上に眠り、家には一脚の椅子《いす》もなかった。ひたすら日本人になりきろうとしたが、時にはスパイの嫌疑をかけられ、子供は毛唐人とはやしたてた。

昭和四年（一九二九）七月一日の夜、モラエスは水を求めて不自由な体を引きずり台所へ向かうが、誤って足をすべらせ、タタキの上にうつ伏せになったまま、息が絶えた。七十六歳だった。

「ワタクシハ、モシモ、死ニマシタラ、徳島デ焼イテクダサレ」という遺書が残っていた。遺言通りモラエスは灰となって、小春の墓の中に入れられた。しかし、「デキルダケ、私ガ愛シタ妻ノ福本ヨネノ墓ニ近ヅケテ……」という遺言のくだりは、守られていないようである。

モラエスが優れた作家だったことに気付いた人びとは、七月一日の命日を、モラエス忌として集うようになった。彼の生まれたレイリヤ市には「とくしま通り」ができている。

平賀源内

田舎天才から江戸の〝ミケランジェロ〟へ

井の中をはなれ兼ねたる蛙かな

平賀源内が四国を離れるにあたっての一句である。二十九歳、春三月のことだ。源内が生まれたのは享保十三年（一七二八）、江戸期の真っ只中《ただ》。高松藩の御蔵番といえば聞こえはいいが、一人扶持《ぶち》切米三石。とてもそれだけでは食べていけないので、志度町で農業もしているという身分の低い家の三男坊である。

身分は低い家の子だが、すこぶる才気にあふれ、〝天狗《てんぐ》小僧〟の異名があるほど。十二歳で、顔が赤くなる「おみき天神」というカラクリ人形を作ったり、植物学、鉱物学も学んで博学多才。今の世だったら、ぐんと頭角をあらわすこと間違いない人材だが、残念にも身分制度の壁が厚い時代である。御蔵番の〝天狗小僧〟の才能は志度の浜辺で花開くことがなかった。

二十五歳の時、医師久保桑閑に連れられて、はじめて長崎に遊学する。当時長崎は外国にむかってひらかれた只一つの〝窓〟である。目もくらむばかりの舶来品の数々、西洋の学問、芸術の素晴らしさ。〝天狗小僧〟源内の頭脳は西洋知識でふくらみ、同時に野心も大きくふくらんだ。高松藩に帰った源内は、藩務退役願を提出する。高松藩にいるかぎり、一生しがない御蔵番で終わるのだ。いささか出世してみても、たかが知れている。それよりか江戸へ行って、おのれの才能を花開かせたい。勝手に江戸へ行っては脱藩となって重罪である。そこで藩務退役願を出したのだ。

幸いというべきか、その願いは聞き届けられた。

『其ノ方ハ近年病身トカデ、御奉公モ勤メ難キニ付キ、御扶持切米ヲ差シ止メ、御暇《おひま》頂戴仕《つかまつ》リタキ由。願イノ通り許可……』

藩からの許可状である。高松藩にとっては大した人材を逃がしたわけだから、不幸にして大損害というべきだろう。

しかし、源内が志度町を脱出するためには、まだすることがある。源内は三男とはいえ、兄たちが死亡して、御蔵番の家を継いでいた。そこで、妹里与《りよ》に従弟《いとこ》磯五郎を婿《むこ》養子として迎え、平賀家を継がせた。磯五郎は百姓の子供である。宝暦六年（一七五六）、ついに志度町の〝天狗小僧〟は江戸へと旅立った。遠ざかる讃岐の山々を眺めながら、野心に燃え立つ源内も、井の中を離れかねたる蛙の思いがしたのだろう。もう一句。

古郷を磁石に探る霞かな

春霞に煙って見えなくなっていく故郷を、磁石でどの方角かと探るのだ。いかにも西洋知識に明るい源内の一句である。

さて、江戸に出た源内は、華々しい活動をはじめる。全国薬草会、物産会を開く。今でいう万博である。また、石綿で燃えない布〝火浣布《かかんぷ》〟を発明して幕府に献上したり、寒暖計やエレキテルを復元してみせて、世間を驚かせる。金山や鉄山の開発も手がけ、浄瑠璃「神霊矢口渡」を上演するかと思えば、洋風油絵「西洋婦人図」も描く。まるで、江戸のミケランジェロのような万能的な才能を披露してみせたのだ。

宝暦十一年に高松藩に「禄仕拝辞願」を提出して許可をとり、一介の浪人となったのは、幕府にでも高禄で就職しようという目論見《もくろみ》があったようである。

しかし、〝早く生まれ過ぎた〟源内は、その野心を実らせることもなく、殺人の罪で伝馬町の牢獄で死ぬ。五十二歳。

『アア非常ノ人、非常ノ事ヲ好ミ、行ヒ是レ非常、何ゾ非常ノ死ナル』は親友杉田玄白が源内の墓碑に刻んだ一節である。

乾坤《あめつち》の手をちぢめたる氷哉

源内の辞世の句だ。

志度町の源内旧邸では毎年、源内が故郷を出た三月に「発明工夫展」を開く。第二の源内先生を目指してと、坂出《さかいで》市以東の香川県の小・中学生を対象に募集する。すでに八回目。作品約二百点が展示されて、最優秀作品には「源内賞」が贈られた。旧邸の遺品館にはいま一万五千人が訪れている。

病床で泣き叫びながら俳句革命

正岡子規

世の人は四国猿とぞ笑ふなる
四国の猿の子猿ぞわれは

子規・正岡升《のぼる》が、母八重や妹律《りつ》たちに見送られて郷里松山を出発したのは、十七歳の六月であった。

すこぶる臆病で泣き虫だったので〝青びょうたん〟と笑われていた升も、松山中学校に進んでからは、政治弁論に熱中するようになった。

「松山のぬるま湯に浸っとっては、時世に遅れるぞなもし。東京発行の新聞をとって読もうや」

当時、松山地方に毎日とどく中央の新聞はごく少部数で、官庁や学校に配達されるだけであったが、仲間七、八人で注文して回し読みした。それだけでは思いは満たされず、家出の覚悟で上京を決行したのだ。

三津浜港から豊中丸という汽船で神戸へ着き、そこから横浜行きの大きな汽船に乗った。なにしろ明治十六年(一八八三)のことだ。鉄道は東京と横浜の間にしかない。その汽車で新橋停車場に着いたのは六月十四日。なんと、松山を出てから五日目である。

法律を勉強して政治家になるつもりであった升は、大学へと進むうちに、文学への情熱に火がつく。名も子規とした。結核となって、喀血したので、鳴いて血を吐くホトトギス（子規）としたのだ。

子規は病気療養のため、たびたび松山に帰ってきた。

『松山城北に練兵場がある。ある夏の夕方、中学生であった私たちがバッティングをやっていると、そこへ東京帰りの学生がやってきた』

高浜虚子の回想記だ。その東京帰りの学生が「おい、ちょっとお貸しの」とバットを手にして、本場仕込みのバッティングを披露する。その人物は単衣《ひとえ》の肌を脱いでシャツ一枚となって鋭いボールを飛ばす。虚子が転げてきたボールを拾って、その人に投げかえすと、「失敬」と言って、ボールを受け取った。なんとなく人の心を引きつける声だと虚子は思ったが、その直感の通り、その人は虚子の師となる。学生は子規であった。

ベースボールを野球と訳したのは子規だが、それを〝ノボール〟と自分の名になぞって読ませたりしている。

子規が血を吐いたのは二十二歳。それから死ぬまで、長い長い病気との闘いとなった。その闘いの最後の場所は東京・上根岸の小さな家で、松山から母八重と妹の律が、看病のために上京した。

結核菌に関節や脊髄を侵された子規は、寝たきりとなり、文字通り〝病牀《びょうしょう》六尺がわが天地〟となる。腰の穴からは膿汁が流れ出し、繃帯《ほうたい》を取りかえる時は、その激痛に大声をあげて、子規は泣き続けた。叫び声は、離れた夜の鶯谷駅まで聞こえている。

「ああ、升は、小さい時のように、泣く子になってしもうた……」

子規の泣く声を身をけずられる思いで母八重は受けとめ、できることなら自分の命と代えてほしいと、神仏に祈り続けた。

繃帯をかえる仕事は律である。

『律は同情の無き木石のごとき女なり』と、子規は〝仰《ぎょう》臥《が》漫録〟の中で、妹をののしるが、律は兄を看護するために生まれてきたようなものであった。すでに嫁いでいたのに、離縁されての看病なのだ。

「実は僕は生きているのが苦しいのだ」と、ロンドンにいる親友夏目漱石に悲鳴に似た手紙を出す子規は、しかし、泣き叫びながら俳句を作り続け、弟子の虚子たちに教え、評論を書き、おびただしい投句の添削を続けて、日本の俳句を革命していく。

『平気で死ぬのが偉いと思っていたが、平気で生きる方がもっと偉いと判った』

と日記につけた子規は、泣き虫ではあったが、もう決して臆病ではなかった。むしろ、勇者と呼ぶにふさわしい。

明治三十五年（一九〇二）九月十九日、勇敢に病と闘い続けた子規も、息を止めた。三十六歳。

律が「兄さん、兄さん」と呼び、母八重は、「のぼ（升）さん、さあ、もう一ぺん痛いというておみ」と、ぼたぼた涙を落とした。

絲瓜《へちま》咲《さい》て痰《たん》のつまりし佛《ほとけ》かな

子規・正岡升の辞世の一句である。

坂本龍馬

姉は命かけて、弟を脱藩させた

『脱藩とは、登山のようなものだ。とくに土佐のばあいは』（司馬遼太郎「龍馬がゆく」より）

　坂本龍馬は文久二年（一八六二）の三月二十四日、土佐藩を決死の脱藩をする。二十八歳。

　龍馬が選んだ道は伊予へ抜ける道。しかし、伊予への道は六つあり、いずれも険しい四国山脈を越えなくてはならない。しかも、土佐藩が張りめぐらせた八十六カ所の関所の大半が伊予との国境に集まっている。

『だから、間道を走る。

　寝ず、駆《か》けどおしで、伊予境までの山岳渓谷二十余里、山窩《さんか》のように走らねばならない。自分の健脚だけが頼りなのだ』

　雪が深く、難渋した。

　龍馬は着流しで、それを尻《しり》からげにして脚絆《きゃはん》に草鞋《わらじ》をはいており、腰には肥前忠広の名刀を差している。身分の低い郷士には過ぎた名刀である。それは姉お栄が龍馬に与えたのだ。お栄は柴田家に嫁いでいたが、舅《しゅうと》との折り合いが悪く、実家に帰っていた。柴田家を出るとき、夫は家宝の名刀、肥前忠広を持たせた。実家へ帰る妻に家宝の名刀を持たせるのは、再び迎えに行くという意味なのだろう。その刀を、お栄は出奔する弟に「持っておいき」と与えたのだ。

龍馬は脱藩の仲間沢村惣之丞と檮原《ゆすはら》村へと走る。現檮原町には石碑「宮野々関門旧址《し》」があって『幕末維新之時　土佐勤王烈士十二人前後此ノ関門ヲ脱出シ……』と、脱藩志士の名の筆頭に坂本龍馬を刻んでいる。

　この関所は、道案内する人があって抜け道をして無事通過した。そして四万十《しまんと》川沿いに上り、国境の韮《にら》ケ峠に出ている。標高九七〇メートル。龍馬が通った旧街道は、今はない。

　峠を越えた龍馬たちは、伊予の山道を榎ケ峠、水ケ峠と過ぎて、泉ケ峠に至る。標高六五〇メートル。当時は湧《わ》き水があって、泉の名がついていたらしい。ここで、龍馬は高知を出てからはじめて一泊する。杉林の中であったらしい。

　翌朝、龍馬たちは大洲《おおず》に向かう。大洲藩五万石の城下町だ。なぜ龍馬は多くある伊予路の中から、大洲の路を選んだのだろう。大洲藩は維新が成って明治天皇が東京へ向かう遷都の行列の時、藩主加藤泰秋が藩兵二小隊を率いて先駆けとなっている。つまり、小藩といえ勤皇を鮮明にしていた藩だったのだ。

　しかし、大洲を通過した龍馬は、「大洲は景色が美しいし、女がみな綺麗《きれい》じゃ」と褒《ほ》めておいてから「けんど、侍《さむらい》の差しとる刀は、みなナマクラばかりぜよ」と、からかっている。鞘《さや》の上からナマクラが判るはずもないが、自分の腰の肥前忠広を自慢したかったのかもしれない。

　そのころ、高知では龍馬の脱藩が知れて大騒ぎになっている。坂本家にとっては家の一大事、長兄の直方は「弟龍馬儀、昨夜以来行方知れず」と藩庁に届け出た。そして妹お栄が柴田家から持ち帰った刀が失くなっているのに気付く。

「お栄、お前《まん》、刀を龍馬にやったな」

直方は再び藩庁に出向き、「所蔵の刀紛失」と届けた。その留守中にお栄はのどを突いて自害して果てた。

龍馬は、そうとも知らず肱川《ひじ》を川舟で下って瀬戸内海の河口に出た。長浜村である。そこで豪商冨屋金兵衛宅を訪ねて泊まった。

長浜には船番所がある。龍馬は冨屋金兵衛の力で、その目をくぐり抜けたらしく、無事に四国をあとにした。目指すのは長州三田尻港だが、暗殺される三十三歳まで、わずか五年の間に維新という時代の大歯車を回すための出港であった。

『薩長連合、大政奉還、あれァ、ぜんぶ龍馬一人がやったことさ、と勝海舟はいった』（『龍馬がゆく』より）

お栄の死は家の恥として墓もつくられなかったが、百年あまりして昭和四十三年（一九六八）に墓石が建てられた。歌が一首、添えられてある。

『百年の埋木《うもれぎ》今日ぞ花薫る』

六百億円を蕩尽したバロン、徳島に眠る

薩摩治郎八

昭和三十四年（一九五九）八月、バロン（男爵《だんしゃく》）と呼ばれる男が、新婚の妻に連れられて、寝台急行「瀬戸」号で徳島に向かっていた。徳島は妻の利子の郷里である。

バロンは五十八歳。東京の浅草座で踊り子をしていた利子の楽屋に、毎日通いつめての結婚である。年齢は三十歳も離れていた。

徳島市佐古二番町にあった利子の実家に宿をとったバロンは、十五日から始まった阿波踊りを一日も欠かさずに見物したが、二十二日、二階で倒れた。階下の台所にいた利子が「ドーン」という音に驚いて二階へ駈《か》け上がってみると、バロンは畳の上に座り直して、

「どうもないよ」

と返事をした。しかし、様子がおかしいので近くの医者を呼んで診てもらうと、脳卒中であった。「どうもないよ」と言ったきり、言語障害で言葉が出ない。やっと言葉が出るのは三カ月後だったが、初めての言葉が「サンドリエ」。フランス語で灰皿のことだ。あとはもうフランス語ばかり……。夢の中でもフランス語をしゃべるというバロンだから、不思議はないのである。

こうなると、バロンはてっきりフランス人かと思われそうだが、バロンの本名は薩摩治郎八。

生粋の日本人だ。しかも、東京は神田の生まれの江戸っ子。神田といっても駿河台の一万数千坪の屋敷に生まれたのだ。父方の祖父は明治の木綿王で、家はフランス式洋館でヴィラ・モンキャプリスと名付けられ、地下室にはフランス直送のワイン樽がずらりと並んでいた。

十八歳でイギリス・オックスフォード大学に留学したが、月に一万円の仕送りを受ける。大正時代の一万円は、利子だけで一生暮らしていけるほどの金額である。驚いてはいけない、今の金額で一億円だ。こうして、芸術の都パリに出た薩摩治郎八は、後にも先にもパリでもっとも金を使った日本人となるのである。その額は、現在の金額にして約六百億円。

いや、ゴッホの絵などに数百億円を投じる人物はその後に出現するが、治郎八の使った六百億円は、一円たりとも絵画や骨董《こっとう》、土地などの投資には使われていない。彼をよく知る詩人・堀口大学は、「彼は只《ただ》なんとなく使ったのだ。自分も楽しみ、人を楽しませる為だけに、只なんとなく使ったのだ。この点に僕は感心する。それも二十年の長きにわたってだ」と語っている。

芸術を愛した彼は藤田嗣治、藤原義江、原千恵子、アンリ・マチス、モーリス・ラヴェルなど画家、音楽家とつき合い、時には助けた。一切の見返りを期待せず、真のパトロンとして驚くべき財力をそそぐのだ。

一方、アラビアのロレンスに憧れ、ロレンス大佐に対面し、フランスの外人部隊に入り、アルジェの戦いで負傷して除隊、かと思えば恋人をめぐってフランス人の侯爵と決闘。フランスにドイツ軍が侵入すると、ナチの手から友人を助け出したりもする。

山田伯爵の令嬢千代子と結婚すると、銀製のクライスラーやロールスロイスを特注してパリっ子を驚かせた。千代子夫人はドーリー（人形）と呼ばれて、着るものはすべてパリの流行になるほどの可憐な美人で、夫婦そろってパリ社交界の人気を独占するが、千代子夫人は病弱とあって四十歳の若さで死んだ。

男爵でもない彼がバロン・サツマと呼ばれたのは、右のような理由からだが、その名声を決定づけるのは、パリ大学都市の日本館建設である。関東大震災で資金のない日本政府のために肩代わりして、独力で完成させた。

そのバロンも、三十年間に六百億円を使い果たし、日本に帰ったときは無一文だった。「死ぬときはマルセイユか徳島にしたい」といっていたバロンは、徳島港に響く汽笛をマルセイユのようだと言っていた。

昭和五十一年二月二十二日夜、バロン・サツマは、優しい利子さんと二匹のネコに看《み》とられて息を引き取った。七十五歳。経帷子《きょうかたびら》は似合わないだろうと一番好きだったブレザーを着せてもらい、エルメスの香水と共に、鍵のついた日記帳も入れてもらった。

『千年も古りし我かと疑わる、多くも持てる思い出のため』

バロンの愛したボードレールの「悪の華」ではないが、バロンは六百億円の思い出を抱いて逝ったのだ。

ライト兄弟より早く、夢の翼を飛ばす

二宮忠八

百年前の春の夜、香川県丸亀練兵場で、とてつもない夢が飛んだ。
飛ばしたのは丸亀の歩兵第十二連隊に属した兵隊、二宮忠八。愛媛県八幡浜市から入隊してきた一等兵である。

「さあ、行くぞ」

忠八が手にしているのは幅四十五センチ、長さ三十五センチの模型飛行機である。単葉の翼、車輪もついているし、胴体の上部にはゴム動力でまわる四枚羽根プロペラがついている。明治二十四年（一八九一）に、飛行機というものを模型という形で表現したのは二宮忠八が世界で初めてであった。

静かに空に向かって模型飛行機を放った。忠八の飛行機は約十メートルをふわりと飛んだ。二回目は三十メートルも飛んだ。それが、〝とてつもない夢〟が飛んだ瞬間であるのに、気付いた者はいなかった。世界で初めて動力つきの人工翼が空中を飛行した瞬間だった。

材料は竹と良質の和紙。忠八は記念すべき模型飛行機に「烏《からす》型飛行器」と名付けた。カラスの群れが羽根を静止して滑るように空を飛ぶのを見て、ヒントを得た模型飛行機だったからである。

忠八が、最初に空を考えついたのは、郷里八幡浜で奉公に出た商店でのことだ。店の宣伝のために、空からビラをまくというカラクリ凧《たこ》を作って、市民をびっくりさせたのである。

軍隊へ入ってからも、空への思いは募るばかり。凧のように空を飛びたい。忙しい軍務の合間に、唐傘を使って、橋の上から飛び降りたりした。傘の角度をかえると、着地する場所が違うことも判った。

丸亀連隊の〝変わった兵隊〟は、さらに設計、試作を重ねて、二年後には両翼の長さ二メートルの複葉式大型機「玉虫型飛行器」を完成させた。玉虫が上下二枚の羽根を持っていることからの連想の産物である。

明治二十七年、清国と戦争が始まった。忠八は野戦病院付の兵隊として従軍、戦争の中で、「飛行器」こそ将来の主役になるものと、確信を持ったのだ。

薄暗い野戦病院のテントの中で「玉虫型飛行器」の精密な設計図や構造をつくり、上官を通じて、旅団長大島義昌少将に上申した。

『此ノ図ノ如キ飛行器ヲ、軍用ノ要員トナスヨウ望ム……』

発想があまりにも奇抜にすぎた。上申書はにべもなく却下。続いて出した新しい上申書も却下。日本は〝とてつもない夢〟を摑《つか》みそこねてしまった。アメリカのライト兄弟の有人初飛行に先駆けること十年も前であったのだ。

「こうなったら自力で飛行器を製作するしかない」

軍隊をやめた忠八は、大阪に出て大日本製薬会社に入社する。三十二歳である。会社役員として経営に当たりながら、念願の飛行器完成に情熱を燃やし続けた。

「あーッ……」

ある日、新聞を見ていた忠八は悲鳴のような声をあげた。明治三十六年（一九〇三）、アメリカでライト兄弟がエンジン付きの機体で世界初の有人飛行に成功したという記事があったのだ。

軍隊の上申書では人力による飛行器であったが、研究を続けて石油発動機によるエンジン飛行機までたどりつき、複葉の下翼は可変式にして機体を安定させる仕組みも完成していたのだ。

忠八は、半生かけた夢の研究を、この日を最後にして止めてしまった。

忠八の郷里八幡浜市では「玉虫型飛行器」を復元、百年目にして日本の「飛行機の父」の夢を飛ばそうと計画している。却下された上申書（写し）は、忠八が後年に建立した飛行神社（京都府八幡市）にある。

ひょっとして、忠八の夢は四国から瀬戸の海を飛行機で飛び越えることだったかもしれない。

長崎の混血児は女医となった
おらんだ・おイネ

豊後水道を横断して、九州から二百石積みの船が八幡浜に入ってきた。

「ああ、小さな港だこと……」

驚くほど色が白く、茶色の髪をした美しい少女は、三方を山にかこまれた三百戸ほどの港町を、青い色の目で見つめていた。

少女の名はイネ。十四歳であるが、大柄なので、十八歳ぐらいに見える。長崎から、たった一人でやってきた。着物を着、日本ふうに髪を結っているが、明らかに西洋人の血が混じっているのがわかるので、誰もが振り返る。

イネは混血児である。長崎の出島にあるオランダ商館に赴任してきた医師シーボルトと、遊女タキとの間にできた娘だ。

イネの行く先は卯之《うの》町。山を越えて数里を歩かねばならない。少女の足には険しすぎる峠に、やっとの思いでたどりつくと、そこの茶店に四十歳近くの丸顔の男が待っていた。シーボルトの弟子であった二宮敬作である。

「ああ、よく来られた。大きくなられて、ほんとに美しくなられた」

二宮敬作は、卯之町で病院をひらき、シーボルトに教わった西洋医学で評判の治療活動を展開していた。

「お父さまから、あなたのことを頼むと言われていたのです」

シーボルトが日本を去る時、イネは三歳だった。そのイネが向学心の強い少女となり、母親の反対を押し切って、卯之町へやってきたのだ。天保十四年（一八四三）、ざっと百五十年前のことである。

卯之町は宇和島藩第一の穀倉地帯にある宿場町で、蔵のある商家が並んでいる。その中町《なかんちょう》に敬作の病院があった。イネは離れの二階家をあてがわれて、五年間、敬作に医学の手ほどきを受けるのだ。一階が六畳と三畳、階上が四畳半。今は二階の部分しか残っていないが、ここを〝日本女医発祥の地〟として碑が立てられている。

「イネさん、あなたは産科の医者になりなさい」

と、敬作はイネにすすめた。難産で苦しむ女性は、男の医者に体を診てもらうのを恥ずかしがって、そのために命を落とすというのだ。同性の女医ならば、そうした難産の女性を助けることができるだろう。

イネは敬作のすすめで、同じく父シーボルトの弟子である岡山の石井宗謙のもとで産科修業をすることになった。石井宗謙は産科で最も名のある医者だったからである。

結果からいえば、イネは卯之町から岡山へ向かってはいけなかったのだ。

六年間、岡山で石井宗謙から産科の知識を教えられるのだが、船の中で宗謙に犯されて、子供を妊《みごも》ってしまった。混血児イネは、美しすぎたのかもしれない。

イネは一人で、いまわしい子供を産みおとした。女の児であった。その子にタダと名をつけている。――なんの愛情もないのに産まれた〝ただの子〟という意味なのだ。イネの落胆ぶりが、そのまま露骨すぎる名前になっている。イネは二十六歳だった。

「恩師の娘に乱暴を働くとは、なんたる忘恩の弟子か」

二宮敬作は、わが罪のように嘆いて、イネを再び卯之町へ呼びかえした。その頃、村田蔵六（大村益次郎）が宇和島藩主伊達宗城《むねなり》の招きで蒸気船を作るために宇和島に来ていた。イネは卯之町から宇和島に歩いて通い、村田蔵六からオランダ語の講義を受ける。

タダは二宮敬作の甥、三瀬周三と結婚した。式には藩主伊達宗城が臨席し、タダの名を高子と改名させている。タダはイネの血をひき、誰もが振り返るほど、色の白い、美しい娘であった。伊達宗城は、イネにも伊達の一字を入れ〝伊篤〟の名を与えている。

時は明治になった。

イネ（伊篤）は東京に出て、産科医院を開業する。四十四歳になっていた。

ところが、タダ（高子）が、自分と同じように船中で、大阪の医師に乱暴されて、男の子を産んだのだ。イネは混血児の運命みたいなものを感じ、その子を引きとって、育てる。すでに死亡しているタダの夫周三と同じ名をつけ、医師として育てあげた。

明治三十六年（一九〇三）、七十六歳で息を引きとったイネの胸に最後の聴診器をあてたのは、その二代目の周三である。

〝経済の龍馬〟となった男
岩崎弥太郎

さらに、

『水、急なれば　魚住まず　政《まつりごと》、苛なれば　人就かず』

『官は賄賂《わいろ》を以《も》って成し、獄は愛憎に因って決す』

高知藩の奉行所の柱に落書きがあった。犯人は安芸郡井ノ口村の岩崎弥太郎とわかった。父親の地下《じげ》浪人弥次郎の係争事件で、奉行所はすこぶる片寄った裁きをしていたからである。

二十三歳の弥太郎は獄に入れられた。そのころ高知の城下では、「よさこい節」が大流行であった。

〽おかしなことよな播磨屋橋で　坊さん簪《かんざし》買うを見た　よさこい　よさこい
妙高寺の坊主、五十歳の純信が、近くの鋳掛屋の娘である孫娘のようなお馬に恋をし、寺の財物まで売って入れあげた。二人は手に手をとって駆け落ちをはかり、讃岐に通じる関所を破ろうとして、つかまってしまう。天神橋の袂《たもと》でさらされたのち、純信だけ国外に追放された、という事件が唄い込まれているのだ。

弥太郎は半年後に追放処分を解除され、藩の命令で長崎へ向かった。長崎で外国の事情や土佐の物産の輸出調査のためである。四国山脈を越えて、松山から向かい側の岩国に渡った。

再来日していたドイツ人医師シーボルトにも会ったが、通訳が能力がなく弥太郎の用件はまるで相手に通じなかった。アメリカから帰って来ていた同郷のジョン万次郎でもいればいいのだが、ちょうど万次郎は幕府の軍艦「咸臨丸」に乗ってアメリカへ向かっていた。折から隣国の清国では阿片戦争がおきている。

長崎で情報活動を行っているうち、つい丸山遊郭に足を向け、藩の金を使い込んでしまう。"播磨屋橋の坊主"と同じになってしまったのだ。

免職されて帰郷した弥太郎は、新田開拓を行ったり、結婚したりして、ひたすら新しい〝出番〟の時期を待った。

折から日本の激動期、明治維新への胎動がはじまっていた。土佐藩も、その激動の波を自ら起こし、自らその波をかぶる。

出番は来た。後藤象二郎の後任として再び長崎へ出かけることになったのである。長崎は八年前とすっかり変わっていた。大浦の外人居留地には天主堂が聳《そび》え、各国領事館や銀行、ホテル、病院、ビリヤードなどが軒を並べている。明治は目の前まで来ていた。

弥太郎は土佐藩の開成館貨殖局長崎出張所（通称土佐商会）の幹部として、樟脳《しょうのう》を外国に売りさばき、その金で、軍艦や武器の購入に忙しく走りまわる。やっと郷里の志士、坂本龍馬にも長崎で会った。弥太郎にとって、龍馬は憧れの先輩だった。龍馬は海援隊を組織し、軍船に乗って、大坂へ出港した。

弥太郎は龍馬に憧れてはいたが、どうしても龍馬のように政治的には動けない。彼は、長崎で会っているオランダ商人グラバーやイギリス商人オールトのようになってやろうと決心した。

「実業家となって、大儲《おおもう》けしてやる……」

折から徳川幕府は崩壊し、明治の時代となった。

弥太郎は三十五歳になっていた。大阪商会に転勤、大阪商会を藩から分離して九十九《つくも》商会と改称した。三菱商会へ第一歩を踏み出したのだ。藩が消え去る時、藩札と太政官札の交換で数十万両の巨利を得た弥太郎はその資金を持って東京へ移り、三菱商会の本格的な活動を始める。

台湾出兵、江華島事件の軍の輸送、さらに西南戦争の軍事輸送を引き受けて、やがて四十三歳にして日本海上運輸の王者になっていく。

江戸の豪商・紀伊国屋文左衛門の旧邸跡を買いとった弥太郎は、自分で設計して隅田川を庭園に引き込んだ。〝三菱帝国〟の夢の一つであった。

設計といえば、弥太郎の井ノ口村生家の中庭に残っている庭石を並べてつくった日本列島も、弥太郎の設計である。

それにしても、弥太郎の肖像写真を見ると、とても日本人とは思えないような、猛々しくも堂堂たる顔付きをしている。革命活動と同じエネルギーを経済に放出した男の顔である。

遍路みちを花道にした歌舞伎役者

市川団蔵

市川団蔵は、どこで死のうと考えて、四国に入ってきたのか。

昭和四十一年（一九六六）四月一日、彼は一番札所の徳島県霊山寺《りょうぜんじ》をふりだしに歩きだす。寺の前にある遍路宿に、東京からはいてきた新しい革靴を宿の女主人に残した。

「私はここへは帰ってきません。ほしい人があったら、あげてください」

普通は、お礼参りといって八十八番を一巡したお遍路さんは一番にもどるのだ。してみると、八十八カ所のどこかで死のうと決めていたのか。たまたま八番札所の熊谷寺で、朝日新聞の政井徳島支局員と言葉をかわし、十一番藤井寺まで一緒に歩いている。紺の背広に白装束、登山帽に地下足袋、手には杖《つえ》一本。背中には先祖、恩人、親類など十五人の俗名や戒名が書いてあった。

八十三歳の体で四国を一巡すると聞いて、家族や弟子、なじみのファンたちがこぞって反対したので、「恩人たちの霊をなぐさめるため――」と白装束に戒名を書いてみせ、やっと東京を出てくることが出来たという。出発前に芸術選奨を受け、東京歌舞伎座で引退興行の花道を飾ったばかりであった。

「東京には家内や弟子が待っています。しかし、わずらわしい東京にはあきあきしました」

「八十八カ所を無事に巡拝し通せるとは思ってません。途中で倒れても悔いはないのです。お大師さまが一緒ですから」

「お客のことばかり気にしている人形のような暮らしが、つくづくと厭《いや》になったのです」

しかし、政井記者はこれらの言葉から死の匂いを直ちに嗅《か》ぎとれはしなかった。

五月三十日、四国八十八カ所を巡り終えた団蔵は小豆島に渡った。播磨灘をのぞむ「たちばな荘」で三泊する。

ここで団蔵は死を決意したのだろうか。東京を出る時から、二度と帰らない予感があったのは確かだ。西行が「願わくば花のもとにて春死なん」とうたったように、四国を死に場所と思い定めた人たちは、俳人山頭火をはじめ数多い。その時、四国は〝死国〟になる。

団蔵は島の郵便局から東京へ小包を送った。小包の中には「我死なば香典受けな」と油性インキで書きつけた便箋が入っていた。

郵便局のすぐそばに島の三番札所、観音寺がある。入っていくと境内に生田春月という詩人の碑があった。昭和五年、播磨灘で大阪商船のすみれ丸から投身自殺して、この浜に流れ着いたのだ。

碑には春月の飛び込む寸前に書いた「海図の詩」が刻まれてある。甲板の海図に心境を託し『今までの世界が空白となって、自分の飛び込む未知の世界が彩られるのだ』と結んであった。

団蔵の死のイメージはここで結実したようである。夜半に出る関西汽船山水丸（八二五トン）に乗った。大阪へ向かう乗客は四百九十六人。雨が激しく降り始めたので、船室を出て甲板に立った老人の姿を、誰も見ていない。

団蔵が船から投身したらしいと気付くのは、山水丸が大阪の弁天埠頭《ふとう》に着いてからである。特二の船室には、市川とネームの入った紺の背広上着、中折れ帽、レーンコート、ロンジンの懐中時計、角川文庫本「顔・白い闇」などが残されていた。財布の現金は一万二千円余。「この金を費用にあててください」と書いてある。

団蔵が最も嫌ったのは、春月のように、変わりはてた遺体を人に見られることだったろう。そのためにこそ、団蔵は播磨灘を選んだのだ。

――瀬戸内海には一カ所だけ潮が太平洋に出る場所がある。それは播磨灘の、ある一点の場所である。そこで死ねば、遺体は外洋に出て、人の目にふれることはない。

瀬戸内海に詳しい人のあいだでは、よく知られた情報を、どうやって団蔵が知り得たかは、私にもわからない。

遺体を外洋に運ぶ潮の流れる場所はただ一カ所――明石の沖である。団蔵は明石の沖で投身したからこそ、だれも団蔵の遺体を見たことがないのだと、ひそかに私は考えている。

今、小豆島たちばな荘の門内には、勘亭流で書かれた「八代市川団蔵之碑」が立っている。

戦犯追及を恐れて逃亡、「てんやわんや」

獅子文六

『話にもならぬ困難な旅であった』

　獅子文六は、神奈川県の湯河原から愛媛県宇和島までの旅を「娘と私」の中で書いている。

『十二月五日に出発して、目的地に着くまで、八日間を要した……』

　なにしろ、日本が戦争に敗けて、四カ月もたっていない混乱の時期である。

『五日目の夕に、鉄道の終点である宇和島駅に着いたのだが、こんな遠い涯《はて》へきても、戦災の焼野原を見るのが、悲しかった』

　獅子文六は、戦争犯罪人になるかもしれないと、妻シヅ子さんの実家のある宇和島に隣接した岩松町（現・津島町）へ逃れてきたのだ。

　小説家が戦争犯罪人とは大げさなようだが、獅子文六は本名の岩田豊雄の名で、朝日新聞に小説「海軍」を連載している。なにしろ「海軍」は真珠湾を攻撃した〝九軍神〟の一人を主人公にしているのだ。

　獅子文六は、妻の実家の知り合いである小西四郎氏の離れに落ち着いた。小西家は岩松町の税金の半分を納めているという旧家で、母屋と離れの三棟で畳が三百畳もある。文六は離れの一棟全部を借り受けた。

文六は二十歳の混血児の娘を連れている。演劇の勉強でフランスに行っていたとき、小学校長の娘マリー・ショーミイと恋愛して結婚した。そのマリーとの間にできた娘である。マリーは文六とともに日本へやって来るが、七年後に病没した。

二度目の妻となるシヅ子は東京の共立女学校で和裁の教師をしていたが、マリーと同じく小学校長の娘であった。

「初めて接する地方生活に、ひどく興味をひかれたのである。見ること、聞くこと、全部面白かったのである」

東京生まれで、五十二歳の文六は一種の洋行気分で、見聞したものをノートに書きとめた。これが、三年後に小説〝てんやわんや〟になって姿をあらわした。

津島町の風俗、習慣、年中行事をうまく取り入れながら、敗戦後の混乱ぶりを喜劇的に描いて評判となり、〝てんやわんや〟は日本語として普《あまね》く定着する。

四国独立運動の話や、山奥の里での〝お伽《と》ぎ話〟が面白い。

『「お伽ぎさせてやんなせ」……細帯一つのアヤメが、そう言って淑《しと》やかにお辞儀をし、やがて私の身近くに寄り添ってきた』

もちろん現代では架空の話だが、その場所を教えてほしいと、しきりに問い合わせがきて、文六を閉口させている。

文六は岩松川の見える二階の一室を書斎にあてたが、今もその部屋は残っており、「この部屋にて原稿を執筆す」と自筆の書が額に入れてかかげてある。建物は今は大畑旅館となっているが、目の前を流れる岩松川には文六の好物だったシロウオが今も上がってくる。

文六は酒好きで、地元の造り酒屋の銘柄の名を考えている。――「十《と》九《く》娘《むすめ》」。東京へ帰ってからも「送ってほしい」と注文していたが、その造り酒屋も今はない。

文六が岩松町に滞在したのは二年たらず。娘の巴絵さんは田舎ぐらしが肌に合わなかったようで、一年ほどで一足先に東京へ帰っている。帰京した文六は、恐れていた通り戦争犯罪人の仮指定を受けるが、異議を申し立てて二カ月後に解除になった。

二年後、妻のシヅ子は脳血栓で急死する。小説「自由学校」を朝日新聞に連載中のことであった。そして同じ年に「てんやわんや」が松竹で映画になった。

今も津島町には、その時つくられた「てんやわんや王国」が存続しており、地元の商店主が大統領や大蔵大臣をつとめているが、王国の女王さまは映画「てんやわんや」の主演女優だった淡島千景が今も女王のままである。

女のふりして赴任地で「土佐日記」
紀　貫之

『男もすなる日記といふものを、女もしてみむとてするなり』

紀貫之は、土佐守に任じられて、京都から土佐へ渡ってきた。延長八年（九三〇）というから、千年以上も前のことだ。同時代人としては、瀬戸内海で暴れまわった藤原純友《すみとも》がいる。

貫之は六十歳になって、はじめて地方の生活をするのである。

当時、土佐といえば遙かなる遠国であり、船旅の途中は海賊の出没が多いと聞いている。無事に任地にたどり着くかさえ、おぼつかないのだ。そのうえ六十歳である。もう隠居するに十分すぎる年齢なのに、貫之のような都人が蛮地のような辺地に、なぜ赴任したのか。

なにしろ紀貫之は「古今集」を編纂した歌壇の大家である。柿本人麻呂にも優る歌詠みとされた人物なのだ。

とはいうものの、話はとんで、貫之の死後一千年目に正岡子規が、その評価に致命傷を与えている。

『貫之は下手な歌よみにて、古今集はくだらぬ集に有之候』（「再び歌よみに与ふるの書」）

さらに、『あんな意気地の無い女に今まで馬鹿にされて居つた事かと、くやしくも腹立たしく成候』と、情け容赦ないパンチで、紀貫之を葬り去ってしまった。

子規に〝意気地の無い女〟にされてしまったのは、たぶん「土佐日記」の書き出しで女のふりをしたからだろう。

たしかに当時は、日記は男のものであった。しかも漢文体である。それを貫之は女のふりをして、和文の日記を書いてみせたのだ。女のふりをしたのは、人には言いにくい愚痴を土佐日記にぶちまけるためではなかったかと推測する人もいる。貫之なら、もっと収入の多い大国や上国へ赴任してもいいのに、老体をひっさげて辺境土佐の国守に任じられた〝深い嘆息〟を、女ぶりの日記に書きとめようとしたのか。

しかし、貫之がこの時代に特に左遷させられるような理由はまったく見当たらない、と研究者は指摘している。

あるいは老後の生活設計が不十分だったので、収入の多い大国の国守を希望したところ、京の政治を手中にしていた藤原氏の出でもない紀貫之は、土佐という辺地しか割り当てられなかったのかもしれない。

いずれにしろ、貫之は土佐守として土佐国府（現・南国市比江）に五年にわたって住む。

彼が赴任中、どんな政治を行ったか、なんの資料も残されていないが、「土佐日記」の中で、普通なら解任された国守の出発など、誰も見送りに来る者などないものなのに、『守《かみ》がらにやあらん』（国守の人柄であろうか）、心あるものが、世間体《てい》もはばからず見送りに来たと、自慢めいた記述をしているから、あるいは善政を行ったのかもしれない。

それにしても帰京の船旅の脅《おび》えぶりが、おかしい。国府を出発したのが十二月二十一日、土佐湾の大津港をたって、浦戸、奈半《なは》（現・奈半利町）で泊まりながら、室津港を翌年の一月二十一日に出港、室戸岬を回って徳島の海岸を北上する航路では、異常に海賊を恐れ、必死に神仏に祈っている。そのために白髪になってしまったとまで、「土佐日記」に書いているのだ。

貫之が京都に無事着くのは二月十六日。なんと、三カ月に近い大旅行であった。

「土佐日記」は女のふりをして書いたことになっているが、室津の港では女たちが海で水浴している場面で、「老海鼠《ほや》」に「すし鮑《あわび》」と、とても女では口にできない下品な冗談を書いている。どうやら「土佐日記」では従五位下前《さきの》土佐守の身分を捨てて、のびのびと自由に文章を書いてみたかったのではないか——。

都に帰った貫之は、当時としては長寿の七十八歳まで生きた。辞世の歌は、

手にむすぶ　水に宿れる月影の　あるかなきかの世にこそ　ありけれ

子規に葬られた貫之は、近年また評価されて、復権のきざしを見せている。

〝死線を越えて〟、人間天皇に教える
賀川豊彦

賀川豊彦は、五歳の時に神戸から徳島へ帰ってきた。両親が死んで、姉と二人で父の実家へ引き取られたのだ。明治二十六年（一八九三）のことである。

賀川豊彦といえば、あの毒舌の評論家大宅壮一が「かつて日本に出たことはないし、今後も再生産不可能と思われる近代日本の代表者」と評した人物である。宗教家、社会主義者、人道主義者、大衆運動家となった賀川は、日本人で最初にノーベル平和賞の候補者にあげられている。

しかし徳島に帰ってきた豊彦を迎えたのは、義理の母と祖母の〝いじめ〟であった。豊彦は妾《めかけ》の子であったのだ。

孤独でいじけた豊彦少年が、愛を知るのは、徳島で伝道をしていた二人のアメリカ人宣教師からである。ローガン牧師とマイヤーズ牧師は親のない豊彦を四十日間、同じ寝床で抱いて眠った。「すべての人間は愛の神によってつくられたものだ」と教える。

旧制徳島中学校（現・城南高）にすすんだ十六歳の時、市内の徳島教会で洗礼を受けた。彼はこの日から、日本人として最高、最大の〝愛の伝道師〟として歩みはじめる。

折しも日露戦争の真っただ中、中学校の軍事教練を拒み、手に持たされた鉄砲を放り投げて叫んだ。

「戦争は反対だ。戦争ごっこには加わらん」

教官に殴り倒されるが、豊彦は叫ぶことを止めなかった。

大学の神学部にすすんだ豊彦は、結核で絶望的な体を投げ捨てるように、神戸の貧民窟に入る。不潔な路地に掘立小屋が並び、貧乏人、乞食、ばくち打ち、泥棒、売春婦、アル中――社会から打ちすてられた一万一千人の中で、愛を与え続ける。

一人の乞食は賀川のシャツをくれと言った。それを与えると、今度は上着とズボンをよこせと言う。その求めにも応じた。それを見て、改心した売春婦が女の着物をくれた。それを着て賀川は歩く。人びとは大笑いする。ならず者が、金をせびる。金がなくなってしまうと、彼らは賀川を殴り、前歯を叩き折った。賀川は決して殴りかえさない。いつかは彼らも、愛にこたえる人間になると信じた。そして、それは事実となっていった。

この貧民窟からの報告書「死線を越えて」は百五十万部の大ベストセラーになった。彼は、今でなら十数億円にもなる印税をすべて、貧民救済に投じる。

「思うままに、惜しみなく、自己を捧《ささ》げて他人のためにつくせ」

賀川豊彦の信条である。

太平洋戦争が終わった翌年、だぶだぶのズボンと、フロックコートを着た賀川が、皇居の二重橋を渡った。神格を自ら否定して人間宣言をした天皇が、いかにして国民の天皇になれるか、それを賀川豊彦に聞こうとしたのである。

三十分の予定が三倍の一時間半となった。小柄な中年の進講者は、最後に聖書を手にして、天皇にマルコ伝の一節を読んで聞かせた。

「汝《なんじ》らのうち大いならんと思うものは……すべての者の僕《しもべ》となるべし」

「病気の博物館」といわれるぐらい、賀川の肉体は悲惨だった。伝道のカバンにはシビンをひそませ、後年高松で倒れた時は、ルカ病院で次のような病名をつけられた。「心筋梗塞、慢性腎炎、大動脈中膜炎、気管支拡張病、陳旧性肺浸潤、肋膜《ろくまく》肥厚、心臓肥大、トラホーム」。しかし強烈な精神力と使命感で日本、どころか全世界を布教して歩いた。

布教だけではない。日本社会党の結成に参画、農民運動、協同組合運動、反戦平和運動と、およそ〝運動〟と名のつくものの大部分は、賀川に源を発していると言ってもいい。

昭和三十五年（一九六〇）四月、小さな巨人・賀川豊彦は東京の松沢で七十三歳の生涯を閉じようとしていた。彼は最後の言葉を口にする。

「教会を強くして下さい。日本を救って下さい。世界に平和を来らせて下さい。主によって。アーメン」

貧民窟でうつされたトラホームは生涯彼の目を苦しめた。視力も奪われ、充血して痛みのない日はなかったが、最後の言葉と共に、その赤い目を永遠に閉じた。

賀川豊彦の墓は、東京から分骨されて、彼が卒業した鳴門市の堀江南小学校近くにつくられている。

手紙懐に「二十四の瞳」の島から飛ぶ

壺井　栄

「一度遊びにきませんか」

この一通の手紙を懐にして、壺井栄は小豆島を出た。大正十三年（一九二四）の十一月、栄は二十五歳になっていた。

脊椎《せきつい》カリエスにかかっている栄は、十歳の時に医者から、「あなたの人生は二十五歳まで」と、はっきり言われていた。

「このまま、島で終わっていいのか……」

島の郵便局に勤めていた十八歳の春、安藤くにという巡回牧師に出会った。その牧師から、スタンダールの本などを貸してもらって、栄は文学に目覚める。

「あなたは、島から出て東京に行きなさい。そしてもっと勉強をしなさい」

安藤牧師は、栄の心に〝出島〟の焔《ほのお》を点《とも》したのである。

そうはいっても栄は、簡単に島を出られる身の上ではなかった。十代のころから、没落した生家を女手一人で支えてきた。脊椎カリエスも少女期に重い薪《たきぎ》をかついで船にのせたせいだといわれている。働いて働いてこつこつと月掛け五円の頼母子講《たのもしこう》に入り、ついに家を買った。

家のことをすべて建て直してからの出島であるのに、人びとは島の言葉で、

「栄さんは、とんだ」

と言った。〝とぶ〟とは、男のもとへ走ることである。〝男〟とは、壺井繁治のことだ。繁治は同じ小豆島の網元の息子で、早稲田大学の学生となっている島きっての秀才である。

繁治とは特別親しいわけではなかったが、繁治が送ってきた同人雑誌「ダムダム」に三号分の予約金を振り込んだことから、礼状がきた。——一度遊びにきませんか。栄は、この誘いを天からの声のようにして島を出るのである。

〝島の秀才〟繁治は、アナーキストの詩人として頭角をあらわしていたが、実態は極貧詩人であり、島では〝赤い繁治さん〟として危険人物となっていた。

栄は繁治と翌年に結婚する。その結婚生活は、

『蒲団《ふとん》もなにもなく、その夜は貸し蒲団屋の厄介にならねばならなかった。……わたしたちは誰《だれ》にも祝福されぬ結婚式を二人だけで挙げた。……チャブ台がなかったので、ほんのわずかの間ではあるが、栄の持ってきたトランクをチャブ台代わりにして食事をした』（壺井繁治の自伝より）

という有り様。

繁治のまわりに集まるアナーキスト詩人やプロレタリア作家たちは、栄の目から見れば〝ふよごろ〟だった。〝ふよごろ〟とは小豆島の言葉で、口ばかり達者で、ごろごろしている人間のことである。

「私は〝ふよごろ〟は嫌い」

栄の小説が、この世に出るのは昭和十二年（一九三八）、彼女が三十九歳の時である。活字に

なった自分の小説（「大根の葉」）を見て、

「わたし、これでもう死んでもよいわ」

と子供のように喜んだ。小説「二十四の瞳」は昭和二十七年に出版されたが、映画化されてから大評判となった。島の分教場に勤める〝おんな先生〟と十二人の子供たちの交流を描いて、日本中の人々を感動させ、涙を流させたのだ。

二十五歳までの人生、と医者に宣告された栄は六十八歳で生涯を閉じた。ゼンソクと糖尿病だった。「二十四の瞳」の碑が小豆島の玄関口、土庄港に建てられたが、碑文の字を、ときの首相・鳩山一郎が書いたので、栄は除幕式の挨拶を拒む一幕があった。鳩山一郎を、日本を右傾化させる人物と見たのである。

夫の繁治は、八年後に妻のあとを追う。繁治の碑も、小豆島の堀越分教場に建っている。

『石は　億万年を　黙って　暮らしつづけた
その間に　空は　晴れたり　曇ったりした』

栄と〝二心異体〟と称した繁治の詩だ。

道後温泉でねった政治改革への道
聖徳太子

それは二歳の時である。幼児は東に向かって合唱して「南無仏」と唱えた。

三歳の時には、桃花の宴で、

「桃花と松葉と、どちらが楽しいとするか」

と父親から質問されて、

「松の葉こそ、めでたい」

と答えた。

いずれも有名な聖徳太子伝説である。法隆寺には〝南無仏太子像〟として、幼い太子が、幼児とは思えぬ厳しい表情で手を合わせている木像がある。

「伝暦」に書かれた数々の逸話は、どれも太子の並外れた才智のほどを語っているが、どうやら大半はフィクションであるらしい。ただ聖徳太子は、そうした逸話で飾り立てたいほどの不世出の傑物であったようだ。長い間、日本紙幣の顔であったことを見ても、聖徳太子が日本史上の第一等の人物であったことは確かだ。

私は以前に「法隆寺伽藍《がらん》縁起――資財帳」を見る機会があり、その中に法隆寺の庄として、わが故郷が書かれているのを発見して、本当に驚いてしまった。

私の郷里は愛媛県の北条市、昔は伊予温泉郡風早となっているが、なんとその風早が法隆寺の庄として記載されているではないか。

どうして伊予の瀬戸内の地が遠く離れた奈良の寺庄であったのだろう。ちなみに他の法隆寺の庄を紹介すると、大倭《やまと》に二カ所、河内に二カ所、摂津に五カ所、播磨に三カ所、備後に一カ所で、四国は讃岐に十三カ所、伊予が十四カ所となっている。

——一番遠い伊予が一番多いのだ。

法隆寺は聖徳太子が建立した七寺の一つで、太子と最も縁の深い寺である。太子と伊予の関係をさがすと、はたして「伊予国風土記」に推古天皇四年（五九六）に聖徳太子の伊予道後温泉行が記録されてあった。

——この温湯（道後温泉）は、歴代天皇や皇后の行幸啓が五度あった。その一度は上宮聖徳皇（聖徳太子）が、高句麗の慧慈《えじ》、葛城臣らを従えて道後の温湯に見えた、とある。

しかも、来湯した記念に碑文を建てているのだ。もちろん、碑は今に残っていないが、幸い碑文は風土記に残っている。

『我が法王大王、慧慈法師及び葛城臣と、夷与《いよ》村に逍遙し、正しく神井を観て、世の妙験を嘆じ、……碑文一首を作る』とあって、難解な本文が続くが、大意は次のようだ。

『日月は私なくあらゆるものを照らし、神井（温泉）もまた下より湧き出てあらゆるものの病を治す。国を治める者も、かくのごとく私なく万民に接すれば、国は〝寿国〟となろう』

つまり、温泉の効能にひっかけて為政者の心構えをしるしている。恐らく碑文の作者は、太子の師として道後の湯に同行してきた高句麗僧慧慈にちがいない。

それにしても、奈良から伊予までは、当時としては遠い遠い道のりであったろうに、太子は師を伴っての温泉旅行である。その時、太子は二十三歳で、三年前に推古天皇の摂政となっている。推古天皇といえば、日本で最初の女帝である。

前の崇峻《すしゅん》天皇が実力者蘇我馬子を打倒しようとして、逆に殺されての女帝誕生なのだ。その女帝を支えて聖徳太子はめざましい政治改革に手を染めようとしている時期である。

道後の湯は、天皇や皇后が遠きを苦にせず何度も湯治にきたのをみると、よほど効き目のある湯とされていたのだろう。太子は、師と共に霊験あらたかな湯につかりながら、日本をどう治めていくか、その方針を作りにやってきたのではないか。

憲法十七条の制定、暦法採用、仏教の導入、大陸外交の展開――華麗ともいえる政治ショーは道後の湯の中でねられたものかもしれない。

さて、風早の地は温泉郡というように、道後に接している。だから太子の来湯を記念して法隆寺の寺庄になったようにも思えるのだが……。

太子、四十九歳で病に倒れ、看病に努めた膳夫人も病に倒れて、先に没した。太子はその翌日、追うようにして没している。

九死に一生、樹齢二千年の大杉に祈る

美空ひばり

加藤和枝は、四月二十八日の朝、井口静波と音丸一座の座員たちと一緒に、高知行きのバスに乗り込んだ。昭和二十二年（一九四七）のことだ。

和枝は横浜の魚屋の娘だが、あきれるばかり歌がうまいので、活弁あがりの井口静波が声をかけて一座の四国巡業に加えたのである。

都会の劇場は戦災で焼けており、田舎へ行けば食料にありつけるということもあって、音丸のような名のある歌手も四国の山間までやってきた。

〽青い芽を吹く　柳の辻に　花を召しませ　召しませ花を　どこか寂しい愁いを含む……

和枝は前座で岡晴夫の〝東京の花売娘〟や、ディック・ミネの〝旅姿三人男〟などを歌った。

和枝はまだ小学校四年生。自分の持ち歌はなかった。

初めての旅である四国巡業は、和枝にとって楽しくてたまらなかった。もちろん母親の喜美枝が同行しているが、喜美枝は夫の反対を押し切って、横浜を出てきたのである。――この娘は〝天才〟なんだ。母親は信じて疑わない。

満員の路線バスは、高知県の山間の道を時速三十五キロのスピードで飛ばす。

「大杉駅を九時二十五分に発車する汽車に乗らないと、次の大田口での昼興行に間に合わない。飛ばして下さい」

一座の者が運転手に頼んだのだ。

和枝は母喜美枝と並んで最後部のシートに座っていた。

突然、雨あがりの霧の中からトラックが姿をあらわし、バスに激突する。バスは横転して崖に向かって落ちていく。しかし、幸い桜の木に車体を支えられて、深い谷への転落を、かろうじてまぬがれた。

入り口に立っていた女の車掌は即死だった。一番後ろに座っていた和枝は、左手首を窓ガラスの破片で大きく切り、顔中は血だらけとなっており、額は何かで強打されて大きく陥没していた。和枝はバスから引き出され、近くのバス会社事務所の土間にねかされた。和枝の隣にはすでに絶命している女車掌がコモをかぶせられている。誰かが、和枝も死んだものと思い、コモをかぶせようとした。

「和枝は死んでない！」

母の喜美枝がコモをはねのけた。

片方にだけ革靴をはいた恰幅《かっぷく》のいい男が近づいてきた。バスに乗っていた衆議院議員の長野長廣である。三日前の第二十三回総選挙で、最下位ながら当選を果たしたばかりであった。長野はネクタイをはずして、和枝の左腕をきつくしばった。これが出血多量を防いでくれた。

事故現場から百メートル離れた上村診療所から斎藤医師が駆けつけてきた。斎藤は復員してきたばかりの軍医であったので、和枝の状態を見るなり、乱暴なようだが、心臓にじかに太い注射を打った。

その夜、やっと和枝は意識をとりもどした。和枝の最初の言葉は、

「音丸先生は、大丈夫ですか」

だったので、人びとは十歳の子供のプロ根性に舌をまいた。

九死に一生を得た和枝は、事故現場の近くにある大杉に祈りたいことがあると言った。大杉村（現・大豊町）の八坂神社にある大杉は樹齢二千年ともいわれる日本一の杉である。夫婦杉といわれる二本の杉が一本の根を持って、十人でかかえるほどの大木となっているのだ。

和枝はこの神木の大杉に向かって、

「私も、あなたに負けないような日本一の歌手になりますから、どうか守って下さい」

と祈った。

間違いなく、加藤和枝は美空ひばりと名乗って日本一の歌手となったのだ。

美空ひばりは二千年の樹齢の大杉にくらべるべくもなく五十二歳で生涯を閉じてしまったが、今も現地には、「美空ひばり・ゆかりの地」の看板があり、村の「ひばり会館」からは、時折ひばりの曲が流れてくる。彼女の録音した曲数は千九百三十一曲。

〝徳島ラジオ商殺し〟、勝ちとった無実

冨士茂子

それは本当に恐ろしいテレビの画面であった。

ある地方のテレビ局員が、退官している裁判官の家を訪れている。誤審と思われる裁判について、インタビューを求めるためだ。

「出て行け！　入るな！」

元裁判官は老齢とは思えぬ怒声で、玄関に立つテレビ局員とカメラマンを追い払おうとする。

「ぜひ感想を聞かせて下さい」

「家宅侵入罪だ！　訴えるぞ！」

元裁判官は血相をかえ、玄関脇に立てかけてあった雨傘を手にすると、フェンシングのようにテレビ局員に向かって突き出した。テレビ局員とカメラマンは、ドアの外へ逃げるしかない。ドアは内からガチャンと閉められた。

なんという恐ろしい裁判官であろうか。こんな裁判官に裁かれた不幸な人は、いったい誰なのか。

私は身震いする思いで、この事件をテレビでドラマにした。――〝徳島ラジオ商殺し〟事件で

ある。

昭和二十八年（一九五三）一月五日の夜明け前、徳島駅前のラジオ商三枝亀三郎（当時五十歳）が殺された。店の奥の四畳半で、喉《のど》や胸、腹など九カ所を鋭い刃物で刺されて出血多量で死亡したのだが、同じ部屋には、内縁の妻、冨士茂子（当時四十三歳）と、娘佳子（九歳）が一緒に寝ており、茂子も脇腹に傷を負った。

この被害者の一人である茂子が、九カ月後に夫殺しの犯人とされるのである。住み込みの店員の少年A（十七歳）とB（十六歳）が、「茂子さんが亀三郎さんと格闘しているのを見た」「凶器の匕首《あいくち》を川に捨てるよう頼まれた」などと、証言したのだ。検察の二十日勾留、二十八回の厳しい取り調べで、少年二人は誘導された証言をしてしまうのである。

茂子は、逮捕されて十三日目に、犯行を〝自供〟する。密室の中での、飽くことのない取り調べに心身とも疲れはてて卒倒した体をうしろから支えられての〝自供〟だった。

「被告人冨士茂子を懲役十三年に処す」

その判決に、茂子は一度上告しただけで服役したのだ。

「よう考えたんや。服役すれば私が真犯人だと人さまは思うだろう。けれど、こうして裁判を続けているかぎり、真犯人は出んような気がする。それよりも一刻も早く刑をすまして出所して、私一人でも草の根を分けて犯人を捜し出すつもりや」

茂子は妹の一人に決心を明かした。裁判を続けると、夫の作った財産を使い果たしてしまう心配もあった。幼い娘がいるのだ。

こうして、茂子は四国を離れて和歌山の女囚刑務所に入る。

留守中、義理の甥である渡辺倍男が叔母の無実を信じて動きはじめた。苦労して、証言した二少年をつきとめ、「あれは偽証だった」と告白を得る。また、真犯人が静岡で自首してきた。「再審」の門を三度叩くが、いずれも棄却。昭和四十一年十一月、満期に近くなって、ようやく茂子は仮出所をゆるされたのだ。

私はその頃の茂子に会った。ほんとうに小柄な女性で、男の亀三郎と格闘して、匕首で九カ所に傷を与えることなど、できるわけがないと思った。

再審への闘いを、支援の人たちの力に支えられて続け、最後の再審請求を昭和五十三年に提出する。五度目であった。しかし、すでに茂子の腎臓は癌《がん》に侵されていた。結審を前にして、茂子は無念の思いで息を引きとる。六十九歳。

この生命　果てる日までも　我が無実　天にとどけと　叫んでやまん

わが国で、はじめての死後再審が開始され、昭和六十年ついに茂子は無実を勝ちとるが、その報告は徳島市内にある光仙寺の墓の中で受けることになる。不誠実な裁判官が下した判決をくつがえすのに三十二年もかかったのだ。

大魚となり帰郷、遍路のみちを開く

空　海

佐伯真魚《まお》は父母に見送られ、讃岐の屏風浦から船に乗って都に向かった。

真魚は十五歳。讃岐の豪族佐伯一族では〝貴物《とうともの》〟といわれたほどの秀才である。一族の期待を背に都にのぼるのだ。都には叔父の阿刀大足《あとのおおたり》が宮廷に仕えている。それを頼っての上京である。当時の都は奈良であった。ところが、真魚が奈良に到着してみると、ちょうど遷都の真っ最中である。西北の彼方の長岡京へ都を移すというのだ。千二百年も昔のこと、桓武天皇の時代である。

真魚は大学へ入って、宮廷の官僚への道を歩き始めるが、とびきりの秀才として注目を浴びていたのに、突如として大学をやめてしまった。そして、乞食坊主のような姿で故郷へ帰ってきた。

「真魚、いったい何があったのだ」

父母は驚き、なげくのだが、

「私は仏門に入ったのです」

真魚は石鎚山にのぼり、荒行をかさね、さらに室戸の岬の洞窟に入り、一心の祈りのなかで、天の啓示を受ける。なんと、明星が接近して彼の口中に飛び込んだというのだ。

こうして、真魚は空海となった。

再び空海は四国を離れると、遣唐船の僧として長安へ渡る。当時、唐の長安は世界の文化の中心地であった。日本は留学生を派遣して、唐の文化、文明の吸収に余念がなかった。遣唐使の一人というが、空海は朝廷から指名された正式の遣唐僧ではない。自費による志願僧である。たいそう金がかかったにちがいないが、讃岐の佐伯一族は裕福な豪族だったので、〝貴物〟の空海に、おしまず金を投じた。

期待にたがわず、空海は長安に渡ると、当時、もっとも注目をあびていた密教の本山で、二千人の門弟をさしおいて、恵果阿闍梨《けいかあじゃり》から密教の後継者に指名されるのだ。

なぜ東の国からやって来た若い留学僧が、密教の後継者に指名されることができたのか。長安についで、わずか半年の間のことである。謎というしかないのだが、その秘密は空海の非凡な語学力にあったらしい。唐の都長安において、空海のつくる唐詩は本場の詩人たちが舌をまき、その喋る言葉は唐の人よりも見事なものであったそうだ。

空海は正面から密教の門をたたいては、恵果阿闍梨に会うこともできないと思い、インド僧の三蔵から梵語《ぼんご》を習った。世界で最も難解である梵語を、空海はわずか三カ月でマスターして師三蔵を驚かせた。

「東方より、すばらしい留学僧がやって来た」

その評判が恵果の耳に入ったというわけだ。空海は、まともに学べば二十年はかかろうという密教のすべてても、一年たらずで授けてもらうのである。

密教を持って帰国した空海は、京都から遠く離れた高野山の頂に壮大な密教都市を建設する。嵯峨天皇の「どうか朕《ちん》のそばにおってくれ」の言葉をふり切ってである。権力に近づきすぎた宗教は汚染し、滅亡すると考えたからだ。

空海は、故郷四国へ帰ってきた。雨のたびに堤が切れて洪水となる満濃池を修復するためである。たった五十日で、八十八の川水が流れ込む満濃池の大堤を完成するのだ。

「真魚は期待にたがわず、すばらしい大魚となって帰ってきた」

讃岐の人びとは空海を拝んだ。

民衆の中へ――。讃岐の大秀才は珍しく民衆から超然とすることがなかった。

四国八十八カ所は、すべて空海が開いたものではないが、故郷につくった遍路の道は日本人の魂のよりどころとなって、千年の歴史の中に真っすぐに続いている。

空海は、高野山で三月二十一日に死ぬと予言して、即身成仏する。六十一歳。その最後の言葉はこうだ。

「生まれ、生まれ、生まれ、生まれて、生の始めに暗く、死に、死に、死に、死んで死の終わりに冥《くら》し」

“泥亀”商法で成金、耳学問の海運王
山下亀三郎

成金《なりきん》は、もともと将棋の用語である。歩《ふ》が成って、“と金”になるところから、歩のような人物が一代で巨大な富を得るのを成金と呼ぶようになった。

山下亀三郎は日本で最初に成金と呼ばれるようになった人物である。

「成功するまでは、絶対に戻って来るな」

郷里の愛媛県宇和郡喜佐方を出奔する亀三郎に、母の贈る言葉である。亀三郎の家は小さな庄屋であったが、母親は村きっての不器量な女だった。しかし、亀三郎はこの容貌の悪い母親に終生孝行をつくすのだ。

「人間が立派になるかどうかは、すべて母親によるのだ」

と、郷里に女学校を二つつくった。目的は立派な母親を育てるためで、自分の母親を「校母」として写真を飾らせている。

十七歳で郷里を出た亀三郎は、事業家たらんとして横浜に石炭商会をつくる。折から日本郵船会社の土佐丸が、ヨーロッパ航路船として横浜港を出ていくのを見て、いつかは自分もロンドンと横浜を自分の船で結びたいと思った。土佐丸は同じ四国出身の岩崎弥太郎の船だ。亀三郎は、

弥太郎の豪遊ぶりを見て、石炭商をやめて海運業を目指すことにした。折から日清戦争に勝った日本は、海運で生きねばならぬ国となっていた。

亀三郎は、泥棒の一字をとって〝泥亀〟と呼ばれた。また、人の褌《ふんどし》で相撲をとる男ともいわれたのは、彼の商法が他人の商売に割り込んで利益を得ることが多かったからである。

しかし、学歴もない亀三郎が、政府の保護も受けずに海運業をやっていくには、割り込みはもちろん、なりふりなど構ってはおれない。

明治時代の日本海運界は「社船」が牛耳っていた。社船とは政府の保護を受けて定期航路を持つ船会社で、三井、三菱が合同して出来た日本郵船と、住友を筆頭とした関西方面の五十五社が大合同した大阪商船の二つが二大「社船」である。その間隙を縫って殴り込みをかける不定期船を「社外船」といった。山下汽船は、その「社外船」の雄である。

「社船の連中は、御乳母《おんば》、日傘で育った温室児だ」

学もなく、孤立無援の男が学閥と官僚主義の会社と闘って財を成したので、成金といわれるのだ。

亀三郎は逗子、小田原、大磯、熱海、軽井沢、御殿場に別荘を持っていた。この別荘に政治家、軍人、経済人、ジャーナリストなどあらゆる分野の人を招いて接待した。

「おれは学問がない。本も読めない。しかし、耳学問、聞き学問がある。名士、先輩、友人の知恵を拝借するのだ。人に本を読んでもらって、そのエキスだけを頂戴する。そのために別荘でご馳走をするんだ」

学歴はなかったが、学力はあったわけだ。

いくたびか、破産の危機を乗り越えて、彼は山下汽船を育てあげ、海運王とまで言われるようになった。

莫大な借金を背負って、銀行からきびしく返済を迫られたことがある。亀三郎は、電力業界の雄、松永安左衛門に頼んで、その銀行家を料亭に呼んでもらった。亀三郎はその隣の部屋で宴会をひらき、頃を見て間の襖を開いた。銀行家は亀三郎を見て、ムッとして立ちあがった。すると亀三郎はその場に平伏し、両手をあわせて銀行家を拝んだ。さらに、一座にいた芸者全員にも同じことをさせた。ただ、ひたすらに黙って亀三郎と芸者たちは銀行家を拝むだけである。芸者たちも、まるで自分が借金しているように本気で拝んでいるのだ。まず松永が笑いだした。やがて銀行家も苦笑した。借金の返済は延期できて、危機を乗り越えた。亀三郎のやり方は、万事憎めない愛嬌があった。

山下汽船の第一号船は、郷里の村の名をとって「喜佐方丸」である。彼の郷里への愛情は、母に対する思いと同じように終生変わらなかった。

山下汽船は、戦争景気に支えられて大きくなっていったが、戦争を放棄した現代の日本の中でも生き続けている。ただ社名はナビックスラインとなって山下亀三郎の名は消えた。昭和十九年(一九四四)没、七十七歳だった。

〝花は愛人、植物と心中〟の九十五年
牧野富太郎

「我が日本の植物を、綿密にかつ正確に記載し、……各国人をアッと言わせるものを作りたい」

このことを信条にした牧野富太郎は、明治、大正、昭和の三代を生き抜いて、見事に日本産約六千種を網羅する完璧な日本植物図鑑を作りあげた。

花を愛人とし、植物となら心中も辞さない牧野富太郎は、九十五年の生涯を日本の植物のために捧げてやまなかったが、やはり菌類学で膨大な仕事をし、イギリス人を驚かせた南方熊楠《みなかたくまぐす》が亡くなった時、「八十歳にもならんうちに他界してしまうとは、口ほどにもないやつだ」と放言する、まことに気概あふれた〝日本植物学の父〟であった。

富太郎は文久二年(一八六二)に、高知市の西にある佐川村(現・佐川町)の裕福な商家に生まれた。佐川小学校の代用教員をしながら、独学で植物研究を始め、二十二歳の時に上京して、東京帝国大学の植物教室へ顔を出すようになった。教室に自由に出入りして、大学の図書、標本、道具などを使う許可をもらい、富太郎は植物研究に打ち込み始めるのだが、突然出入りを禁止される。

それは、職員でも学生でもない人間が研究室で仕事するのは大学令に違反するからというのだ

が、実は富太郎が独力で発行した「日本植物志図篇」が妬まれたからでもあった。

研究室が使えないのに絶望した富太郎は、かねてから文通していたロシアのマキシモヴィッチ博士に、ロシアに行って研究を続けたいと訴えた。〝学問亡命〟である。しかし、ロシアからの返事は、マ博士の死亡を伝えてきた。そのうえ、悪いことが重なる。醸造も始めていた高知の実家が倒産したのだ。

植物研究一筋に打ちこむ富太郎を支えたのは、妻スエ子であった。

〝花が愛人、植物と心中〟と広言してはばからない富太郎は、研究以外のことはまるで眼中になく、たとえば十五円の月給で七十円の借家に住み、山野を歩く力をつけるためか、毎日のようにビフテキを食べ、借金はかさむばかりである。

ようやく大学の助手に採用されて、研究の便は確保されるが、小学校を出ただけの富太郎は、日本で第一の植物学者となりながら、ついに東京帝大からは講師という地位しか与えられなかった。

命名した日本の植物の新種は約千種。学名の変更、訂正は約三千種。採集した標本は約五十万点。六千種を網羅して世界に誇れる植物図鑑「日本植物鑑」など百冊。

東大の講師時代、野外演習で植物採集に出かける時は、立えりのワイシャツに蝶ネクタイ、英国製の生地で作った背広、帽子はイタリア製、靴は儀式にも使える黒の深ゴムといういでたちである。肩からかけた胴乱（トタン製の採集用カバン）さえなければ、どんな儀式にも通用する服装なのだ。

富太郎にとっては、植物は人の命の源であり、自然という宗教の本尊であったから、研究のためとはいえ、植物採集は身を正して行わねばならない儀式であった。

　岐阜の遊郭で出会った少女を、富太郎は「憎らしいほど可愛い目元、誰が果報の妻に持つ」と都々逸《どどいつ》でうたったが、その少女からの手紙が残っている。

『私わ祖父様がいないので牧野様を、やさしい人に思つてなりません。時々お便り下さいませ。お願ひいたします。寒い故気を付けてね』

　文面から、富太郎は少女を遊郭から救出したようである。きっと野にふみつけられた花を両手に包むようにして採集したように彼女も〝救出〟したのだろう。

　スエ子夫人は、九十五歳まで生きる富太郎を支えて先に他界した。富太郎はその後に発見した新種の笹に、亡き妻の名をとって、スエコ笹と命名し、次の句をよんで感謝の気持ちを捧げている。

　　世の中のあらん限りやスエコ笹

　富太郎には没後に文化勲章が贈られた。

七十年座り、千個の頭を彫った人形師

天狗　久

「徳島、天狗久《てんぐきゅう》さま」だけで、郵便が届いたという人形師吉岡久吉は、安政五年（一八五八）に徳島市に生まれた。

『エエ、他に誰もやらんので、とうとう名物になってしもうたが、イヤ、やっと世すぎができかねるという有様ですナ……。この近くに若松屋富五郎という人形師がありました。十六歳の年にこの家へ弟子に入りました。イヤ、生れつきこんな仕事が好きでしたんじゃ』

昭和十三年（一九三八）ごろに語った芸談の切り出しである。

浄瑠璃（義太夫）人形芝居は、約二百五十年前に淡路島の百太夫が始めたとされているが、領主の蜂須賀家が大いに保護したので、阿波一帯に何十という人形座ができ、民間の唯一の娯楽として、大正年代の末まで長く繁栄した。大阪で今も保護保存されている「文楽」はその阿波人形芝居の支脈である。昭和十七年、女流作家の宇野千代さんは、ある人の家で天狗久の人形を見せられ、魂を奪われた思いで、徳島の天狗久の仕事場を訪ねる。そして、出世作となる小説「人形師天狗屋久吉」を書いた。

『……（人形は）〝阿波の鳴門〟のお弓で、鄙《ひな》びた手織縞の着物など着せてあるのに、その面ざしの深い愁ひが、人の心に迫るやうに思はれた』

　天狗久の人形や手形を見せてくれた徳島の久米葉舟に、宇野は手紙を書いた。

『一生の間、ただ坐ったきりで仕事をしてゐた、さういふ特別な人のことが書きたいのです。……実に地味な小説を書きたいのです』

　日本一の名人といわれた天狗久は、実に七十年間を、徳島市郊外の往来に面した障子のすぐ内側に座り続けて、一千個の「かしら」を彫った。

『人形と申しましても種類は限《き》りがあれえしまへん。娘頭《むすめかしら》でも、世話娘、傾城娘、高貴の娘と、顔かたちが皆ちごうているのを、線一本、削り一つで生かさんといかん。その品《ひん》を出すのに苦労して、二晩も三晩も寝られん夜が続いたことがあります。それで自然と人を見ても、この人相は芝居では誰型の模型といふ具合いで、現に私の仕事の上の競争者じゃった「人形忠」さんなぞは、しまいには人相見が本業になってしもうたほどです』（「芸談」より）

　天狗久の刻んだ人形の種類は、士農工商、老若男女、美女醜女、時代物、世話物など、自分でも数え切れないほどであったが、いずれの人形かしらも、ためらいのない、胸のすくようなノミの動きで、生々しく強烈な人間の顔を彫りあげている。

　それまで檜で作っていた人形を、天狗久は軽い桐材で作った。西南の役を題材にとった人形芝居が大当たりをとったころから、西郷隆盛などの人形が次第に大きくなって、人形遣いは重い人形を操るのに苦労していたので喜んだ。以後、芝居人形はことごとく桐材となる。

『一番阿波の国に人形芝居が盛んじゃったのは明治十年から二十年ごろまででした。日清戦争の後には壮士芝居というのが出て来て、……その次には桃中軒雲右衛門なんかの〝浮かれ節〟が出て押され、……〝新派劇〟にも押され、おしまいにトドメを刺されたのが、あの活動写真（映画）で、人形芝居はどか落ちにいかれてしまいました。……流行と人気とはいやなもので、理屈で堰《せ》き止めることは出来ません』（「芸談」より）

名人天狗久は、名東《みょうどう》郡国府町（現・徳島市）の工房の、同じ場所に七十年間すわり続け、時おり二坪ばかりの庭に出て、植木いじりをするのが唯一の楽しみであった。天狗久のかわりに、人形が四国をまわり、四国の外に出て、たくさんの人びとの心をとらえた。

この類《たぐ》いまれな〝座業の人〟は、昭和十八年十月、座るのを止め、病床に横たわる。

「甘酒がほしいが……」とねだる天狗久に、

「戦争中で米が不足して、甘酒のコウジがでけんのよ……」と、つらそうに家人は答えた。

「おお、すまんことを言った。すまなんだ。わしが悪かったよ」

すでに戦争は敗色が濃い十二月二十日、娘さんや孫たちに見守られて、天狗久は八十六年の呼吸を止めた。――孫の治さんが三代目天狗久を継いでいる。

虜囚の身で不屈、日本儒学に貢献

姜　沆

『ひそかに舌人〈通訳〉に、われらを捕らえた者は誰かとたずねたら、伊予の佐渡守〈藤堂高虎〉の家臣で信七郎という者だという』

四百年ほどの昔、豊臣秀吉に動員された日本軍が十数万で対馬海峡を渡り、朝鮮半島を侵略した。大量の鉄砲を持ち、戦国で鍛えられた日本軍の前に李王朝は総崩れとなった。日本軍は殺戮《さつりく》と略奪を行いながら、朝鮮半島を蹂躙《じゅうりん》した。武功の証明として朝鮮人の耳をそぎ、鼻をそいで、塩づけにして京都の秀吉に送った。さらに日本軍は奴隷として使うために、大ぜいの朝鮮人を捕虜とした。その数は六万人とも七万人ともいわれている。

最初の一文は、その捕虜の一人、姜沆《かんはん》が書いた記録「看羊録」にある。姜沆は李王朝の有名な儒学者姜希孟《ひめん》の五代子孫で、優れた儒学者として知られた人物だ。

藤堂軍に捕らわれた姜沆たちは、藤堂の伊予大洲藩へ送られる。長浜についた姜沆たちは徒歩で伊予大洲まで向かう。死の行進だった。大洲へ送られてきた朝鮮人捕虜は千人を超え、労役につかされたり、城内にとじこめられたりした。

翌年の五月夜半、姜沆は大洲から脱走して、宇和島に向かった。そして夜陰にまぎれて宇和島城門に落書きをする。

「汝日本君臣……」に告ぐ、と書き出し、「秀吉の朝鮮侵略は天人ともに許さない暴挙であるから、必ずや天地の怒りにふれるであろう」

三十二歳の姜沆は、いわれもなく祖国をふみにじった秀吉を許せなかったのだ。しかし、姜沆は捕まってしまう。秀吉や高虎を罵倒した姜沆はただちに処刑されそうになるが、彼を朝鮮で捕らえた信七郎が駆けつけて助けてくれた。信七郎は姜沆が儒学の大家であることを知っていたのである。

藤堂高虎は千人あまりの捕虜をいつまでも大洲に置くことが適当でないと考え、姜沆たちを京都の伏見屋敷へ送ることにした。だから、姜沆が大洲にいたのは二年たらずのことである。

姜沆が京都へつく前に、彼が憎んだ秀吉は死んだ。

「自分は百計をつくして帰国を謀るが、手に一銭もなく、やむを得ず……」医家の本の序文を書くアルバイトなどをするのだが、そこで日本儒学の祖といわれる藤原惺窩《せいか》を知った。

惺窩は三十八歳。互いに深い学識に肝胆を相照らす仲となるのだ。

惺窩は姜沆の力を借りて「四書五経倭訓」を刊行した。これは、日本の教育を左右する儒教の根幹の書であるが、姜沆の力なくしては完成できないものであった。一年近くかかって、本は完成した。惺窩は感動に震える手で「日本、宋儒の義を唱ふる者、此冊を以て原本とせよ」と書きとめている。

姜沆は、京都の耳塚に眠る同胞の霊を慰める祭文を書いた。

「切りとられた鼻や耳は、かなたの丘にあり、秀吉の身は塩づけにされて腐った魚のように臭気をまき散らす……」

この意味は、秀吉が死後しばらく腹部に塩をつめて、死亡を隠したことを指している。もし、この祭文が秀吉の家臣に聞かれたら姜沆の命はなかったろうが、祭文は朝鮮語だったので、気どられることはなかった。

姜沆は捕らわれて日本で二年六カ月を送ったのち、藤堂高虎に許されて、朝鮮に帰ることができた。家族は十人、そのうち何人もが命を落としていた。

姜沆は郷里、霊光郡で五十二歳の生涯を閉じたが、その捕虜記「看羊録」は、日本を非難している書として、長く陽の目を見ることはなかった。

平成二年（一九九〇）の春、虜囚の地大洲に、近世朱子学を日本に伝えたとして、姜沆の顕彰碑が建てられた。また、姜沆の郷里にも平成三年春、殉難碑が建てられて、その除幕式に大洲市長がまねかれた。桝田大洲市長は、

「秀吉の命令とはいえ、大洲藩主藤堂高虎がこの地を侵略した大きな過ちについて、大洲市民として、また日本人の一人として、深く謝罪します」

と挨拶した。この言葉を通訳した韓国の女性は、目をうるませていたという。

苦難の果ての私小説、動かぬ手で絶筆
上林　暁

『私の本名は徳廣巌城《とくひろいわき》、筆名は上林暁《かんばやしあかつき》である。……上林は、高校時代、熊本市上林町に下宿していたので、それからとった。上林町は熊本城の真下であった。

暁は字画が好きであった。もう一つ、下宿の便所から金峰山という山を見ると、暁の光が赤紫に照り映えて、それに魅せられた……』

高知県大方町出身の作家、上林暁の筆名の由来である。

私もそれにあやかって筆名の由来を書くと、こうなる。

「私の本名は富田祥資《よしすけ》、筆名は早坂暁である。早坂は音楽家の早坂文雄からとった。早坂文雄は黒沢映画の音楽を担当していた。

暁は、同じ四国の作家、上林暁からとった。上林さんの小説世界が好きだったからである。だから本当は、はやさか・あかつきだが、いつの間にか、あきらと呼ばれるようになってしまった」

明治三十五年（一九〇二）、大方町の農家に生まれた上林暁は、〝柳の葉よりも小さな町〟中村にある中学校（現・中村高校）へ往復十六キロの道を徒歩で通学、三年生の時に、芥川龍之介のような小説家になりたいと志した。
『大正十三年の正月元旦の朝、私は海辺に立った。

「どんな不遇でつらいことがあろうとも、文学で一生を貫かう……お父さん、ボク、大学は文科にするぜ」「大方、さうだろうと思ふちよつた」』（「卒業期」より）

父は村長をしていた。その太平洋の海辺に、川端康成の筆になる〝生誕の地〟の碑があり、暁自筆の〝梢に咲いてゐるよりも、地に散ってゐる花を美しいとおもふ〟の言葉が彫ってある。

東大を出た暁は、それこそ地に散っている花を拾い集めるように小説を書きはじめるが、苦難は次々と彼を襲ってくる。

貧乏、都《みやこ》落ち、行きづまり、そして妻の繁子が精神を病み、七年間の看病が続く。日本の敗戦の年、回復することなく妻は三十八歳の若さで死ぬ。傑作「聖ヨハネ病院にて」はその時に生まれるが、いわゆる〝病妻もの〟に代表される暁の私小説はすべて〝遺書のつもりで〟書いたものである。

『私は自分の危機を創作化することによって、危機を克服した。私の生活上の危機は私に幾多の私小説を恵み、同時に……』彼も救済されたのである。

『常に不遇でありたい。そして常に開運の願いを持ちたい』信条で、苦難に立ち向かっていく彼は、ついに自身の病いに倒れる。脳卒中で右手、足、口が不自由になった。六十歳の時である。

妹、睦子の協力で、口述筆記による「白い屋形船」を発表、以後残された左手で原稿を書きはじめた。睦子の手記「兄の左手」にその様子が書かれている。

『原稿も横になって書いた。まず右を下に横向きに寝返りをさせる。眼鏡を拭いてかけさせ、4

Ｂの鉛筆を左手に握らせる。

兄は敷布団の上に置いた原稿用紙に、文字を書いた。

『兄が突然大きな声で泣き出した。

「どうしたの！」

「手が動かなくて字が書けない」

線がくしゃくしゃ書いてあるだけであった。

「じゃあ、手を揉《も》んであげよう」

私は熱いお湯で絞ったタオルで兄の手を暖めて揉みほぐした。……何とか六十枚の下書きを書いた。しかし、読める字はその三分の一にも満たなかった。整理はほとんど口述と同じで、兄に聞いては原稿に書き込んで行った』

睦子は、兄の〝右手〟になったのだ。

こうして上林暁は十八年間の闘病中に、石を刻むようにして私小説を書き続け、数々の文学賞を与えられる傑作を生み、昭和五十五年八月二十八日に亡くなった。七十八歳であった。

死の四日前まで書き続けた絶筆「秀夫君」の原稿を見ると、それは文字というより、文様か記号に近い。上林暁があらん限りの力をふりしぼって描いた凄絶《せいぜつ》な〝絵〟である。それは故郷を恋う私小説の一つであった。

大方町の田の口小学校には、彼の「努力の碑」が建てられているが、八月二十八日は〝暁忌〟として俳句大会が開かれている。

戦中戦後をプレイしたジャズ歌手
ディック・ミネ

もし、日本で世界に通用する歌手を一人だけ挙げるとしたら、オペラの藤原義江でもなく、流行歌の美空ひばりでもなく、ディック・ミネであったような気がする。

残念なことに、ディック・ミネがダイナを歌って登場した昭和九年（一九三四）は、すでに日中戦争、太平洋戦争の前奏曲が聞こえてくる時代であった。彼の全盛期は、不幸なことに戦争中と、戦後の混乱期で、とうていディック・ミネを世界に押し出していく環境ではなかったのだ。

ディック・ミネの本名は三根徳一。徳市とも書いていたようだ。

「徳と市の間に字が入ってなくてよかった」

本人が笑いながら語っているが、徳と市の間に島を入れると生まれた土地の名となる。

三根徳一は明治四十一年（一九〇八）、徳島市富田浦で生まれた。父は旧制徳島中学（現・城南高校）の校長。東京帝国大学の哲学科を出て、山形や佐賀、唐津などの中学校校長を歴任してきた厳格な教育者。母は日光東照宮の宮司の一人娘というから、どう見ても流行歌手を誕生させる土壌ではないようだが、母親が芸事、とくに琴に堪能《たんのう》で、徳一は小さい時から琴の音を、家の前にある富田浜の波音と同じぐらいに聞いて育った。しかも、母親は体格が良く、夫の三根校長より大きかったというから、徳一はことごとく母親似だったかもしれない。

東京の立教大学に進むと、体の大きさから相撲部に入ったが、大学のオーケストラにも参加して、バイオリンを弾いた。徳一は猛然と音楽に目覚め、とくにアメリカから流れこみはじめたジャズに魅せられてしまった。

父の命令は役人になることである。仕方なく徳一は逓信省の貯金局へ勤めることになった。しかし、彼は夜は大学の仲間と組んでバンドを作り、ダンスホールやクラブで歌った。夜のアルバイトのほうが、昼の給料の十倍にもなり、そのうち、昼間の役所では居眠りをすることが多くなってしまった。

昭和九年、テイチク・レコードで「ダイナ」と「黒い瞳」を吹きこみ、そのモダンで甘い声で大ヒットする。本名は出せないし、歌手にも向かない名前だったので、ディック・ミネとバタ臭い名をつけた。ディックは、「でっかい」が訛《なま》っているのだ。

父の三根校長は、彼の歌手活動を知って激怒、勘当をしてしまう。勘当されても、彼は音楽をはなさなかったし、音楽もまた彼をはなさなかった。

ディック・ミネは、日本語でジャズを歌えるただひとりの日本人歌手である。彼の歌声は、暗い戦争の時代にあって、そこだけがぽっかりと開いた青空のようであった。

戦争中のディック・ミネはアメリカかぶれの名前だと、改名をさせられ、三根耕一で歌わねばならなかった。

立教大学の後輩が、特攻隊員として出撃する前夜、ミネを訪ねてきた。別れの宴を開いてミネは、「ダイナ」を歌い、「林檎《りんご》の樹の下で」を歌い、「愛の小窓」「黒い瞳」「人生の並木路」を歌った。翌朝、特攻機がミネの家の上空を旋回して、飛び去って行った。

戦後、元の名にかえったディック・ミネは、「夜霧のブルース」「旅姿三人男」などヒット曲を次々と発表、現役五十七年間にシングル盤を二百五十枚、LP盤を百五十枚出し、レコードは通算四千万枚を売った。その売り上げ額は三百六十億円になる。コンサート収入を加えると、ディック・ミネは生涯で五百億円を稼いだことになる。

しかし、晩年には二階建ての自宅以外に財産らしいものを残していない。私生活が女性にいろどられ、内縁を含めて五人の夫人を持ち、子供も十人にのぼった。前夫人に、昭和五十年当時で七億円もする豪邸を渡しているように、別れた妻にはそのつど莫大な慰謝料を払ってきたからである。

そのプレイに徹したジャズ歌手も、平成三年（一九九一）に埼玉県の病院で、英語の歌を口ずさみながら、息を引きとった。八十二歳。

思えば、あの全盛期の甘く魅惑的な歌声で、世界に押し立てていきたい歌手であった。

金毘羅参りの丸亀港に大灯籠寄付

塩原太助

「一生に一度は、こんぴらまいり」と江戸時代の金毘羅《こんぴら》信仰は、現代からちょっと想像しにくいほどの熱烈ぶりであったようだ。

たしかに金毘羅さんは安全と繁盛の信仰に支えられてはいたが、自由に旅のできなかった江戸時代では、信仰の旅だけが庶民に残された〝移動の自由〟であったせいもある。

『金毘羅参詣の船は、いろんな所からの便船かあるが、まず多くは大坂淀屋橋の南詰めから出帆する』

と、当時の旅行案内記に書いてある。

『船は安治川口から帆をあげて、西南の方角へ、満々たる海上を約五十里。五日の日数だが、風の向きによっては三日三晩で渡ることもある。金毘羅大権現のご利益の有難いことは、どんな嵐がきても、潮が逆巻くことがあっても、参詣船の難破したということを聞かない』

この旅行記にある通り、江戸の豪商、塩原太助も、商売の大成功のお礼まいりに、大坂淀屋橋から金毘羅船に乗り、ひどい暴風雨に出合ってしまうのだが、九死に一生の思いではあったけれど、船は沈むことなく丸亀港にたどりついた。

よほど嬉しかったのだろう、塩原太助は丸亀港で泊まった旅館柏屋の主人に、ぜひ〝灯台〟を寄付したいと口にするのだ。荒れる夜の海上をさまよって、難破しかかったのは、陸に見渡しのきく常夜灯（灯台）がないせいである。金を出すから、あとに参詣にくる人のためにもぜひ作りたい……。こう発言したのは、記録には残っていないが、たぶん文政十二年（一八二九）ごろではなかったか。

それから三年ほどたった天保二年に、旅館柏屋の主人、柏屋団治らが発起人になって、港に大灯籠《とうろう》の設置運動をおこした。大灯籠は最初は十二基という大規模なものだったが、実際は三基になっている。

なにしろ銅による灯籠は、高さが一丈六尺（四メートル八十四センチ）の大きなものだから、費用が何千両という巨額になる。それで柏屋団治らは千人講の筆頭に江戸の豪商塩原太助を考えていた。なにしろ江戸本所の薪炭商で財をなした塩原太助は「本所には過ぎたるものが二つあり。津軽大名に炭屋の塩原」といわれる人物だ。しかも、湯島の無縁坂の改修をはじめ、中山峠の茶屋の設置、榛名山天神峠の常夜灯、倉敷蓮台寺の玉垣など、公共事業への貢献実績が多くある。その人物が、大灯籠を寄進したいと自分から手をあげているのである。

塩原太助は上州（群馬県）新治村から体一つで江戸に出て、勤倹よく一代に巨万の富を得た人物だが、村を出る時の飼い馬〝あお〟との別れが、三遊亭円朝の創作話から評判となり、はては歌舞伎芝居で菊五郎や吉右衛門らが演じるに及んで、塩原太助の名は明治以後に日本中に知られるようになっている。

さて、柏屋たちが本所の塩原家へ行ってみると、あの太助は病没して、二代目太助の時代になっていた。柏屋たちは、さぞがっかりしたことだろうが、二代目太助は「先代が約束をしたということなれば、八十両は寄進させていただきます。ただし、八十両を一ぺんにというのは無理で、五カ年に分割して納めさせてもらいます」と提案した。

柏屋たちは、豪商塩原の名で千人講の有力な顔ぶれを集めてもらえると期待していたのだが、二代目太助は「私は他人を誘うことは嫌いですので、千人講の件はお断りします。当家だけの寄進はさせてもらいます」ということであった。

そんなわけで、大きくふくらんでいた十二基の灯籠建設は三基にまでしぼんでしまうが、第一番灯籠は天保九年（一八三八）に丸亀港に建てられた。〝江戸講中〟と彫った三段の御影石の上に、蓮華をかたどった八角形の銅製の大灯籠である。銅板には寄進者の名が小さな字で書きつらねてあるが、ひときわ大きく「江戸本所塩原太助　八十両」とある。

大灯籠が仕上がった時は、炭屋塩原は三代目の太助になっていた。第二基、第三基の大灯籠が完成するのは嘉永六年（一八五三）。発起してから二十年目である。

その第二基、第三基は、太平洋戦争中に金属回収のために供出されてしまった。残ったのは太助灯籠と名付けられた第一号灯籠だけである。

漂泊のはてに伊予が一番と、松山に死す

山頭火

「ワシの命は、大山君、あと一年ぐらいの気がする」

漂泊の俳人、種田山頭火が広島にいる弟子大山澄太にそう告げたのは昭和十四年（一九三九）の九月だった。

「日本中を歩いたが、四国の伊予が一番よかったように思う。ワシは松山で死にたい」

山頭火が松山を死に場所に選んだのは、人も風土も優しかった上に、そこが近代俳句のメッカであり、そして俳友野村朱鱗洞が眠る土地であったせいもあるようだ。

ひよいと四国へ晴れきつてゐる

松山で朱鱗洞の墓をさがしあてる。朱鱗洞は同じ非定型派の俳句で天才とよばれた俳人だが、二十六歳の若さで死んでいる。

淋しき花があれば蝶蝶は寄りて行きけり

これは朱鱗洞の句だ。

松山には城北の御幸山麓に一軒の家が用意されていた。大山澄太の連絡で俳句仲間の高橋一洵らが奔走してくれたのだ。足をくじいてしまった山頭火は、一洵に背負われて、その小さな一軒

家にたどりつく。
「ああ、よい住まいを……。〝一草庵〟とさせてもらいます」
一洵の背中で山頭火は合掌した。山頭火は十五年前に酒びたりの生活から心機一転して出家していた。以後、家を捨て、妻子を捨てての長い漂泊の旅である。
おちついて死ねそうな草枯るる
山頭火は山口県防府の生まれである。早稲田大学にすすむが、ノイローゼになって中退、郷里に帰って父と共に醸造業をはじめるが失敗、熊本へ移って額縁屋をひらいた。その熊本で、ついに生活の破綻をきたして、出家したのだ。
十一歳の時、父の女道楽を苦にして自殺した母を忘れられない山頭火は、母の位牌を懐に入れて歩く。野宿することがあっても俳句だけは、命よりも大切にして作り続けた。
うしろすがたの　しぐれてゆくか
みんなかへる家はある　ゆうべのゆきき
まつすぐな道でさみしい
さみしい道を蛇に横ぎられる
生死の中の雪ふりしきる
一草庵に落ちついた山頭火のもとに、地元の新聞記者がインタビューに来た。この非常時に俳人は何を考えるのかと質問される。役にも立たない俳句を作っていいのかと言外に問うているのだ。
「わたしはイボみたいな存在です。イボなら、そう邪魔にならんでしょう。できれば、愛敬のあるイボでありたいですね……」

すでに日中戦争は泥沼化し、日米戦争の直前の年である。

山頭火は、湯が大好きだった。一草庵から十五分ぐらいで道後の共同湯に入れる。

　朝湯こんこん　あふるるまんなかの　わたくし
日記には、こう書いている。

『食うや食わずの日を暮らしている。食わなくても句は作っている。こうしてホッコリ、ホッコリ死ぬのを待っている』

白い野良犬がやってくる。口に大きな餅をくわえている。少し欠けた直径五寸ばかりの餅を、犬は置いていく。山頭火はその餅を焼いて食べる。すると、野良猫がのぞく。餅をちぎって、猫へ投げた。日記にこう書く。

『犬にご馳走になり、猫に供養する』

昭和十五年十月十日、山頭火は台所でゴウゴウとイビキをかいて眠る。隣室では「柿の会」の句会が開かれていたが、会員たちは山頭火は酒を飲んで眠っているものと思い、脳溢血とは気づかなかった。翌朝未明に死亡、本人の切望していたコロリ往生であった。五十八歳。

定型俳句の牙城である松山で死んだ非定型俳句の巨人・山頭火。なぜか十年に一度ずつ、山頭火ブームがおとずれ、今も保存されている松山の一草庵を訪ねる人も多いが、その玄関は市役所に連絡しないと、開くことはない。

　モリモリ盛り上がる雲へあゆむ
山頭火、最後の句である。

二人の師に学び物理学と芸術に開花

寺田寅彦

地震や火山噴火などの自然災害が起きると、必ず使われる警句がある。

『天災は忘れたころにやってくる』

また、河川の堤が決壊したり、飛行機事故があったりすると、よく使われる警句がある。

『あらゆる災害は、実は人為的なものである』

これらの警句が寺田寅彦のものであることを知らない人が多くなっている。

寺田寅彦は明治十一年（一八七八）、東京で生まれたけれど、東京は父親の赴任地である。父は高知県出身の軍人で、四年後には熊本の鎮台に転勤となった。

病弱だった寅彦をなんとか健康な子に育てたいと願った父親は、四歳の寅彦を赴任地には連れて行かず、高知城の見える大川筋にある実家へ帰した。

陽光にあふれる高知の江ノ口川で泳いだり、魚をとったりするうちに、寅彦はすっかり元気な子供となって父親を喜ばせる。中学校を抜群の成績で卒業するが、四国には高等学校がなかったので、熊本の五高に進む。

この五高で、寅彦は生涯を決定する二人の師に出会った。一人は数学・物理学の田丸卓郎、もう一人は英語を教える夏目金之助（漱石）である。

田丸は寅彦にバイオリンを弾いて聞かせながら、物理学徒になることをすすめた。寅彦はのちに、「不思議ですねえ」が口癖になる好奇心あふれる秀才であったので、「面白そうだ」と言われる通り東京帝大の物理学科に進む。

英語教師の夏目漱石には俳句の話を聞いた。漱石は前任地の松山で正岡子規から俳句の手ほどきを受けて熊本にやってきたのだ。漱石と同じく俳句の面白さにとりつかれた寅彦は「まるで恋人にでも会いに行くような心持ちで」週に二、三度も俳句を作っては漱石に見てもらうようになる。俳号は藪柑子《やぶこうじ》、または寅日子《とらひこ》である。

寅彦は二人の師によって触発された二つの才能の道を着実に歩き始めた。

「尺八の音響的研究」で理学博士、「ラウエ斑点の撮影に関する研究」で学士院恩賜賞と、多彩な〝寺田物理学〟を構築してゆく。航空研究所員、理化学研究所員、地震研究所員を歴任して東大教授となった。

一方、「吉村冬彦」のペンネームを使って随筆の世界に科学の鋭い感性を持ちこんで芸術性の高い科学エッセイともいえる分野をつくり出していく。

漱石の門弟は、夏目山脈といわれるぐらい多いけれど、その大半が小説「吾輩は猫である」を発表してから集まってきたのだから、無名の英語教師時代にすでに師と仰いだ寅彦が最も古い弟子といえる。寅彦は漱石の処女作「吾輩は猫である」に、すでに〝寒月〟として登場しており、「三四郎」にも〝野々宮宗八〟として描かれて、物理学を語らされている。

寅彦の随筆は「冬彦集」として、六冊を数えて広く読まれたが、彼の芸術的天分はレオナルド・

ダ・ビンチ的で絵画や映画にも広がっている。

寅彦が科学と芸術という二足の草鞋《わらじ》をはいたために、肝心の「寺田物理学」が大成できなかったと指摘する人もいるが、寅彦にとっては、科学と芸術は別個のものではなく、内部では深くつながる同根のものであったようだ。

「物理の研究がすすむときは、どんどん随筆の構想が浮かんでくるんだ」

と、弟子の一人に語っているように、〝金米糖〟、〝墨流し〟、〝霜柱〟、〝靴のかかと〟、〝線香花火〟などは、エッセイの題材と同時に、寺田物理学のすぐれた素材として他の物理学にはない豊かで多彩な展開をみせるのだ。

昭和十年十二月三十日の東京朝日新聞の記事は「美しの籠城。重態の寺田博士を気遣う羨ましい師弟の情」と題して、遠く北海道から駆けつけた弟子たちが、交代で博士宅につめている記事をのせているが、その翌日の大晦日に寅彦にして冬彦、藪柑子は息を引きとった。五十八歳。

寅彦死んで五十六年目、フィリピンの火山、日本の雲仙岳は数百年の眠りからさめて、突然に噴火、また日本海底に地震発生しきり、まさしく「天災は忘れたころに」、やってきている。

度胸の殿がいまに残せし阿波の盆踊り

蜂須賀家政

〽踊る阿呆に見る阿呆
同じ阿呆なら踊らにゃそんそん
エライヤッチャ
エライヤッチャ
ヨーイヨイヨイヨイ

平成三年（一九九一）の阿波おどりには百三十六万人が集まった。ブラジルからは、サンバのチームが参加して、日本の連《れん》（チーム）の間にまじって激しいサンバリズムで喝采をあびていたが、それが不調和でないほど阿波おどりのリズムも熱狂的である。

この行進的なリズムは〝ぞめき〟（大勢で騒ぐ）といって幕末から明治にかけて流行したものだが、威勢のいい囃子につい阿波おどりの唄そのものが聞きとりにくくなっている。

〽阿波の殿様蜂須賀公がいまに残せし盆踊り　（阿波よしこの節）

蜂須賀公というと、太閤となる日吉丸と矢作橋の上で出会う夜盗の首領小六が有名であるが、当時は矢作橋はなく、どうやらあの話は太閤記の創作シーンであるらしい。

阿波の殿様になるのは、小六正勝の長子、家政である。家政は尾張の蜂須賀村に生まれ、父小六と共に信長、秀吉に仕え、激しい戦国の世を奮闘して生き抜き、播州龍野五万三千石の小大名にまで出世した。

家政がはじめて四国へ足を踏み入れるのは、秀吉の四国征伐の先鋒隊としてである。家政は父小六と共に四国で奮戦して阿波を占領していた土佐の長宗我部軍を打ち破った。

戦功によって阿波十七万六千石が小六正勝に与えられるが、正勝は子の家政を推したため、藩主として阿波入りしたのは家政である。天正十三年（一五八五）というからざっと四百年前のことだ。

こうして蜂須賀家は尾張時代の家臣数二十八人からはじまって、龍野時代に百五十六人となり、ついに阿波一国を治めるまでになって、秀吉が命じた朝鮮出兵には七千人の兵を率いて対馬海峡を渡った。

だが、家政の心は一時たりとも休まることがない。阿波へ進駐してきたものの、なじみのない国。山間地の土豪たちが一揆を起こして反抗する。産物の多い豊かな国と思っていたら、吉野川は思いもよらぬ〝暴れ川〟。くりかえす氾濫《はんらん》で農村地帯は貧困にあえいでいる。徳島城も築かねばならない。そのうえ、朝鮮への出兵だ。三十歳にもならぬ若い新藩主はさぞかし身もだえする思いで阿波の国の経営に当たったことだろう。

要所に阿波九城を築き、それぞれ家臣三百を配して一揆にそなえながら、吉野川を治水、前任地の播州から藍《あい》の良品種をとりよせ、ついには阿波藍といわれるまでに育てあげる。塩の技術も播州から導入して塩田を各地につくった。紙もつくらせ、桑や麻も植えさせる。一方で戦場へ出かけながらのことだから、今の政治家には想像もつかぬすさまじい政治エネルギーが要求されるのだ。しかし、家政にもっと大きな危機がやってくる。

秀吉が死んで、豊臣方と徳川方の対立が深刻となる。どちらにつけば生き残れるのか。石田三成は大坂（豊臣）方につけば阿波のほかに播州、丹波も加えて姫路城主にしようと誘ってくる。たしかに、蜂須賀家は豊臣家の膨張に従って家運をのばしてきた。その恩顧に知らないふりはできない。悩み抜いた家政は、思い切った行動に出た。

なんと、阿波を豊臣家に返上したのだ。返上したうえに、自らは高野山に入って出家してしまったのだ。大名の地位を投げ出せば、もう家政は誰の拘束も受けない。天下の形勢に対して、高みの見物、フリーハンドの姿勢がとれる。これが一番被害を最少におさえる、生き残り策である。

しかも、家康の勝ちと読んだ家政はひそかに息子の至鎮《よししげ》に自分の家臣たちを与えて徳川家康の旗の下に走らせたのだ。

家政の政治的な賭けは見事に成功する。

関ケ原の決戦は、家康の勝利に終わって、ふたたび蜂須賀家は阿波へ帰ってきた。藩主は二代目の至鎮。家政は蓬庵の名で若い藩主を助けた。阿波を二十五万石の充実した領土にまで育てる基礎をつくって高齢の八十歳で没した。

昨今の阿波おどりの経済効果は百数十億円という。石になおすとざっと三十万石。なんと阿波二十五万石を超えている。「いまに残せし」と唄われる地下の家政はなんと思うか。

丸亀藩の存立へ、うちわ作りと幕府工作

瀬山　登

京極家が四国の丸亀に足を踏み入れるのは万治元年（一六五八）のことである。ざっと三百五十年ほど前だ。

もともと京極家は松江の藩主で二十五万石の大藩。それが播州龍野に転封されて、わずか六万石になる。播州龍野といえば、阿波徳島の蜂須賀家も秀吉時代に治領していたところ。蜂須賀家は四国征伐の功績で阿波二十五万七千石に米転するが、京極家は外様大名の悲しさ、さらに禄高の少ない西讃五万六十七石の丸亀城へ転封される。ただ、元の播州揖保《いぼ》郡を加えてやっと六万石を維持できた。だが、藩の実収米は八万俵。藩士の給付米六万俵を引くと、領主と公用費にあてられるのは、わずか二万俵であった。

そのうえ、参勤交代の費用や、関東地方などの河川改修を三回にもわたって命じられたので、藩の財政は窮迫。藩士の減禄や、倹約令をたびたび出すという苦しさである。

江戸留守居役の瀬山登は、江戸邸に隣り合う中津藩のうちわに目をつけた。九州の中津藩も丸亀京極藩と同様の貧乏藩。九州中津は竹どころとあって、内職に足軽小者たちが竹のうちわを作っていた。

「ぜひ我が藩の者にも手伝わせていただきたい」

中津藩のうちわ作りを手伝って手間賃をもらうようになったが、瀬山登はこれを国元の産業にしようと考えた。せっせと中津藩からうちわ作りの技術を習得して、丸亀うちわとして立派な産業にしてしまった。

丸亀藩を救ったのは、金毘羅さんである。金毘羅信仰が燃え上がり、全国から丸亀にむかって参詣客が押しかける。その参詣客の土産に丸亀うちわはよく似合った。

『一きわすぐれたる硝子団扇《がらすうちわ》、客の懐中を見すかして商う』(丸亀繁昌記)と書かれた硝子うちわは、良質の紙を張った上に松脂《まつやに》を火で溶かして塗るもの。乾くとガラスのように透明になって水をはじくので、水につけては「涼しい、涼しい」とあおいで見せるアイデア商品である。幕末には年産八十万本と、師匠の中津うちわをはるかに抜いて全国一の生産地となった。

それにしても金毘羅信仰で殺到する参詣客は船でやってくるので、丸亀港の拡張整備が急がれた。丸亀の世話人たちから幕府へ願い出された丸亀港の「新堀湛甫《たんぽ》及び銅灯籠」の件は、江戸屋敷の瀬山登が必死に幕府へ働きかけて、実現にこぎつけるのだ。

その苦心の様子を、律義な能吏、瀬山登が詳しく書きとめている。監督当局である幕府との交渉は、想像をこえる煩わしさで、時の権力者水野老中や勘定奉行への〝つけとどけ〟も克明に記録されて、貴重な幕府交渉資料となっている。では、どのように贈りものをしたか。

水野老中には、縮緬《ちりめん》三巻や肴《さかな》など、勘定奉行には銀千枚と肴など。以下勘定奉行の役人十人に金銀を贈り、はては御庭番にまで金十両とこまかく贈り、総計銀三十六枚、金三十一両一分二朱に及んでいる。

この丸亀港の拡張工事と大灯籠（灯台）設置は完成まで二十年もかかるが、大灯籠を江戸から発送するにあたっても、幕府勘定方を接待せねばならない。丸亀藩担当者は酒が飲めぬので、瀬山登が相伴させられ、帰邸するのは明け方の四時となった。これが藩規に背くというので、瀬山は始末書を提出した。

『……御門限を過ぎて帰りましたのは、不調法で恐れ入ります』

瀬山登は酒好きであったようで、父親の四郎兵衛の日記にも、伜《せがれ》登は六十余歳になっても大酒飲みが直らないと書かれている。

京極藩の江戸上屋敷は虎ノ門にあったが、墨田川べりの本所に屋敷替えになるという風聞が立った。一等地から三等地への移転だ。瀬山登は、得意の幕府工作をすすめる。丸亀港の工事拡張の時のコネクションが役に立った。水野老中へ金千疋《びき》、水野家用人へ金五百疋を贈る。水野側からは次々と要求が出る。その中に庭石を贈れという催促も、瀬山の記録した「水野様御勝手勤由来記」に詳しく記録され、貴重な中央交渉史となっている。

瀬山の努力によって屋敷替えは回避できるが、そのための出費は千両近くとなり、財政窮乏の藩としては、まことに痛い出費となった。しかし、瀬山は功を認められて、十石の特別加増となっている。これで瀬山の禄高は百十石となった。

丸亀藩の良吏、瀬山登の像は丸亀港の一隅に大酒飲みとも思えぬ端正な姿勢で、大灯籠の前にある。

列島を踊り回り、日本人の心を解放

一遍

色里や　十歩はなれて　秋の風

一遍上人の生誕地は松山道後温泉にある宝厳寺内である。右の句は正岡子規のものだが、寺を一歩出ると、そこはすぐ長い坂道が下っており、昔は遊郭の店が数十軒も並んでいた。今もそこはネオン街となって、夜には酔客が坂を上がっていく。上り詰めれば目の前に「一遍上人御誕生旧跡」の碑があって、ふと、おのれの遊行に一種の感慨を抱く仕掛けになっている。

一遍の幼名は松寿丸、河野水軍の一族である。河野水軍は伊予高縄半島を根拠地にして、瀬戸内海中央部の海上権を握っていたが、承久の乱（一二二一年）では朝廷方についたため、鎌倉幕府の攻撃を受けた。一族は高縄山城に立てこもって戦うが、ついに落城して河野一族の大半は没落してしまう。一遍が生まれたのは、そうした河野一族の非運のさなかであった。

一遍上人こと智真が出家して故郷をあとにするのは三十六歳の時。なぜ出家したかは明らかにされていない。上人の一代を絵にしたものの中に、四人の武士に襲われて殺されそうになっている場面がある。どうやら一門の相続をめぐって深刻なトラブルがあったらしいのだ。さらにまた、女性関係での愛憎のトラブルを匂《にお》わせている絵も残っているが、はっきりしたことは分からない。

時は鎌倉幕府のころ。一遍は日本中を踊りながら念仏を唱えて回り始めた。「踊りながら念仏を唱えるとは、けしからん」という非難に、「跳ねたければ春駒の跳ね踊るように跳ねればよい。踊り跳ねることから得られる歓喜こそが阿弥陀仏と一体になったことだ。嬉しいことではないか」と応じている。

人々は鉦《かね》をたたき、「南無阿弥陀仏」と唱えながら、思いきり足を跳ね、首を振り、体をおどらせエクスタシーの状態になって、心を解放していくのだ。

こんな動きの興奮をともなった信仰はなかったから、たちまち生きるに苦しんでいる大衆の心をとらえた。踊り、念じることで、日常の苦から自らを解放する一遍の時宗は、爆発的人気を得ていく。

さらに、一遍は〝念仏札〟をくばった。これは念仏往生を保証するお札である。

一遍は、北は奥州の江刺から南は九州の大隅まで、休むことなく十六年、札をくばりながら、念仏踊りにものぐるいながらの遊行を続けるのだ。くばったお札は「人数二十五億一千七百廿四人なり」と「聖絵」に書いているが、実は「十万を億となす」と注釈にあるので二百五十万一千七百二十四人ということになる。

十三世紀末の日本の人口は、約五百万人だとされているから、全日本人の半分にお札をくばったことになる。なんとすさまじい布教ではないか。二百五十万枚をかりに十五年でくばるとすると、毎日平均して四百六十枚をくばらねばならない。

一遍のすすめた念仏は、わが身もわが心も南無阿弥陀仏のなかに消えはて、その念仏があまねく宇宙にゆきわたり、生きとし生けるものを包みこんでしまうという念仏で、ただ一遍唱えることで救われるという念仏だ。つまり「一遍をばすすめる」一遍の念仏である。

日本列島を一遍の踊り念仏が駆けぬける最中に、蒙古が二度にわたって襲来する。一遍の狂ったような踊りはあたかも国の危難をつげる予兆であったかもしれない。蒙古襲来では、一遍の従兄弟の子にあたる河野通有が、唯一生き残った河野水軍として、二十万人の蒙古軍を相手に奮戦した。

一方の一遍は武器を持たず二百五十万人の日本人を鼓舞したのだ。

五十一歳、一遍は旅の途中、兵庫の海辺で死ぬ。死にあたって「わが化導は一期ばかりぞ」、つまり自分一代で説教は終わると遺言した。新しい宗旨を開いて開祖になる考えはなかったのである。持っていた書籍もみな焼き捨てた。七人の弟子がたちまち海に身を投げて一遍のあとを追った。

一遍死して約七世紀。同様の世紀末に、踊るがごとき宗教群が不気味にあらわれているのは、はたして何の襲来を予感しているのだろうか。

傷心の旅のはて、土佐・猪野沢に隠棲

吉井　勇

『海は荒かりしかども空あかるく、風光の美そぞろにわが心を惹《ひ》くものありき』

はじめて歌人吉井勇が土佐に足を踏み入れたときの印象記である。同じ歌人でも、荒ぶる海や風土に脅えている紀貫之の土佐入国とはえらい違いだ。勇が土佐に入ったのは昭和六年（一九三一）だから、貫之の土佐入りからぴったり千年後であった。

貫之は土佐の国守になっての赴任であったが、勇は傷心の旅である。

『年少の頃から、私の胸の何処《どこ》かに宿っていた流離感は、年をとるとともにだんだん深くなって往《い》って、この世の何ものをも頼むことが出来ず、長い間の人生遍路の果て』に土佐へ来たのだという。確かに放浪癖はあったが、この時は妻徳子との不仲が、勇を東京から遠ざけたのだ。

妻徳子は柳原伯爵の娘である。勇の生まれた吉井家も伯爵であった。

少年の頃から短歌を愛し、早稲田大学の政治経済科に入学するが、ほとんど登校することなく退校、石川啄木らと雑誌「スバル」を編集したのち、歌集「酒ほがひ」を発表した。勇の詩は放《ほう》蕩《とう》情痴歌である。

かへりみれば　はなやかなりや半生は　酒と女の中に送れる

かにかくに　祇園はこひし　寝るときも　枕の下を水のながるる

いのち短かし恋せよ乙女　朱《あか》き唇褪《あ》せぬ間に

熱き血潮の冷えぬ間に　明日の月日は無いものを　（ゴンドラの唄）

土佐の物部川中流に猪野沢温泉がある。勇はその寂しい温泉宿に自分の思いを託した。

大土佐の猪野沢の湯を浴むほどに　心も深く澄みにけるかも

妻徳子のスキャンダルが新聞に書き立てられた。ダンスホールの不良教師たちとの乱行である。それまでも、別居生活が続いていたのだが、事件をきっかけに勇は離婚した。華族社会での離婚は、華族の体面を傷つけたものとして、宮内省は勇に隠居するよう内示した。ただちに勇は爵位を返上した。

そういう時であったので、勇は猪野沢を隠棲《いんせい》の地と定めたのだ。

ふたたびは世に出でじなと思ひつつ　韮生《にろふ》の峡にひとりこもらふ

寂しければ　御在所山の山桜　咲く日もいとど待たれぬるかな

温泉旅館の一室に住んでいたが、高知市の酒造家伊野部恒吉から隠居所を譲り受け、庵を建てて移り住んだ。庵の名は「渓鬼荘」。

頭を短く刈った体格のよい勇は、高知市から訪ねてくる知己たちとよく酒を飲んでは物部川で舟遊びをした。勇の酒は土佐ふうで、一人で二升ぐらいは飲んだ。

この猪野沢は、勇にとっての再生の地となった。

スキャンダル以後、勇の人気は落ちて原稿の依頼もなくなっている。隠棲して「ほのぼのとして暮らすこと」を閑居の言葉としていた勇は、やがて慰むる人を得る。

浅草仲見世の近くにある料理屋の娘孝子が　病院に入院している勇を花をもって見舞いに来てくれたのだ。

勇はすがるようにして孝子を高知市に連れてきて結婚式をあげ、猪野沢の渓鬼荘に住んだ。

『もしかういふ転機がなかつたならば、私はいまだに土佐の山奥に、埋もれ果てていただろふ』

一年後、勇は猪野沢を立ち孝子を連れて京都に住んだ。

勇は完全に立ち直った。発表した歌集「人間経」には、遊興放蕩の影は薄れ、人間的な苦悩を刻む歌があった。

ひとり生き　ひとり往かむと思ふかな　さばかり猛《たけ》きわれならなくに

昭和三十五年の秋、京都で死ぬ。七十四歳、胃と肺の癌であった。

死ぬ直前に詠んだ歌に猪野沢がある。

秋ふかく　精霊蜻蛉《しやうりやうとんぼ》飛ぶ見れば　土佐隠棲のころしおもほゆ

曽我廼家五九郎

政治青年が〝ノンキな父さん〟で喜劇王に

「わいの希望は政治家になって国事に奔走し、人民を救うことじゃ」

　武智故平少年は貸し本屋で借りてきた政治小説を読んで血をたぎらせた。

　故平少年の家は徳島県・上下島《じょうげじま》村（現・鴨島町）の農家である。

「うちの先祖はな……」

　故平少年の母はいう。

「藤原鎌足の子不比等の長男武智麻呂や。いくさを嫌った武智麻呂が伊予から阿波へ逃げてきて住みついたんじゃ」

「そうか、わしは貴族の出やないかと思いよったんや。力仕事の百姓がえらいこたえる」

　故平少年は東京の板垣退助伯爵に手紙を出した。隣の高知の出身で、「板垣さんの世直し」運動は阿波の田舎でも有名だった。何通も手紙を書いた末に返事がきた。

『邸が手狭な上、すでに書生が何人もいてこれ以上書生を置くことはできない……』

　くじけず故平少年は父の反対を押し切って上京した。明治二十三年（一八九〇）の春である。その年に国会が開設されるというので、故平のような政治青年が全国から東京へ集まってきたのだ。故平は十四歳だった。

しかし、東京での壮士生活もままならず大阪へ。そこで壮士劇に飛び込んだ。当時、政治の理念を芝居仕立てで演じる壮士劇というものがあったのだ。

東京では川上音二郎がオッペケペー芝居で売り出していた。故平は体が小さかった。百四十センチそこそこで、いつも殴られ役か、介抱役である。再び東京へ出た。

髪結いの娘きよと結婚。貧乏の世帯を、妻は昼間は髪結い、夜は仕立てもので支える。

明治四十年、故平は東京へ来ていた上方の曽我廼家五郎・十郎一座に、三日間かよって入座させてもらった。五郎十郎から一を引いて五九郎という名になり、大部屋役者から出発した。

三年後、東京で五九郎一座を旗上げした。「東京に喜劇！」がキャッチフレーズだったが、大失敗。客は十人ぐらいしか入らなかった。

しかし、救いの手がさしのべられる。スポンサーがあらわれ、「浅草に出てもらいます」と誘われて、五九郎は浅草六区にデビューした。五九郎は、もう関西弁を使わず、東京弁で徹底して下町の庶民の喜劇を演じて、やっと成功するのだ。三十六歳になっていた。

五九郎喜劇は浅草の看板となり、作家永井荷風は、「あんな面白いものを、よく一カ月に六本も出せるなあ」と感心している。

時代は大正となり、五九郎は西欧の文芸に目をつけ、トルストイの「復活」や、チェーホフ、メーテルリンクの戯曲をとりあげて、浅草の高尚劇をめざす。

これは、五九郎の自由民権意識と、婦人解放の木村駒子の握手によって出現した浅草新劇であった。

五九郎は興行師としても成功、五人の女優を愛人にし、浅草の喜劇王となる。

〽裏の畑にチョイと鍬をば打ち込んで
またも苦労の種をまく
この唄にのって、小柄な五九郎が花道からヒョコヒョコあらわれると、場内はドッと沸くのである。

しかし、五九郎の人気を決定的にするのは「ノンキな父さん」である。

報知新聞の麻生豊の漫画「ノンキナトウサン」を舞台にのせて、爆発的に受けた。関東大震災のあと、暗い世相の中をノンキに構える主人公が受けたのだ。

五九郎は「ノンキな父さん」で日本の喜劇王となった。イタリア大使は「世界的喜劇俳優」と称賛したので、五九郎は二十四カ国の大公使をキャバレー黒猫に招待した。

世界恐慌と満州事変――。世相は暗くなる一方の中で、新しい喜劇の波が押しよせてきた。エノケンやロッパたちだ。二人とも唄が歌えた。

やがて五九郎喜劇には人が集まらなくなる。昭和十一年（一九三六）の、二・二六事件の年、五九郎は高血圧で倒れる。それでも舞台に執着するが、三年後、三度目の発作で息をひきとった。六十四歳。

浅草にノンキナトウサンの碑がある。

『あなたは小さな体に、大きな望みをいだいた。……御苦労さまといわれ、その言葉を芸名にした……』

崇徳院の鎮魂へ、無常の思い込め歌よむ

西　行

ねがはくは花の下にて春死なん　そのきさらぎの望月のころ

と詠んで、その通りに最愛の桜咲く二月十六日（旧暦）に死んでみせ、友人知己を感動させた西行法師は、五十一歳の時に初めて四国へ足を踏み入れた。

時あたかも平清盛入道に率いられた平家一門が、平家にあらずば人にあらずと権勢を誇っていた。

四国に入る目的は、真言僧としての修行の意味もあったが、崇徳院の亡魂を弔うのが真の目的であったようだ。

崇徳院は歌道に深い関心をもち、軽い身分の西行をことのほか愛顧した。崇徳院の和歌は小倉百人一首で知られている。

瀬をはやみ岩にせかるる滝川の　われても末にあはんとぞ思ふ

鳥羽法皇の院政下に天皇であった崇徳院は、法皇の死後におきた保元の乱で権力闘争に敗れ、出家する。そして讃岐へ流されたのである。讃岐に流された崇徳院は、驕《おご》る平家に対して憤怒のあまり、舌先を食い切って国家滅亡の誓いを血書した。すさまじい呪《のろ》いを残して崇徳院は讃岐に

死んだ。
西行は崇徳院の天下滅亡の呪いを知っていたので、その怨念《おんねん》を鎮めるべく、讃岐に入国したのである。
崇徳院の配所は松山の津というところにあった。今の坂出市だ。たずねてみると、あとかたもなく、西行は茫然《ぼうぜん》としてしまう。
松山の波に流れて来し舟の　やがてむなしくなりにけるかな
さらに西行は白峰山の陵墓に向かうが、その墓地も荒れはてて、見る影もない有様だった。
『ただ峰の松風のはげしきのみにて、鳥だにかけらぬ有様……そぞろに涙をおとしはべりき』
西行は鎮魂の祈りをささげ、さらに精魂こめた鎮魂の歌もささげた。
よしや君　むかしの玉の床とても　かからむ後は何にかはせむ
もし院が戦いに勝って金殿玉楼《きんでんぎょくろう》のうちに生を終えられたとしても、今はそれが何になりましょうか……。無常の慰めで鎮魂をはかっているのだ。
西行法師は崇徳院配所に近い善通寺に詣でる。善通寺は真言の開祖空海の生誕地である。そこに草庵を結ぶ。
『大師のおはしましける御あたりの山に　いほり結びて住みけるに　月いとあかくて海の方くもりなく見えければ、
くもりなき山にて海の月見れば　島ぞ氷のたえまなりける』
瀬戸内海のすばらしい眺望をもった庵に、西行はどれほど滞在していたのか。春夏秋冬それぞれの歌が残されているから、一年以上もいたことは間違いない。

西行は本名は佐藤義清《のりきよ》。俵藤太の血筋の武士であったが、二十三歳で出家する。職を捨て妻子を捨てての、突然の出家である。

西行がなぜ遁世《とんせい》出家したかは、諸説がある。友達の急死に世をはかなんだとか、騒乱の世の到来を予感して厭世《えんせい》したせいとか、また身分のはなはだしく違う人に恋をしたせいとか、である。

おもかげの忘らるまじき別れかな　名残を人の月にとどめて

のような恋歌が多いのが、失恋説の根拠だが、どうやら西行を〝数奇《すき》の遁世者〟と見るのが正しいようである。

〝数奇〟とは「人の交わりを好まず、身をしづめるをも愁へず、花の咲き散るをあはれみ、月の出入りを思ふ」（鴨長明）こと。詩歌の才能に恵まれた西行は門閥の下に屈従する生活を投げ出して、和歌の世界に生きようとしたのだ。しかし、和歌は遊戯のもの。それで生活はできない。和歌を詠んで生活するには、法師になるのがただ一つの方法であった。すでに喜撰法師や能因法師などの先輩たちの例がある。

河内国（大阪）の弘川寺に草庵を結び、願った通り、桜の花のさかりの満月下で死んだ。七十三歳。讃岐での鎮魂の祈りも通じなかったか、崇徳上皇の呪いがかかったように、平家は壇ノ浦に滅亡し、またその勝者の義経も奥州で兄頼朝に殺されてしまった。まことに世ははかなさの極致を演出していた最中《さなか》であった。

挿絵画家からおでん屋、旅役者から映画界へ

伊丹万作

「クニへ帰ラウ
夏ハ
砂浜ノ近クニ小サイ家ヲ借り
子供タチガ波トタワムレル姿ヲ見ヨウ
クニへ帰ラウ
春ハ
舌ノ上デトケルヤウナソラ豆ヲ食ヒ
風ノナイ日ハ静臥イスヲ庭ニ出シテ
ヒネモストロトロトロト眠ラウ」

日本のルネ・クレールともいわれた映画監督伊丹万作は、望郷の念はなはだしいものがあったが、京都で死んだ。昭和二十一年（一九四六）の九月、四十六歳。見守ったのは夫人と幼い二児十三（現・俳優）とゆかり（大江健三郎氏夫人）、そして映画監督の伊藤大輔であった。

伊藤大輔は旧制松山中学（現・松山東高）時代の友人で二歳上。中学卒業後、地方新聞記者や

呉工廠製図工を経て、映画界に転じ、「忠次旅日記」などを監督して日本映画第一期黄金時代の巨匠となった人物だが、伊丹万作が映画界に飛び込んだのは伊藤がいたからである。

明治三十三年（一九〇〇）に松山市に生まれた万作は、本名池内義豊、松山中学を卒業すると、父のいる樺太に渡るが、酒屋の小僧などをさせられて、逃げるように上京した。東京では雑誌「少年世界」に池内愚美の名で挿絵を描いた。絵は小さい時から得意のものであったのだ。たちまち「少女世界」の竹久夢二に迫る人気挿絵家になるのだが、出版社と衝突して、郷里の松山に帰ることになる。

松山ではかつての仲間三人と、おでん屋「瓢太郎」を出す。大いに繁盛するが、しょせんは武家の商法で半年でつぶしてしまった。

借金をかかえ、旅役者となって台湾まで渡るが、結局、京都の伊藤大輔を頼って映画界に入った。たちまち伊丹万作の名で優れたシナリオを書きはじめ、また自らも監督のメガフォンを握った。「国士無双」「忠次売出す」「赤西蠣太」。すべて自分のシナリオでの監督作品である。これらの作品はそれまでの泥くさい日本映画にはなかったユーモアと風刺があった。なによりも洒落《しゃれ》て、粋だった。

しかし、結核が彼を病床にひきずりこむ。

『昭和拾四年拾月九日　今朝ハ薯粥《いもがゆ》ニ、牛乳一合（略）痰《たん》一、喘音《ぜんおん》少々。昨夜ヨリ子規の仰臥漫録ヲ読ム。我身ト思ヒ較ベ同病相憐ノ想。何トナク味方ヲ得タ様ナ心地ス』

同郷の子規にちなんで仰臥雑記を書いた。寝たきりになっても仰臥して書く装置を作らせて、雑誌の原稿を書き続けた。「無法松の一生」も病床でのシナリオである。自分で監督したかったのだろうが、稲垣浩が監督した。稲垣は完成試写も見られない万作のために、おびただしいスチール写真をベッドのまわりにならべた。

「これがシナリオの順だから、見てくれ」

万作は一枚一枚を、手にとって喰い入るように見つめた。稲垣は戦後にもう一度「無法松の一生」を撮り、ベニス映画祭でグランプリをもらった。

『いままで奴隷状態を存続せしめた責任を軍や警察や官僚にのみ負担させて、彼らの跳梁《ちょうりょう》を許した自分たちの罪を真剣に反省しなかったならば、日本国民は永久に救われないだろう』

敗戦後、仰臥したままの万作は激しい筆を動かし続ける。

『拾月拾一日　水曜日晴　昼、飯一、鮪《まぐろ》刺身一、焼松茸一、穴子一、ヒジキ一、沢庵《たくあん》少々。夕、牛肉スキ焼一皿、生卵一、蛤《はまぐり》時雨など少々、飯一』

と子規のような旺盛《おうせい》な食欲をみせるが、容赦なく結核菌は万作の体をむしばむ。

『松山語録
ハセダ＝ノケモノ、ヘーサシ＝久しく、クジクル＝泣ごとを言ふ、ヨモダ＝トボケタ人、ラッシモナイ＝埒《らち》もない、ヘラコイ＝横着な、ボン＝ウンコ、マガル＝触はる』

延々と松山語録を日記に記しており、最後の句が残されている。

ふぶきより風より悲し　さやうなら
シナリオ三十四本、監督作品二十二本。子息伊丹十三の映画もふくめれば二十八本となる。

名を桂浜の月にちなみ、酒と逆境で美文磨く

大町桂月

大町桂月は生きているうちに自分で戒名を作っている。

鉄脚をもって日本中を歩き、美文をもって山水を〝開眼〟させた桂月ぴったりの戒名である。

「清文院鉄脚居士」

青森県の蔦《つた》温泉で死に、墓も本籍もそこにあるから、青森の人かというと、そうではない。

『月の名所は桂浜といへる郷里のうた、唯記憶に存するのみにて、幼少の時より他郷に流寓《りゅうぐう》して、未だ郷にかへりたることなければ……』とあるように、高知が郷里である。

みよや見よ　みな月のみの桂浜　海のおもより　いづる月かげ

記憶の中で詠んだ桂浜の月にちなんで桂月と号したが、本名は芳衛、明治二年（一八六九）に土佐藩士の子として高知城下に生まれている。父が死んだため、東京の叔父を頼って高知を離れたのが十二歳の時だった。桂月が墓まいりと、遠い記憶の中にあるだけの桂浜の月を見るために再び高知を訪れるのは五十歳の時である。『余、さき頃三十八年ぶりにて故郷の土佐に行き、（大伴）旅人五十代の孫なるを』知った桂月は、酒の大好きだった万葉歌人大伴旅人の末裔《まつえい》であるからと、ますます意気盛んに酒を飲んでいる。

『朝飲み、夜半飲みて、泥酔をつづくること、六十日の久しきに及び』、高知を去る日には、港の滋賀丸の船上で酔っぱらって立つことができなかった。ついに桂月は土下座をして見送りの人たちに挨拶をしながら郷里を去ったが、桂月の命を五十七歳で奪ったのは酒であった。しかし、酒は桂月の美文を生みだすための触媒でもあったようだ。

桂月ははじめ軍人を志すが、近視のために断念し、次に政治家を目指すが、吃音《きつおん》のためにそれも諦める。結局文学に道を求めるが、苦学の連続であった。東京帝国大学に入っても、制服や外国語の辞書が買えず、体育の時間は運動靴がないので仮病でごまかしたという。

その大学卒業の時には、恩人である叔父の借金の保証人になったために、数千円の借金を背負っていた。今の金額にすると、数千万円である。

桂月はその借金の返済に悪戦苦闘、出雲の中学教師となって家族とともに都落ちをする。しかし、博文館に入社して、「太陽」「文芸倶楽部」に評論を精力的に発表するようになって、やっと生活が安定したが、こんどは酒に溺れて失職してしまう。たった二銭の量り木炭を買えないにもかかわらず、知人の借金の保証人を断りきれず、家財の差し押さえもしばしばの生活が続くのだ。

それでも、桂月はひたすら美しい文章を書き続けた。

『文をだに作り居れば、暑さなく、寒さなく、心配もなく、不平もなし。失敗すれば失敗を文にし、逆境に陥れば逆境を文にして、余は文学に安心立命を得たりき。余の半生は苦痛の歴史なるが、苦痛大なれば大なるほど、文ますます妙なり』

桂月は文章を書くことで逆境を切り抜けたと書いているが、その桂月の自伝「冷汗記」を郷里の中村市で買った中学生がいた。のちに私小説作家となる上林暁である。

『すぐれた私小説の生まれるのは、概ね生活上の危機に於《おい》てである。危機に臨む度に私は必死になってそれを創作化した。（それで）危機を克服した』

と回想する上林暁は「冷汗記」を買うことで、郷里の先輩から危機克服法を教わったのだ。

桂月は全国の山水を訪ね、放浪詩人となってその美文で山水を開眼させていく。そのなかでも十和田湖、奥入瀬《おいらせ》の〝開眼〟が最も有名だ。大正十四年に十和田湖近くの蔦温泉で、胃潰瘍のために死ぬ。

　極楽に越ゆる峠の一休み　蔦のいで湯に身をば清めて

が辞世の歌であった。

毎年、中秋の名月の夜、桂浜では桂月の碑に酒がそそがれている。

敗戦日記克明に、核の恐怖もＳＦで予言

海野十三

日本のＳＦ（科学小説）の先駆者海野十三《じゅうざ》は、太平洋戦争の敗戦を日記に書き残している。

『昭和二十年八月十一日　去る八月六日の広島市に投弾された新型爆弾は「原子爆弾」だと、アメリカのトルーマン大統領が発表したそうである。あの破壊力とあの熱線輻射とから推察して、私は原子爆弾の第一号であると思っていた』

海野十三は、原爆が投下される十八年前の昭和二年（一九二七）に発表したＳＦ小説「放送された遺書」の中で、すでに核の恐怖を描いている。

『酸素をチロリウムに変成するときには、百三十億馬力といふ悪魔のような巨大な力が生じます。（略）おお、それは最も恐ろしき出来事の端緒となるでせう。（略）この懐かしき我等を載せてゐる球形の世界を破壊消滅し去ってしまふと信じます』

海野十三（本名・佐野昌一）は明治三十年（一八九七）に徳島市で生まれた。佐野家は代々蜂須賀家に仕える御殿医で、祖父の代まで医家は続いていた。

昌一は早稲田大学の理工学部電気科を卒業して、逓信省の電気試験所に勤務した。専門は無線である。

樋口たか子と結婚するが、

『九月一日、逓信省のアンテナの下で自作の八百ワット送信真空発振試験中に、あの恐ろしい地震に遭いました。午後三時やっと自宅にたどりつきました』

家族は関東大地震では無事だったが、妻のたか子は結核で死ぬ。看病する昌一も結核となった。しかし、この病気のせいで、彼は研究者の道を捨て、科学小説家の道を選ぶ。こういう経歴だったので、核爆発の知識もあったのである。

ペンネームの海野は、たいへん海が好きだったからだ。幼い時に過ごした徳島の海辺、沖洲への郷愁でもある。十三は、運のいい数字だからつけたともいわれている。

江戸川乱歩に出会って、推理小説へとすすんでいくが、海野の小説は文学の衣装を着た科学であった。探偵小説や少年科学小説で多くの読者を獲得するようになり、昭和十三年にはＳＦ小説「東京空襲」を発表した。

『日本の建築は紙より燃えやすいのだ。二トンか三トンの焼夷弾《しょうい》で（東京は）二時間以内に完全に焼け落ちてしまう。危うし、七百万の東京市民……』

海軍報道部に呼び出されて叱られた。

「なぜ東京空襲を小説にしてはいけないのか、私には理解できない」

と海野十三は反論すると、海軍の係官は机を叩いて、どなったそうだ。

「帝都上空には敵機は一機も入れないのだ！」

海野は東京世田谷の自宅の庭に、防空壕《ごう》を掘った。昭和十六年一月のことだから、太平洋戦争が始まる十一カ月も前のことだ。

入り口の直径二メートル、深さ三メートル、檜材とアスファルトで仕上げ、換気用の煙突も、脱出用の非常口もついた立派な壕で、十四人を収容できた。

それから四年後にアメリカの飛行機は東京の空をおおい、海野は再婚の妻や子と共に防空壕に避難する。ついに敗戦。海野は一家で死を決意した。

『八月十三日　○朝、英（夫人）と相談する。（略）やはり一家で死ぬと決定した。子どもたちは一緒に死ぬことにみな得心しているとのことに私は愕《おどろ》きもし、ほっとした』

敵兵が上陸してくるのなら死んだほうがましだ、と夫人はいうのだ。

『八月十五日　○本日・正午、いっさい決まる（終戦のラジオ放送）。ただ無念。しかし私は負けたつもりはない。　○今夜一同死ぬつもりなりしが、忙しくてすっかり疲れ、家族一同ゆっくり顔見合わすいとまもなし。よって明日は最後の団欒《だんらん》をしてから、夜に入りて死のうと思いたり。くたくたになりて眠る』

『八月十六日　○死の第二手段、夜に入るも入手出来ず、焦慮す。妻と共に泣く。明夜こそ第三手段にて達せんとす』

『八月十九日　○夜半、忽然《こつぜん》として醒《さ》め、子供をいかにして育てんとするかの方途を得たり。長大息、疲労消ゆ。有難し、有難し』

海野十三、戦後を四年ほど生き、結核のために死亡。今ごろになって海野十三の書いたＳＦ宇宙小説がもてはやされている。海野は生まれるのが半世紀早かったのだ……。彼の育った家は今、鏡台会社の所有になっている。

入獄四回発禁十四回、反骨のジャーナリスト

宮武外骨

日本の三奇人として、平賀源内、南方熊楠《みなかたくまぐす》、宮武外骨《みやたけがいこつ》をあげているのは、宮武外骨本人である。うち、南方をのぞく二人は香川県の出身で、滑稽《こっけい》を好み、人の驚くを好み、論を好むところは、よく似かよっている。そしてともに牢獄に入っているところも同じである。

源内の入獄は一回だが、外骨は四回、罰金は四十回も払っている。

第一回の入獄は外骨二十二歳。時あたかも明治二十二年（一八八九）、発布されたばかりの大日本帝国憲法をパロディ化して、明治天皇を連想させる骸骨《がいこつ》（外骨）の絵を、自分で発行している「頓智《とんち》協会雑誌」に掲載した罪で、重禁固三年、罰金百円となった。

外骨は慶応三年（一八六七）に金毘羅大権現に近い羽床《はゆか》の庄屋に生まれている。冬の土用の日だったので、四つ足の名をつけなければ育たないと亀四郎の名が付く。外骨は「亀ハ骨ヲ外ニス」から取ったのだ。

十九歳の外骨、上京して「屁茶無苦新聞」を発行するが、風俗壊乱で発売禁止処分になって第一号で廃刊。思えばそれが数え切れないほどの発禁人生のスタートだった。

外骨は石川島の獄中で活版工場の校正係の労役につくが、なんと「獄中新聞」を発刊するのだ

から、新聞、雑誌の発行は彼にとって三度の食事同様の、生きるパフォーマンスであったようだ。監獄は外骨の〝大学〟で、入獄のたびに学識は非常な加速度で増進したとうそぶくほど、外骨は心底〝反骨〟のかたまりであった。

東京で失敗した外骨は、大阪で「滑稽新聞」を発行、反権力の旗印であらゆる権威に噛《か》みつき、権力をからかい、笑った。この外骨の個人新聞が八万部に達したというから驚きである。当時の大阪朝日新聞は二十万部、大阪毎日新聞は十三万部だから、人気のほどがうかがえるではないか。

しかし第四号で風俗壊乱罪、第六十五号で官吏侮辱罪で重禁固一月半、第六十九号では同罪で重禁固六カ月、その後も風俗壊乱、秩序壊乱などで告発が続き、第七十三号を「自殺号」と銘打って自ら廃刊。しかし、二カ月後に「大阪滑稽新聞」として、不死鳥のように蘇《よみがえ》る。「余は過激な議論をとなえること、わいせつな記述を好むことの二つが癖で、これが余の長所であり、短所である」と自ら自己分析をしているように、言論圧迫のうち半分は〝わいせつ〟にある。

あなた見なさい
ほうずきでさえも
色もつかぬに見そめられ
色気づいたらすぐ手折られて
もまれてすわれて根をだされ
末はふうふうとなるわいな　ドンドン

もう半分は「われは金毘羅大権現の再来。大天狗の荒神様なるぞ。刃向かう者は八つ裂きにして杉の枝にぶらさげてやる」とすこぶる硬派なのだ。

この硬軟の刃を武器にして発刊した雑誌、新聞の名前がおもしろい。「ザックバラン」「スコブル」「屁茶無苦新聞」「わいせつ研究会雑誌」「ドーデモ英和字彙《い》」……。

まさに言論のテロリストとして、明治、大正時代のタブーに果敢に挑戦し続ける。いくら圧迫を受けても、自分が悪いのではない、時代が悪いのだ、余は時代の罪人である、と屈しなかった。

昭和二年に東京帝国大学に「明治新聞雑誌文庫」ができると、新聞雑誌の申し子である外骨は事務主任となって、新聞五万枚、雑誌二万五百種類を集めてみせた。

二人目の妻が死ぬと、外骨は娼婦を妻とし、家の中を春画で飾って暮らす。しかし、実際の外骨は穏やかな紳士で、言論のテロリストには見えなかったという。

〝過激にして愛嬌あり〟といわれもしているのだ。

昭和三十年、〝半狂堂外骨〟は老衰でその八十八年の生涯を閉じる。戒名は穏やかで「質直院外骨居士」。墳墓廃止論者でもあった外骨の墓は、東京駒込の染井霊園にあるが、学生運動が盛んだったころは、外骨の墓にはよくお酒が供えられていたというから、反権力のシンボルと思われたのかもしれない。

入獄四回、発禁十四回は、異色のジャーナリストの名誉ある勲章といえようか。

悠々たる大平凡、幼いころの俳句原風景

高浜虚子

『私は平凡好きで、記憶に上つて来るところのものは平凡なことばかりであります。もう少し気の利いた、景気のいいことはないかと思ふのでありますが、ありません』

という序ではじまる高浜虚子自伝を読んで、私は驚いた。生まれてきて、初めて見た景色が虚子と私はまったく同じである。同じなのは当たり前、私の生家と二キロと離れていない。

『幼い私の目に初めて映つた天地は……東の方には河野氏の城址《じょうし》があるといふ高縄山がそびえ、北の端れに恵良《えりょう》、腰折《こしおれ》という風折烏帽《えぼ》子《し》のやうな二つの山がありまして、海の中には鹿島といふ鹿のをる島がありまして、西の方の海の中には千切、小鹿島の岩が並んで、夕方になると（そこに）日が落ちまして、白帆が静かに浮かんでおりました』

さらに、

『家の前を通つてをる街道に、南無大師遍照金剛……と声を長く引つぱつて、杖を突いて来る遍路の姿がありました』

私は同じ光景を十七歳まで見るが、虚子は八歳までで、松山に移っている。

もともと虚子の父は松山藩士だったが、明治維新で帰農することになり、私の町のはずれ、

「西の下《げ》」にある農家に住み始めたのだ。

虚子が生まれた松山の家は、正岡子規の家と背中合わせで、裏門から互いに親しく往来しており、子規の妹律《りつ》は生まれたばかりの虚子を抱いて小便をかけられている。

虚子はそんなことを知らず、松山中学五年生のときに、子規に手紙を出して師弟の間柄となった。そのときに、本名の清からキヨシ・虚子という俳号を子規からつけてもらう。

七歳年上の子規に出会ったことで、虚子の一生は決定づけられた。京都、仙台と学校を変わるが、まるで吸い寄せられるように、学業を中途で放棄して友達の碧梧桐らと東京の子規のもとに集まってしまう。子規に後継者と指名され、それに反発しながらも、虚子は俳句に没入し、病床の子規を他の弟子たちと交代で当直して看護した。

子規が死んだ夜は、虚子の当直の夜だった。虚子は病室の片隅で眠り、子規の老母に起こされて、子規の息が絶えているのを知った。

つぶれそうだった俳誌「ホトトギス」を引き受けて、面目を一新させ、俳句の一大牙城《がじょう》に成長させてしまう。

松山にいるころ、子規の紹介で会った夏目漱石に、小説を書いてみないかと勧めたのは虚子である。漱石は長い小説を書いて送ってきた。面白いので、「ホトトギス」に連載することにした。それが「吾輩は猫である」だった。

「それまで彼（漱石）は一個の先生であって、不平だったんですね。小説を書くようになってからは、家庭では機嫌の悪いようなことはなかったらしい」

と虚子は話しているが、もし「ホトトギス」に小説を書くことを勧めなかったら、果たして漱石文学はその後に生まれることがあったろうか。おそらく一英文学者として終わったのではないかと思うと、子規と虚子の出会い、さらに子規と漱石の出会いの文学的な起爆力は、はかり知れないものがある。それが、東に高縄山、西に鹿島、前の街道に遍路の風景から、わずかに離れた地点で起こったのだ。

虚子は漱石の小説にひかれるように、「俳諧師」「柿二つ」などを発表するが、碧梧桐の新傾向俳句が盛んになって、非定型、季題無用が叫ばれると、小説は捨てて俳句に専念、伝統俳句を掲げて、新傾向と闘う。「ホトトギス」は飯田蛇笏、水原秋桜子、山口誓子、高野素十、中村草田男、松本たかし、中村汀女らの幾多の俊英を産んで、明治、大正、昭和三代の俳句界に君臨した。

「俳句の目的は花鳥風月を諷詠《ふうえい》するにある」として、あくまで客観写生、平明な自然観照を標榜《ひょうぼう》、それは虚子が幼いころに見た「西の下」の風景そのものであったといえるようだ。

俳壇の大御所として崇《あが》められたり、俗物として反発されたりする中で、昭和三十四年脳溢血で死去。絶作は、

春の山屍をうめて空しかり

独り句の推敲をして遅き日を

悠々たる大平凡の八十五歳だった。

夏祭りの夜、妖しく蘇る〝おどろ〟の芝居絵

絵　金

高知市から東へ約二十キロ、海辺にある赤岡町では、七月十四、十五日の夏祭りの宵に、妖《あや》しい〝おどろ〟の世界が現出する。

太陽が沈むのを待って、大通りに沿った家々の前は打ち水をされ、軒下に祭り提灯《ちょうちん》をつるし、門口に大きな御神灯がかけられる。

土蔵からかつぎ出されてくるものは、約六尺（約一・八メートル）四方、二枚折りの屏風《びょうぶ》である。屏風は軒下の雨だれ石の上に、じかに置かれて静かに開かれる。

すると、泥絵の具の赤や緑や黄色が強烈な匂《にお》いを放って、妖しく、美しい夢幻の〝おどろ〟の世界を浮き上がらせるのだ。

娘が逆さ吊りにされて責められている。源平布引滝、小桜責めの舞台の絵だ。

幼児が大鷲《おおわし》にさらわれて、狂い叫ぶ若い親たちの絵。二月堂良弁《ろうべん》杉の由来絵だ。

子供の首を手にして首実検をしている絵は、有名な菅原伝授手習鑑《てならいかがみ》の一場面だ。

血しぶきをあげて切腹しているのは、競伊《はでくらべ》勢物語の〝はったい茶〟の一場面。

いずれも歌舞伎の物語を題材にした芝居絵ばかり。強烈な描線で、ほとばしる血糊やものすご

い形相の役者たちを、泥絵の具ならではの生々しさで描きあげている。その絵がロウソクの灯の中に浮かび上がるとき、赤岡町の大通りは、妖しくも美しい〝おどろ〟の花道になる。

現在、赤岡町に残っている芝居絵は二十数点。描いた絵師の名は絵金《えきん》。

いったい絵金とはどんな絵師であったのか。絵金は文化九年（一八一二）、高知城下の髪結いの子に生まれている。名は金蔵。

小さい時から画才に秀でた金蔵は、お城絵師に師事して、たちまち頭角をあらわし、勉強のため江戸へのぼることを許される。通常は十年とされる狩野派の修業を、わずか三年で仕上げる才をみせて、高知へ帰ってきた。藩医だった林家の株を買って林洞意と名乗り、武士に準ずる格式をもらい、わずか十九歳で家老桐間家のお抱え絵師となる。

ここまでは髪結いの子の出世物語であるが、恵まれた才能の持ち主にありがちな偏った性格と、才能への嫉妬《しっと》反感から、彼は「偽絵描き」の汚名を着せられる。師の狩野家の偽絵を描いて、高値に売ったというのだ。真相は、彼の画室に出入りする画商が無断で、洞意（金蔵）が師の絵を模写していたものを持ち出し、偽の署名と印をつけたのである。

しかし、かねてよりの反感と中傷から、彼は絵描きとしての極刑を言い渡される。お抱え絵師の座は解かれ、狩野派からは破門、林姓も召しあげられ、流儀の筆法を禁じられたのだ。彼のそれまでの作品はことごとく焼却、さらに終生消えぬ罪人の印として、こめかみに焼印を押されてしまった。

城下から追放された金蔵は、田舎町で紺屋から染物屋の下絵、幟《のぼり》、凧《たこ》などを描いて暮らし続けた。さらに、大坂に逃れて芝居小屋に入って、看板絵描きになった。折から名優七代目市川団十郎が海老蔵と名乗って上方の劇場を沸かせていた時代である。

放浪の果て、金蔵は赤岡町の伯母のもとに身を寄せた。伯母の嫁ぎ先は回船業。金蔵はその家の土蔵の中で、ほとばしる画才を、泥絵で描く芝居絵にぶちまけたのだ。泥絵による芝居絵、しかも妖しきエロとグロ。これなら禁じられた狩野派の流儀から最も遠いものだ。

金蔵の才能は芝居絵で完全に開花した。パトロンとなった造り酒屋の酒蔵をアトリエにして、両手の指に一度に六本の筆をはさんで一気に芝居絵大屏風を一日で一枚を描きあげた。絵馬提灯なら一日百数十枚を描いたといわれている。

ただ金蔵は、芝居絵には一切署名をしなかった。本絵に対するはばかりがあったのか、また自分のこめかみに押された焼印への鬱屈《うっくつ》からであったのか。

絵金は、稼ぎためた金で町医者弘瀬家の株を買い、高知市へ帰ってきた。明治維新になって、彼のこめかみに焼印を押した藩は崩壊したからだ。

彼は六十三歳、弘瀬雀七として高知で死ぬが、彼の魂である芝居絵は、今も七月半ばの夏祭りの夜に、妖しく赤岡町の往来に蘇《よみがえ》る。

友人のすすめで出世作の「鳴門秘帖」
吉川英治

　鳥打帽をかむった三十過ぎの男が、徳島の新聞社へやってきた。大正十二年（一九二三）のことだ。

「徳島に古本屋があったら教えてほしい」

　久米惣七記者が二軒の古本屋へ連れて行くが、気に入ったものがないようである。弁護士の大谷源之助が、阿波の古記録をたくさん集めていると聞いていたので、鳥打帽の男をそこへ案内した。男は、大谷さんの古記録を見て、はじめて笑顔を見せた。

　鳥打帽の男とは大衆文学の国民的な巨匠となる人物であったが、当時はまだ吉川雉子郎といった駆け出しの小説家にすぎない。最初に連れて行った古本屋の主人は久米記者に「あの男は東京の古本屋ではなかったんか。風体から見ても古本屋みたいであったぞ」と言っている。

　鳥打帽の男は東京へ帰ると、大阪毎日新聞に小説を連載しはじめる。題名は「鳴門秘帖」、作者名は吉川英治。三百五十四回にわたる連載は、日本中の読者を熱狂させるものであった。たちまち毎日新聞は十万部増えたという。

　阿波の高峰剣山の牢《ろう》に幕府隠密の世阿弥が閉じ込められていたことから、物語は始まる。父を助け出そうとする娘のお千絵、それに力を貸す虚無僧姿の美剣士法月弦之丞。山頭の牢の世阿弥は実は阿波藩の秘密〝鳴門秘帖〟を手に入れているのだ。その鳴門秘帖をめぐり、美剣士、美女、妖女《ようじょ》、悪玉が阿波を舞台に入り乱れて伝奇物語を展開する。これが吉川英治の出世作になったが、同時に昭和大衆文学の大傑作となり、大衆文学ブームの口火となったのだ。

　実は吉川英治に小説のヒントを与えたのは徳島出身の伊上凡骨である。本名は純三、本職は彫刻家で、与謝野鉄幹、晶子の「明星」の口絵も彼の作であるが、和歌、川柳もよくして、吉川英治とは川柳仲間であり、その縁で吉川宅に何カ月でも居候しているという〝マルチ奇人〟である。

　大阪毎日の記者が東京高円寺に住む吉川を訪ねて新聞連載を頼んだとき、吉川は書けそうにもないと断ったのだ。そばで聞いていた伊上凡骨が、

「おれのところの阿波を書けや、あそこは面白いぜ」

と、すすめたのである。そこで、鳥打帽をかむって吉川は徳島の新聞社に姿をあらわすことになるのだ。

　しかし、伊上凡骨と川柳仲間となるまでの吉川英治の半生はすさまじい。

　吉川の本名は英次。明治二十五年（一八九二）八月十一日に横浜市に生まれた。

　十歳の時に会社勤めの父が裁判沙汰で、刑務所に入ってしまう。彼は小学校も中退して印章店の給料なしの住み込み丁稚《でっち》となる。口べらしのためだ。少しでも給料がほしいと、印刷所の少年工、石鹸《せっけん》や安白粉《おしろい》の行商人、ヨイトマケの労働者などを転々、さらに役所の給仕、新聞広告店、雑貨商の住み込み店員となるのも、母や弟妹の食費を稼ぎたい一心からである。

『（家へ）帰ってみると母すら力を失って倒れていた。きのうから一食もせず、雨戸も開けず一日

をただ飢えの中に、墓場のように寝ていた……』

彼はソバ屋にカケを頼む。

『運ばれてきたソバのカケは起死回生のものだった。まったく、どんな歓喜と慄《ふる》えつくような喜びで、それを啜《すす》り合ったことか』（「忘れ残りの記」）

さらに、年齢を偽って横浜ドックに勤めるが、「カンカン虫」の仕事で船底部に落下、重傷を負ってしまう。その後、釘工場、金庫工場、象眼師と転々、十九歳で新聞の川柳に投稿をはじめて、川柳作家としてスタートしたのだ。

「鳴門秘帖」は、単行本で四十万部も売れ、英治は一挙に貧乏から脱出でき、下落合に邸宅をかまえた。その後、「親鸞」「宮本武蔵」「太閤記」「新・平家物語」と洋々たる作家活動に入っていく吉川英治は、四十五歳で銀座の料理屋に勤めていた十七歳の文子と結婚する。

最後の作品となった「私本太平記」の連載は病床の中で書いた。最後の千二百二十五回を書き終え、それを文子夫人が清書して「完」という字を入れた時、彼女はそのまま泣き伏してしまったという。うながされて階下に行くと、挿絵の杉本健吉画伯がいて、やはり涙をこぼした。肺癌《がん》のため、昭和三十七年、七十歳で没した。

「鳴門秘帖」は昭和大衆文学史上の金字塔だが、しかし徳島の人たちにあまり喜ばれなかったようだ。阿波藩が陰謀渦巻く暗い藩に描かれていたせいかもしれない。

形見の子に乳を与えながら「東京ブギウギ」
笠置シヅ子

戦後ブギの女王として歌謡界に君臨した笠置シヅ子の日記が残っている。

『昭和二十二年五月二十三日　院長とマネージャーから夫の死を聞いたとき、全身がブルブルとふるえて、お腹の子までが息をとまらせないかと思うばかりであった。とめどなく涙が湧いて夜明けまで眠れなかった』

夫というのは東宝や松竹に迫ろうかという吉本興業の御曹司、吉本頴右《えいすけ》のこと。知り合ったのは頴右が早稲田大学の学生時代で、シヅ子は彼より九歳年上だった。二人の結婚は認められず、頴右は二十四歳の若さで結核で死んでしまう。しかしその時、シヅ子のおなかには、頴右の子供が宿っていた。

『五月二十五日　夫は兵庫県西宮市の実家で五月十九日夜息を引きとったのだが、吉本家からの使者が産院へ来た。

「男の子やったら頴造、女の子やったらエイ子と名付けるのがご遺言だす」と。

どうせ助からない生命にしても、ここ四、五日に迫っている産児の誕生を、なぜひと目でも見て行かれなかったのだろう。神も仏もないと私はすすり泣きながら天を怨《うら》んだ。

五月二十八日、初めての出産なのに、付き添ってくれる身寄りが一人もいないのが心ぼそい』

笠置シヅ子は本名亀井静子。大正三年（一九一四）、香川県大川郡引田《ひけた》町に生まれている。生まれたばかりで、父に病死され、大阪で米、薪炭の店を出している同じ引田町出身の亀井家の養女となった。養父母も弟も戦時中に死んでしまった。

『ふっと頴右さんの浴衣《ゆかた》と丹前が荷物の中にあるのを思い出し、それを産室の壁につるしてもらう。これでいくぶん気丈夫になる。

六月一日　明け方に女児を産む。半月もおくれただけに標準より五十匁《もんめ》多いと先生も驚かれる。三十歳をすぎての初産なので心配していたのだが、たいへんに元気な赤ン坊だった。

私は陣痛に襲われると、壁から頴右さんの浴衣を外してもらい、それをグッと抱きしめた。とたんに彼の移り香が私の身体をつつんで、決してひとりぼっちでお産をするような気がしなかった』

生まれたのが女の子であったので、遺言どおり、エイ子と名付けた。笠置シヅ子は産後二カ月目に「東京ブギウギ」をレコードに吹き込んだ。ブギのリズムは、戦後の絶望期に底ぬけの明るさと躍動感で日本列島を駆け抜けた。わずか四十四キロの体で、シヅ子は舞台せましと踊り、歌ったのだ。

〽東京ブギウギー　リズムうきうき　心ずきずき　ワクワク

海を渡り響くは　東京ブギウギー……

ブギのリズムは昭和十二年（一九三七）ごろに日本へ入ってきていたが、ブルース全盛期とぶつかり、戦争をくぐり抜けて、やっと戦後に爆発したのである。

シヅ子は舞台で歌い踊ってから、楽屋に駆けもどると、エイ子に母乳を与えた。コーリャンと豆粕を食べている生活だったが、母乳はたっぷりと出てくれた。

つづいて「ジャングルブギ」「ホームランブギ」「買物ブギ」と次々とヒットをとばし、ブギの女王といわれるようになった。

作曲家の服部良一が歌謡曲をつくらなくなると、いさぎよく四十歳で歌手を引退、女優に転身した。いくら頼まれても二度とブギを歌うことはしなかった。あの激しいアクションは二度と再現できず、最盛期のイメージをそこないたくなかったのである。

彼女の後援会長は東大総長の南原繁《なんばら》とあって人びとは意外な感じを持ったが、南原繁は同じ町の出身で、シヅ子の実父と同級生で仲好しであったのだ。

戦後四十年を、女手一つで子供を育てあげながら歌手・女優であることは、今の時代では考えられないほどの頑張りが必要だった。ブギは戦後日本の復興節であったが、夫をなくしたあとで子供を産んだ彼女自身の復興節でもあったのだ。

彼女は生まれた故郷を愛し、亡父の法事のたびに帰省し、高松など近くで公演があった時は必ず墓参に帰ってきていた。

昭和六十年、卵巣癌《がん》のために死亡。七十歳。

伊予水軍の挽回狙い、元軍を相手に奮戦
河野通有

　異国の軍が日本の本土に進攻、上陸して戦闘が行われたのは、長い日本の歴史の中でも、元軍来襲ただの一度だけである。太平洋戦争の沖縄戦を除いては。

　十三世紀にモンゴルのチンギス・ハン（成吉思汗）は、アジアからヨーロッパにまたがる大帝国を築いたが、その孫のフビライ・ハンは北京を都にして、大帝国を元と名付ける。

　文永十一年（一二七四）十月に、元と高麗の連合軍三万人が九百余隻の軍船で九州に押し寄せてきた。対馬・壱岐を荒らし、肥前松浦海岸を攻め、博多湾から日本の本土に上陸した。

　九州の武士たちは上陸してきた元軍と戦ったが、元軍は毒矢や鉄砲を武器として集団戦法をとったので、刀による個人戦法は歯が立たなかった。なにしろ元軍は遠く中東やヨーロッパまで踏みにじった勇猛なモンゴルの戦士たちである。

　そのとき、日本を救ってくれたのは、遅くやってきた台風であった。十月二十日夜、九州北部を襲った猛烈な低気圧は、博多湾に浮かぶ元の船の大半を沈めてしまう。生き残った元・高麗軍はほうほうの態《てい》で引きあげていったのだ。

　しかしフビライ・ハンは日本征服をあきらめず、服従を命じる使者を二度も送ってくるが、時

の政府・鎌倉幕府は使者を切り捨てて、徹底的な抗戦の態度を表明した。

もちろん、幕府は前回の不覚にこりて、懸命の防備を始める。博多湾一帯に二十キロにわたって石築地をきずき、全国各地の武士たちに、元軍が攻めてきた時はただちに出動するように命令を下した。文永十一年の時は、とっさのことであったので、九州の武士だけで応戦したのである。

四国伊予で勇猛な水軍としての名があった河野一族に、その命令が伝えられたのはいうまでもない。時の河野一族の長は通有である。早速に通有は軍勢をひきつれて九州に向かった。

ただし、そのときの河野一族は五十年ほど前の承久の変に朝廷側に味方して敗れ、領土はけずられてわずかに松山市の南部を領有して命脈を保っていた。だからこそ、蒙古《もうこ》襲来を一族の勢いを挽回するチャンスと考え、通有は、早々と九州へ下るのである。途中、氏神である大三島の大《おお》山祇《やまつみ》神社に参り、

「十年中に蒙古寄せ来たらずば、こちらから押し渡って合戦すべし」

と起請文十枚を書き、灰に焼いて飲み下して、覚悟のほどを見せている。

はたして七年後の弘安四年（一二八一）に、元軍が押し寄せてきた。しかも、第一回の襲来とはくらべものにならない大軍である。モンゴル人、高麗人による東路軍四万人と、南宋の兵士十万人による南路軍、計十四万人の大軍であった。まず、六月初旬に東路軍が兵船九百隻で九州北部に襲来した。

博多湾岸には高さ三メートルの石築地のほか、乱ぐいや逆茂木《さかもぎ》の防衛線が張られていたが、河野通有は石築地の前に出て、陣幕を張った。一歩もしりぞかない気構えの「河野の後築地《うしろ》」である。

元軍の船は博多湾を埋めつくす。どの船も日本とはくらべものにならない大船ばかりである。河野通有は、小船をつかって夜襲をこころみた。

『河野通有　兵船二隻を以て押し寄せたりしほどに、蒙古が放つ矢に究竟《くっきょう》の郎党四、五人射伏せられ、たのむところの叔父（通時）さえ手負い伏して、わが身も石弓に左肩をつよく打たれ、弓挽《ひ》くべきにも及ばねば、片手に抜太刀をもて帆柱を倒して、蒙古の船に指しかけ、思い切ってぞ乗り移り、散々に切り回って多くの敵の首を取り、その中の大将軍とおぼしき者を生け取って帰りける』

日本軍と元軍は一進一退の激戦を続けるが、六月末には南宋軍の三千五百隻も到着して、容易ならない戦況となった。

これを救ったのも、また台風である。閏七月一日、猛烈な台風が九州北部を通過、五千隻に近い元軍の大船隊を全滅させてしまったのだ。のちに〝神風〟といわれるようになったが、もちろん幸運きわまりない台風二つであったにすぎない。

河野一族はこの時の功績で、伊予の領地を増やした上に、九州肥前の神崎庄に三千町歩の領地を獲得、再び河野一族は勢いをとりかえすことになった。

通有は討ち死にした士卒のために、東予市に長福寺を建立している。通有自身の墓も、そこにある。

明治の不平を凝縮、アナーキストは大逆する
幸徳秋水

「もうお目にかかれぬかもしれません」

そういうと、幸徳秋水は鉄格子の向こうに立っている母の多治に頭を下げた。

「わたしも、そう思って来たのだよ」

母はもう七十二歳。死刑囚となった息子に面会するため、はるばる高知の中村から上京してきたのである。息子伝次郎（幸徳秋水）は、天皇を暗殺しようとした〝大逆事件〟の首謀者として裁かれているのだ。

「お体をお大切に」と秋水が言うと、

「伝次郎、お前もしっかりしておいで」

しっかりと秋水を見つめてから、母は郷里へ帰った。短い面会時間だったが、母は一度も涙を見せなかった。

秋水は母に会えたことに「おかげで大いに満足した」と面会に立ち会った友人に手紙を書いているが、涙を見せぬ母の心中を察し、今頃は病気が出ているだろう、と心配をしている。

はたして、母の多治は帰郷後、疲れと悲しみのために床に伏し、その年のうちに亡くなってし

まった。しかし、帰郷したときには親類や知人に、

「伝次郎は機嫌よう可愛らしゅうしちょったけんのう、あねいにしちょったら誰も憎むものはないじゃろ」

と、しんみりと語ったそうだ。

天皇殺しを謀ったテロリストとして、幸徳秋水は、日本中からの憎しみを集めることになるが、たしかに、秋水はもの心ついてから、〝満身の不平家〟であったのだ。

明治四年（一八七一）、中村市の薬種業と酒造業を営む旧家に生まれて、二歳で父と死別、家運は衰退する。

「予は如何《いか》にして社会主義者となりし乎《か》」に、その理由の一つとして『維新後、一家親戚の家道の衰ふるを見て同情に堪《た》えざりし事、自身の学資のなき事』が口惜しくて、社会と運命への不平を持ったとしている。さらに、〝父なし子〟とさげすまれ、〝町の子〟といやしめられたことを挙げている。〝町の子〟、つまり武士の子でないために、どんな差別を受けたか——。満身の不平を抱いて、伝次郎は上京する。しかし、政府攻撃の先頭に立つ高知県民は保安条例で東京から追放されてしまうのだ。またまた不平はふくらむ一方である。

幼児のおり、母の懐で乳をまさぐりながらも、母の胸に指で字を書いたといわれるほど、すばらしい智能に恵まれていたが、体はひどく虚弱だった。この落差も彼にとっては不満である。

伝次郎は郷里の先輩の政治評論家中江兆民の書生になる。当時、兆民も東京を追われて大阪で東雲《しののめ》新聞を発行、民権主義による政府攻撃の論陣を張っていた。長髪に深紅のトルコ帽、それに東雲新聞の印半纏《しるしばんてん》の異様な風体《ふうてい》の兆民から深い影響を受け、社会主義から無政府主義へと思想を

鋭くとがらせていく。

明治四十三年、長野県で爆弾を持っていた職工宮下太吉がつかまり、彼が管野スガ、古河力作らと共謀して、秋の観兵式にのぞむ明治天皇を爆裂弾で暗殺しようという計画が発覚した。管野スガは、東京で幸徳秋水と同棲《どうせい》をしている女性である。そこから、秋水が事件の首謀者として浮かび上がってきた。

実はスガたちから計画を打ち明けられていた秋水は、反対はしないが、もっと大きいゼネストのような革命方法をとるべきだと、実行の前にはスガたちと離れていたのである。

しかし、政府は〝大逆事件〟をスガたちの計画より不当に拡大、膨張させて、一挙に社会主義者たちを葬る道具に使った。判決は幸徳秋水を筆頭に、なんと十二名の死刑となった。

死刑の執行は判決の六日後で明治四十四年一月二十四日。遺骨は世を憚《はばか》り、暗くなってから中村町の家に入っている。

幸徳の墓石は大逆事件の暗いイメージの中で長く雑草の中に埋もれていたが、刑死してから七十年たつ昭和五十六年に、記念碑がたてられた。秋水の名誉はようやく回復したのである。

碑に刻まれたのは、処刑の当日に看守の求めに応じて書いた絶筆だ。

『區々成敗且休論　千古惟應意氣存……』

（やれ成功だ、やれ失敗だと、ちっぽけなことを論ずるのは止めよ。大切なことは、古今も貫く意気を涵養することだ……）

明治の不平を一身に凝縮した幸徳秋水は東京へ飛び出し、四十一歳で内部より爆裂してみせたのである。

幕末・維新の名医、徳島で仁術を実践

関　寛斎

徳島城跡の東の一角に城東高校がある。その正門の通りは〝関の小路〟と呼ばれているが、その由来は市民から長く忘れられていた。

城東高校の敷地には、明治のころ関寛斎という医者が開業していた。寛斎は身なりは一向に構わない人物ではあるが、〝医は仁術〟の信念が強く、貧者から治療代をもらわなかった。どんなに遠くとも高下駄に前掛け姿で往診に出掛けて行く。その代わり、金持ちからの迎えには、

「駕籠《かご》持って来たか。治療代は高いぞ」

と念を押して出かけて行った。治療の六割は無料だったそうだ。

もともと関寛斎は千葉の人である。天保元年（一八三〇）に現在の東金市に農家の子として生まれた。名は豊太郎。幼くして父を失ったので関家に養われ、当時、蘭学塾《らんがく》として有名な佐倉順天堂（のちの順天堂大学）に入門する。順天堂きっての秀才といわれた寛斎は、蘭学の本家である長崎の医学伝習所に留学して西洋医学を身につけた。

そうした寛斎が、なぜ徳島へ来たかは、佐倉順天堂で共に学んだ友が徳島藩江戸詰の蘭法医であったからだ。その人物の推挙を受けて寛斎は徳島藩の御典医となる。

ときは維新の大動乱期。官軍に参加した徳島藩に従軍、寛斎は日本で最初の野戦病院長となり、官軍の総帥西郷隆盛からその名医ぶりを感嘆される。世が明治になった時は、新しい政府の中でどんな地位でも望めたにかかわらず、さっさと寛斎は第二の故郷・徳島に引きあげてしまった。そのまま新政府に残れば、たぶん軍医総監や男爵《だんしゃく》は間違いなかったろう。

徳島に帰った寛斎は医学校を開設させ、自ら病院長となる。しかし、優秀な医学者である寛斎を新政府は放ってはおかない。兵部省命令で東京に呼び出され、梅毒治療や山梨病院長をつとめるが、やはり徳島に帰ってくる。寛斎は肩書のついた仕事がほんとうに嫌いだったようだ。

再び徳島に帰った寛斎は、こんどこそ一開業医として、医は仁術の実践生活に入る。貧者は寛斎の家に群れをなして集まってきた。〝関の小路〟は、そのころにつけられた名である。明治七年（一八七四）、寛斎は四十四歳であった。

夜八時就寝、朝四時起床。妻がつくった木綿着で、鼓を鳴らして「起きて働け、働け」と声をかけて歩いたという。

こうして寛斎は七十二歳まで、〝関の小路〟を賑《にぎ》わせ、貧者から〝関大明神〟と呼ばれる生活を続けるのだが、突然北海道に旅立つのだ。行く先は北海道十勝の原野である。出発前は、火の気のない納屋で冬の季節をすごして、北の原野の生活にそなえている。なぜ寛斎は七十二歳にもなって、北の原野を目指したのか。それは四男又一が札幌農学校卒業論文に書いた「十勝国牧場設計」に感激して、自ら参加しようとしたのである。

徳島を去るにあたって、寛斎は一首を書く。

世の中をわたりくらべて今ぞ知る

阿波の鳴門は浪風ぞなき

又一が先駆して開拓の地歩を固めていたとはいえ、酷寒の地の開拓は七十二歳の夫婦には苛酷《かこく》なものであった。

しかも、折からの日露戦争で又一は出征、その留守中に、多数の馬が病死した。そのうえ、苦楽をとことん共にした最愛の妻が死んだ。寛斎は痴呆《ちほう》状態となるが、再び自らを励まし、北の理想郷を夢みて頑張り続けた。

老の身の苦しむ中の楽しみは

斗満の原に駒の殖えゆく

明治が終わり大正元年となった十月、服毒自殺をとげる。八十三歳。

晩年に親交を持った徳冨蘆花が書く。

『翁の臨終は、形に於て乃木翁に近く、精神に於いてトルストイ翁に近く、しかして何《いず》れにもない苦しみがあった……』

城山三郎は「人生に余熱あり」で寛斎の一生を描いているが、最も長く暮らした徳島の四十年は、それにふさわしい〝痕跡〟が残されていない。

母と愛人の故郷で得意の奇襲〝屋島攻め〟

源　義経

日本で最も人気が高い武将の源義経が、はじめて四国の土を踏んだのは寿永四年（一一八五）疾風《はやて》の吹きすさぶ二月十六日（旧暦）の早朝であった。

まるで岸に吹きつけられたような五艘《そう》の船には、二百人の将兵と馬が乗っている。人も馬もひどい船酔いのために、上陸した浜で倒れる始末である。なにしろ、大阪（摂津）の渡辺島から普通なら三日もかかろうという航路をたった六時間で疾走してきたのだ。暴風にちかい北風を追い風にして、死を覚悟しての渡海作戦であった。

「ここはどこの浜だ！」

阿波の勝浦であった。義経の軍勢が上陸して集まったので、のちに〝勢合〟という地名になっている。軍勢といってもわずか二百騎。しかも目指すところは讃岐の屋島である。山越えで五十二キロもある。折からあらわれた土地の豪族近藤六親家《こんどうろくちかいえ》の案内で、休む間もなく屋島へ向かう。義経、この時二十七歳であった。

屋島には京都を追われた平氏の軍勢が、幼い安徳天皇をつれて、立てこもっている。しかも〝三種の神器〟まで抱えているのだ。なんとしても幼帝と三種の神器を奪いかえさねばならない。

一ノ谷で著しい軍功をたてた義経は、兄頼朝の許しも得ないで後白河法皇から検非違使《けびいし》の位をもらったことで、頼朝の不快をさそい、さらに平氏討伐の軍勢からはずされてしまった。討伐軍の指揮官は腹違いの兄範頼だが、水軍を持たない源氏の軍勢は直接に海を渡っての屋島攻めをためらい、九州から大迂回《だいうかい》しての平氏攻略を目指した。しかし、長くのびた補給路を海から平家軍におそわれて、討伐軍は食糧難におちいり、大軍が空中分解しそうな状態になっていた。源氏にとっての大危機である。

そこで、義経に四国屋島攻めの命令が下ったのである。

屋島の平氏たちは、源氏の軍勢は海から攻めてくると考えていた。四国の豪族たちはことごとく平家に味方しており、背後から攻めてくることは予想もしていない。だから、屋島の平家軍は陸に幼帝の行在所《あんざいしょ》をつくり、そこに女官たちを入れ、軍船をその前面の海に展開して、北ばかりを見張っていた。

一夜で屋島の背後に到着した義経は、まだ明けやらぬ早朝に民家に火を放ちながら、屋島の平家本営に攻め入った。

平氏の軍勢は驚き、幼帝と三種の神器を守って海上へ逃げた。

それにしても、その前の一ノ谷の合戦といい、屋島の戦いといい、義経は奇襲作戦の名手である。信じられない時間と空間のトリックをつかうのだ。

まさかと思う熊野水軍を使って、まさかと思う少数精鋭軍で、まさかと思う荒天の海を、まさかと思うスピードで、まさかと思う地点に上陸、まさかと思う山越えで、まさかと思う背後から襲ったのである。屋島の戦いでは義経の部下佐藤嗣信らも戦死しており、今も屋島周辺に源平合戦で散った無銘の墓碑が点々と残されている。

　海上に逃げた平家は、一艘の船を陸地に寄せた。船には美しい女房が乗って、手まねきをしている。見ると紅一色の中に金の日の丸を描いた扇を船にかざしている。射落としてみよと誘っているのだ。もし義経が近寄って扇をねらう時は、船上から無数の矢が義経めがけて飛んでくる計略だろう。

　那須与一という若い東国の武士が海中にのり入れ見事にその扇を射落としてみせた。

　折から伊予の河野水軍が義経に味方して数十艘の軍船をととのえて屋島を目ざしている情報が入り、平氏の軍勢は西の壇ノ浦へと敗走する。そこは平氏滅亡の海峡となるところだが、屋島の戦いからわずか一カ月のちのことである。平氏は滅亡させたが、壇ノ浦では幼帝を水中に見失い、三種の神器のうち神剣もうしなってしまった義経は、大功を立てたにもかかわらず、兄頼朝にうとまれ、なんと義経追討の令が出されてしまうのだ。大功をたてるたびに兄にうとまれてしまうのである。

　ついに追いつめられ、奥羽で討ち死にしたのが、三十一歳の春たけなわ。屋島で数百の軍勢をひきいて殺到した義経のさっそうとした姿からわずか四年後のことだ。……思えば、この讃岐は義経の母と愛人の故郷でもあった。

軍国主義に幻滅、日米非戦を唱える海軍大佐
水野広徳

はるか上空から無数のビラが落ちてくる。ヒラヒラと舞って落花のように美しくさえあったが、それはアメリカのB29爆撃機から散布された伝単《でんたん》（宣伝ビラ）である。謀略の文が書いてあるから拾ってはいけないとされているが、多くの日本人は拾って敵からのメッセージを読んだ。『君たち日本国民は軍部にだまされている。日本はアメリカには絶対に勝てない。すでに、有名な軍事評論家・水野広徳氏が指摘している。〝大和魂の抜刀隊が機関銃に敵せぬことは旅順の白《しろ》襷《だすき》隊が之を明証している。アメリカの飛行機は一夜にして東京全市を灰燼《かいじん》に帰せしむことも出来るだろう〟』

敵アメリカの伝単に引用された水野広徳は、これで敵国のスパイと見なされてしまった。

水野が伝単に引用された文章を書いたのは大正十三年（一九二四）のことである。「新国防方針の解剖」と題した大論文を中央公論に発表、大きな反響を呼んだ。日本の軍部はアメリカを仮想敵国として軍備をととのえようとしているが、戦争は経済力、工業力の戦いであって、日本とアメリカの経済力の差は数倍の開きがあり、ことに石油と鉄にいたっては、その生産の大半をアメリカに負っているから、戦えば必ず負けるだろう。日本はアメリカと戦ってはいけない。戦わな

い方法をさぐるべきだと警告している。それも具体的なデータを豊富に駆使しての論文であった。アメリカの新聞も、水野の論文を翻訳して掲載した。

十八年後、水野が最も憂えた日米戦争がおき、結果は水野が予想した通りに展開して日本は敗れた。二十年近くも前に、日米戦を予想したとは恐るべき先見力ではないか。

水野広徳は元海軍大佐であった。明治八年（一八七五）松山市に生まれて、海軍兵学校に入校、日露戦争には海軍少尉として三十歳で参加している。水雷艇長として日本海海戦に活躍したが、そのドキュメントを「此一戦」として発表した。この戦記は陸軍の「肉弾」とともに大ベストセラーとして広く読まれたが、「肉弾」の著者も同じ松山出身の桜井忠温だった。

水野広徳はその印税で私費留学を試み、第一次大戦後のヨーロッパ、アメリカを視察してまわる。それまでの戦争は都市をまきこみ、市民生活の上に爆弾が降りそそぐことはなかったのだ。

水野は敗戦国ドイツの惨状を見て、近代戦の恐ろしさに衝撃をおぼえた。戦争は市民をまきこみ、虐殺する……。

「ドイツの真似だけはするな！」

軍国主義に激しい幻滅をおぼえた水野は、新聞や雑誌に大胆な非戦論を展開していく。軍部は反軍活動として水野を非難攻撃、ついに水野は海軍大佐で軍を去ったのだ。

軍を去ってからも水野は精力的に反軍、非戦の論文や講演活動をはじめた。

昭和七年に出版した日米戦争仮想物語の「興亡の此一戦」はついに発売禁止となり、講演も警官の「弁士中止！」の声で阻止されてしまう。おまけに右翼の暴漢にも襲われ、日米開戦への足音が高まる中で、水野は沈黙を強いられてしまう。それでも水野は海軍への公開状を発表したり、発売禁止、勾留にもめげず、論文を書き続け売るのだ。

「我を殺さば殺せ」

水野は毎年のように遺言状を書いている。

日米開戦の前の年には辞世として、

『六十五年　悲喜こもごもの猿芝居』

と書いている。

ついに日本はアメリカに戦争をしかけた。はじめこそ日本は勝利をおさめるが、あとは水野の予言したように敗戦への道をまっしぐらに進む。

水野広徳は空襲下の東京を逃れて妻ツヤ子の実家である瀬戸内海の大島へ疎開する。愛媛県吉海町本庄である。敗戦の年の七月、水野は海をへだてた今治が空襲で全滅するのを見た。空をこがす、今治の劫火《ごうか》を見つめながら水野は黙って涙を流したという。

それから三カ月後、日本の敗戦に力を失ったようにして死去。死因は腸閉塞であったが、実は彼の精神こそが閉塞させられていたのだろう。七十一歳。

恋に酔い小説に酔った「オリンポスの果実」
田中英光

第二十五回夏季オリンピックはスペインのバルセロナで開かれたが、六十年前の第十回オリンピックはアメリカのロサンゼルスで開かれた。

日本の選手団は大洋丸に乗って太平洋を渡るが、その船の中で早稲田大学の漕艇選手の田中英光は、一人の女子選手に出会って、ひと目で彼女にひかれてしまった。

『船室に帰ってから、ぼくは大急ぎで選手の処《ところ》を探してみました。……そこに（熊本秋子二十歳、K市出身、N体専に在学中種目ハイ・ジャムプ記録一米五七）……なかでも高知県出身とある偶然が、嬉《うれ》しかった。ぼくも高知県――といっても、本籍があるだけで、行ったことはなかったのですが、それでもこの次お逢いした時の話のきっかけが出来たと、ぼくには嬉しかった』（小説「オリンポスの果実」より）

田中英光は大正二年（一九一三）の東京生まれだが、両親が高知県出身であったので本籍が高知県になっていた。英光が初めて高知へ帰るのは徴兵検査のためで二十三歳の時だった。ぜひ一度父母の生まれた土地を見ておきたいと願っていた英光は、父の郷里へ急いだ。

父岩崎英重は土佐郡土佐山村菖蒲《しょうぶ》の生まれである。維新史の研究家として知られ、二千ページの「桜田義挙録」を書いているから、英光の文学的資質は父から受け継いだものだろう。なぜ父の姓である岩崎でないのか。母の田中家が跡継ぎがなかったので、次男の英光が母の実家を継ぐことになったのだ。だから、本籍は母の実家、高知市宝永町となっている。

はじめて見る高知の印象を「いかにも南国風な明るい感じであった。ぎらぎら輝いている陽の光りには黒潮の匂いが一様にこもっていた」と書いている。

彼が参加した第十回オリンピック大会から八年のち、横浜ゴム会社のソウルにあった支店に勤務していた英光は、彼女に呼びかける形式で「オリンポスの果実」を書いた。

『秋ちゃん。

と呼ぶのも、もう可笑《おか》しいようになりました。熊本秋子さん、あなたも、たしか、三十に間近い筈《はず》だ。ぼくと同じく二十八歳。すでに女房をもらい、子供も一人できた。あなたは九州で、女学校の体操教師をしていると、近頃風の便りにききました』

二百枚の小説は、彼女のことを好きだ、好きだと言い通したもので、日本文学の中では稀有《けう》な青春小説となった。それは英光が感じた南国土佐のもつ明るさでもあって、その明るい純真さが輝いているのだ。

英光はこの二百枚の小説をかかえて、師と仰ぐ東京の太宰治を訪れる。英光がつけていた題は「杏の実」だったが、太宰はギリシャ神話からだと言って「オリンポスの果実」という題名をつけてくれた。この処女作は英光の出世作となり、彼は小説家としての道を歩きはじめる。

戦後は会社を辞めて日本共産党に入り、沼津で地区活動に献身しながら小説を書くが、彼の作品が党の現実と離れていたことから、結局彼は党を離れて単身で上京する。昭和二十四年にはアドルム（睡眠薬の一種）の中毒から同棲の女性の腹を刺してしまう事件をおこすが、意識喪失状態とされて刑事責任だけはまぬがれる。しかし、精神病院に約二カ月も入院させられたりした。

　アドルムと酒とで荒廃した生活ではあったが、英光の肉体は健康で頑丈だった。なにしろ六尺（百八十センチ）二十貫（七十五キロ）の元オリンピック選手である。東京の夜の新宿で、酔った勢いでバス停の標識を片手に何百メートルも歩いたり、コンクリート製のポストを移動させて、ひよわい小説家たちを驚かせたりもしたが、昭和二十四年の十一月三日、英光は三鷹市の禅林寺に大きな体を運んだ。その日は文化の日である。寺には、彼の最も敬愛する太宰治の墓があった。太宰は前年の六月、梅雨で増水した玉川上水に愛人山崎富栄と入水して心中をしていたのだ。

　英光は太宰の遺作「グッド・バイ」になぞって、遺書のつもりで雑誌に「さよなら」をのせ、太宰の墓前で自殺した。三十六歳だった。

　田中英光は東京生まれだが、南国土佐が持つ、酒に酔い、政治に酔う気質を色濃く見せて、スポーツに酔い、恋に酔い、小説に酔い、政治に酔い、アドルムに酔い、そして太宰治に酔って自殺したといえる。無頼派、破滅派といわれても、逞《たくま》しい肉体から発する南国高知の明るさがあったようだ。

二十歳で癩病、「いのちの初夜」の生と死
北条民雄

北条民雄の年譜や資料を調べてみて、驚いた。北条民雄はペンネームと聞いているのに、本名がどこにも書かれていない。郷里は徳島県那賀郡とあるだけで、それ以上の詳しい地名は書かれていない。

わずか二十三歳という若さで、北条民雄は昭和十二年（一九三七）に東京・北多摩郡の病院で死んだが、駆けつけた師、川端康成は誰も身寄りのいない霊安室の光景を、

『癩《らい》患者というものは、その生前には縁者がなく、その死後にも遺族がないとしておくのが血の繋《つな》がる人々への恩愛なのだ』（「寒風」より）

と描写している。

その翌日に、徳島から民雄の父が駆けつけて、彼の骨を持ち帰ることになるのだが、父は同病で入院中の友人に奇妙な依頼をする。民雄の名を使って父あてに、東京の某会社に勤め、平穏に暮らしている様子を書いてほしいというのだ。父はその偽手紙を、以前に民雄から届いた古封筒に入れて郷里へ持ち帰り、近親者たちに息子が東京で働いているうち急病で死んだと、悲しい嘘《うそ》をつくのである。

それほど癩病（ハンセン病）が忌み嫌われていたかと思うと、ぞっとする。この病は確かに難病で、当時は不治のものとされていたが、今では医学的に治療できる病気となり、さらに空気伝染することもない弱いもので、遺伝的なものでもないことが証明されている。もっといえば、現在、この病の新しい発病者は、日本ではゼロのはずである。それなのに、いまだに北条民雄の本名も、故郷の地名も明らかにされていない。一度根づいた、いわれない偏見は消え去るまでには、百年の年月が必要とでもいうのだろうか。

〝北条民雄〟という人物は、大正三年（一九一四）、父の勤務地であった現ソウルで生まれた。二歳の時、母が病死するので、父の郷里徳島県那賀郡の、川べりの町に帰る。中学校にはすすまず十六歳で上京、薬品問屋や工場の見習工になったり、職業を転々、十九歳で結婚。仲間らと文芸同人雑誌を出したりしているが翌年発病。短い結婚は破れた。

昭和九年、二十一歳で北多摩郡東村山の全生病院（現・国立療養所多摩全生園）に入院する。民雄は、癩病院の様子を小説「最初の一夜」にまとめて、師の川端康成に送った。民雄を思わせる尾田という青年が入院してきた一日を描いたもので、まことに衝撃的な作品であった。川端は「いのちの初夜」と改題して「文学界」に掲載するよう手配する。はたして、癩病院の菌に蝕《むしば》まれた凄惨《せいさん》な地獄図は、読む者に強烈な一撃を加えて「文学界」賞が与えられた。

民雄は創作を生きがいとして、絶望的な闘病の場で小説を書き続け、川端康成に送る。
『誰でも癩になった刹那《せつな》に、その人の人間は亡《ほろ》びるのです。死ぬのです。社会的人間として亡びるだけではありません。そんな浅はかな亡び方では決してないのです。廃兵でなく、廃人なんです』

『あの人たちの人間はもう、死んで亡びてしまったんです。ただ、生命だけが、ぴくぴくと生きているのです。……けれど、僕等は不死鳥です。……再び人間として生き復《かえ》るのです』（「いのちの初夜」より）

死ぬ半年前、民雄は病院を抜け出て故郷へ向かう。

『色々考えた末、田舎の風景でも見て来ようと思って……。すぐ眼の下は波は恐ろしい青さで波打っています。瀬戸内海で投身された生田春月氏などを思い浮かべています。（略）故里の家ももう近いです』

民雄は辛うじて自殺も図らず、郷里で実に安らいだ気持ちになって、再び病院へ帰ってくる。再び小説を書き続けるが、結核菌が彼の肺と腸を深くおかしはじめていた。

十二月十五日。民雄は結核菌のために命を奪われるが、死ぬ直前、信じられない力で手足を動かしたという。

「おれは恢復《かいふく》する。おれは恢復する。断じて恢復する」

それが北条民雄のペンネームを持つ人間の最後の言葉であった。

分骨された骨は数千人の同病者とともに全生園の納骨堂に安置され、昭和四十八年には、静岡県富士霊園の文学者之墓に合葬される。墓碑銘は『北条民雄　いのちの初夜　一九三七・一二・一五　二三才』である。

静　御前

義経の愛人は生きのびて母の郷里へ

〝判官びいき〟の言葉があるように、日本人は源義経が大好きだ。また、その判官を愛し抜いた静御前も同じように人気がある。

人気のある証拠ともいえるのが、日本各地に点在する静御前の墓だろう。京都の北にある丹後や淡路島、新潟の栃尾市、宮城県の秋保町（現・仙台市）と数多いが、一番信頼がおけそうなのが、香川県の墓である。とはいうものの、静御前の出生や生い立ちは正史にしるされてなく、ほとんどが伝承の中にある。

静御前は京都で生まれたとされている。仁安三年（一一六八）というから、ざっと八百年を超える昔のことだ。静の母は磯野禅師。京都で最も人気のある白拍子《しらびょうし》である。白拍子は神社に属する踊り子とでもいおうか。その磯野禅師が讃岐丹生郷小磯（香川県大川郡大内町小磯）の出身であった。

静の父は特定できない。というのは、白拍子は時に権力者や金持ちと一夜を共にすることが珍しくなかったからである。しかし、静の父は後白河法皇といわれている。後白河法皇といえば、鎌倉幕府の将軍、頼朝が〝大天狗《てんぐ》〟と呼んで警戒したように、歴代天皇の中で一番の謀略家である。

静も母と同じように白拍子となるが、どのようにして義経と出会ったかは、記録にない。静御前の名が「平家物語」や、「吾妻鏡」などに登場するのは、頼朝から義経暗殺の命令を受けた土佐坊が、京都堀川の館に義経を襲った時だ。静御前は、義経の身支度を手伝い、自らも長刀《なぎなた》を持って館の守りを固めている。

義経は平家討伐に抜群の働きをみせるが、兄頼朝の反感をかって、一転して追われる身となった。この兄弟分断は後白河法皇の策略であったから、静御前の愛する男を非運に追い詰めたのは、実の父親という運命の皮肉さ。

もちろん、義経には正妻はいたが、京から落ちていく義経に同行したのは、女として、静御前ただ一人。雪の吉野山中を、ひたすら愛にすがっての逃避行である。追いすがる追っ手に、もう女の足では一緒に山越えはむりである。義経との悲しい別れ。そのとき、静の胎内には義経の子がいたのだ。

捕まって、母の磯野禅師とともに鎌倉に送られた静御前は、頼朝の前で舞いを強要される。有名な鎌倉の舞いの場面である。彼女は頼朝の前で、ひるむことなく義経への思いの歌をうたって舞った。

　吉野山峰の白雪ふみわけて　入りにし人の跡ぞ恋しき
　しづやしづ　しづのおだまき繰り返し　むかしを今になすよしもがな
頼朝の怒りをかった静御前は、鎌倉に幽閉されて、子供を産む。母の磯野禅師は懸命に祈った。どうか、女の子が生まれますように……。女なら助かるのだ。しかし生まれた子供は男子であった。

　頼朝は命じて、生まれたばかりの赤ん坊を由比ケ浜の海に捨てさせてしまった。男の子の命を許して、仇《あだ》を討たれた例を、頼朝自身ようく知っている。自分も義経も、平清盛の情けによる見逃しがあったからこそ、平家を滅亡に追い込むことができたのである。

　静御前と母の禅師は釈放されて京都に帰るが、やがて義経は東北の地に頼朝勢に追い詰められて死んだと聞く。娘と母は、頭を丸めて義経と愛児の菩提《ぼだい》を弔うが、間もなく嵯峨野の庵で母娘は命を断った。……「平家物語」、「吾妻鏡」などの諸本に記録されている静御前の話は、ここまでである。

　しかし、讃岐をはじめ全国各地に伝わる静御前の話は、京都で終わっていない。静御前は年老いた母を連れて母の生まれ故郷へ向かうのだ。

　讃岐の静御前の物語では、静と禅師の母娘は大内町小磯にたどり着き、そこに半年ほど住んだのち、義経やわが子の菩提を弔うため、霊場巡りに旅立ったという。第八十七番札所の長尾寺で念願の得度を受ける。静は宥心尼、母は磯野禅尼の法名を授かった。

　母と娘は木田郡三木町にある無住庵に住みついて、ひっそりとその生涯を閉じるのだ。静御前の生涯はなんと二十四歳の短いものだったが、乱世に激しくほんろうされた美しい花の散りようだとしか言えない。

懐かしいあの歌は宇和島の〝神童〟の歌

大和田建樹

誰がつくった歌とも知らず、口ずさんでいる歌がある。
近代日本になってから、日本人に一番歌われた歌の作詞家は誰かと聞かれて、答えられる人は少ないだろう。しかし、多分それは大和田建樹ではないかと思う。

〽汽笛一声新橋を
はや我汽車は離れたり
愛宕の山に入りのこる
月を旅路の友として

「鉄道唱歌」だ。

〽京の五条の橋の上、
大のおとこの弁慶は
長い薙刀《なぎなた》
ふりあげて、
牛若めがけて切りかかる　（牛若丸）

〽夕空晴れて　秋風吹き
月影落ちて　鈴虫鳴く
思えば遠し　故郷の空
ああ　わが父母　いかにおわす　（故郷の空）
〽一の谷の軍《いくさ》敗れ
討たれし平家の公達《きんだち》あわれ
暁寒き　須磨の嵐に
聞えしはこれか　青葉の笛　（敦盛と忠度）
〽天に代りて不義を討つ
忠勇無双のわが兵は
歓呼の声に送られて
今ぞ出でたつ父母の国　（日本陸軍・出陣）

こう並べてみると、どれも口ずさんだことのある歌ばかり。いずれもが大和田建樹の作詞なのだ。大和田建樹は愛媛県宇和島市の生まれ。安政四年（一八五七）だから、宇和島藩の時代である。ペリーの黒船が来航して間もなくのことだ。ひときわ体の大きい子どもに、父大和田隼人（宇和島藩士）は晴太郎と名付けた。

母のお英は、四歳の晴太郎に字や歌を教え、さまざまの物語を倦《う》むことなく語って聞かせる。晴太郎は十三歳で「夜もすがら星の手向けに弾く琴の音を吹きあげよ四方の秋風」と詠んで、大和田家に神童がいると噂《うわさ》された。

十六歳で藩校の教師補になるが、あきたらず上京する。すでに時代はかわり明治十三年（一八八〇）になっていた。

文学者をめざす晴太郎は、名前を学者らしい建樹にかえ、雑誌記者などをしながら国文学、博物、哲学、英語、ドイツ語、フランス語、ラテン語を独学でマスターしていった。とうとう東京帝大の博物場に勤務することになり、さらに古典科講師、東京高等師範学校、東京女子高等師範学校の教授になる。三十二歳だった。

しかし、四十歳近くなって官職をやめ、自由な著述生活をはじめる。さきに紹介した歌詞群は、それからの創作物である。

今も残る「鉄道唱歌」は東海道篇で、新橋から神戸まで六十六番まで続いている。彼は手風琴の楽隊を編成して、東海道線を駅々で演奏、歌唱指導して歩いたので、あっという間に流行した。

建樹は大の旅行好きで百五十四冊の旅日記があり、「明治唱歌」「書生唱歌」など百三十八の詩を発表した。彼の詩はたとえば、「大根を薄く輪切りにしたような月」というように、身近なもので平易に表現したので、華麗さはないが多くの人に歌われるのにふさわしいものであった。

五十歳になって、リューマチのために左腕が不自由となり、やがて脊髄炎で下半身も不随となった。動けなくなった大和田は、それでも寝たままで軍歌の作詞に励み、ほとんど筆を持ったままの状態で死んだ。五十三歳。

〽勝たずば生きて還らじと
誓《ちこ》う心の勇ましさ
（日本陸軍・出陣）

高知の生んだライオン、清貧の〝朴念仁〟
浜口雄幸

「私は常に申します。人間が世の中に処して進む状況は、東京駅の改札口と同様で、行列を作って順々に切符を切る有様に似ています。手間がかかると横合いから割り込む人間は、落伍者となる。急いではいけない。辛抱が第一である」

大蔵大臣になった浜口雄幸が、郷里の学生に演説した「奮闘努力」の一節だ。彼は八年後にたとえに引用した東京駅で遭難する。昭和五年（一九三〇）十一月のことだ。

岡山の陸軍大演習に立ち会うため、東京駅長の先導で第四プラットホームを特急「つばめ」の一等車に向かった。もちろん首相となっている浜口は、改札口を通ることなく二十人の私服警官に守られている。

銃声は低く、写真のマグネシウムをたく音かと思う人が多かった。浜口は腹部を固く押さえ、両眼をとじて顔面蒼白《そうはく》になって立ちどまる。右翼の佐郷屋留雄が、羽織の袖下《そでした》にモーゼル銃を隠し、三メートルの至近距離から撃ったのだ。駅長室に運ばれた浜口は、

「男子の本懐だ」

とはっきり言ったそうである。自伝の〝随感録〟には、「うむ、殺《や》ったナ」という頭の閃《ひらめ》きと、

「殺《や》られるには少し早いナ」ということが頭に浮かんだと書いている。

深刻な不況の日本経済を救うために、金解禁を断行、さらに軍部の反対を押し切ってロンドン海軍軍縮条約を調印、軍事費の削減を断行したことが、腹部への銃弾となったのだ。しかし、その銃弾は東大病院での手術で摘出、奇跡的に一命をとりとめた。

入院中の浜口首相の耳に、議会に出られないのなら辞職すべきだという野党の非難の声がとどくと、周囲のとめるのも振り切って登院した。くず湯と注射で十日間の質疑に応答して、狙撃の原因となった軍縮条約の批准にこぎつけた。

しかし、これが命とりになる。再び入院して再手術を受けるが、容体は悪化し、ついに六十一歳で永眠した。が、まるでそれを合図のように、わずか十三日後に十五年戦争の導火線となる満州事変がおき、日本は敗戦への一本道をまっしぐらに走りはじめる。浜口を倒した東京駅頭の鈍い銃声は、第二次世界大戦へのスターターとも言えた。

浜口雄幸は高知市外にある山麓の、唐谷という小集落に生まれた。のちに空谷と号するのは生地の地名にちなんでいる。安芸郡の田野町にある浜口家の養子となり、高知市の中学へすすんだ。折から板垣退助らが中央で志を得ずして帰郷、政治結社をつくって激しい政治運動を展開していたので、自然と浜口少年も政治に目覚めていく。

しかし、浜口は生まれつき極端に無口で、演説ができないでは政治家になれないぞと友人に忠告された。それで彼は二度もノドをつぶすほどの鍛錬を重ねて、一流の雄弁家となるが、その雄弁術は訥弁《とつべん》を誠意、荘重に転化させたものである。

東京帝国大学を出て大蔵省に入り、大蔵次官まで行って、衆議院議員に打って出る。だが、落選。この時ばかりは、意気消沈して、政治家を断念して洋行しようと決心したそうである。

昭和四年、四国では初めての総理大臣となる。京都の学校時代、鞍馬を散歩していて山賊に間違われたという無愛想な顔に、ライオンというニックネームがつけられた。

無粋、無風流。趣味はわずかに散歩というだけあって、朴念仁《ぼくねんじん》として清貧で貫いた。家は雑司ケ谷墓地の曲がりくねった裏通りにある中流の家屋で通した。

彼が首相になった時、郷里から高知に築港の陳情があったが、

「浜口は土佐の浜口ではない。日本の浜口だ。浜口内閣の時に高知に築港が出来たと言われては末代までの物笑いじゃ」

と、断っている。

世界的な大恐慌と、軍部ファッショの狂風に正面から向かい合った浜口雄幸は、あるいは不運の首相といえるかもしれないが、東京駅頭で「男子の本懐」とうめいた声は、高知の生んだライオンの獅子吼《ししく》でもあった。

マレーの虎、ついに故国を踏めず
山下奉文

二月の十五日、私はシンガポールにいた。

「山下奉文将軍が英軍のパーシバル将軍と会見した場所が公開されてますよ」

現地のガイドをしてくれる佐々木賢一さんが教えてくれた。

シンガポールはほぼ赤道の真下にあるので、二月といっても日本の真夏並みである。まして中旬は旧正月なので電飾が街中を飾って、いっそう高発熱の状態なのに、一九九二年はそれに輪をかけた年となった。「占領記念五十周年」にあたるのだ。日本軍がマレー半島を自転車で南下して、東洋のジブラルタルといわれたシンガポールを占領したのが、五十年前の昭和十七年（一九四二）である。テレビでは毎日、日本軍の残虐シーンがドラマ仕立てで放送されていた。

「ここが会見場です」

フォード自動車工場だったのが、今は日本企業ブリヂストンの事務室となっている。五十周年にあたるので公開された会見場は大テーブルと椅子《いす》を置いて当時を再現してある。すでに現地の中学生たちが、社会勉強らしく女性教師に連れられて会見場に入っていた。教師が椅子に腰をおろして、テーブルをコブシで叩いてみせた。「イエス、オア、ノー！」

中学生たちから笑い声があがっている。

シンガポールのブキテマ高地を占領した日本軍と、最後の防戦を試みるイギリス防衛軍のギリギリの会見場であったのだ。山下奉文中将は百キロを超える巨体で、痩身五十三キロのパーシバル将軍に迫った。

「降伏かどうか。イエスかノーで返答してもらいたい！」

有名な〝イエスかノーか〟はいかにも敗将を威圧するシーンとして残っている。だからこそ、シンガポールの中学校教師も、イエス、オア、ノーとテーブルを叩いてみせたのだ。

しかし、実態は違っている。攻め込んだ日本軍は、歩兵砲の弾丸がたった三発しか残っていなかったのだ。英軍は本国からの援軍を待つために条件闘争を試みているから、威圧と見える交渉しか方法はなかったのである。

シンガポール攻略は、海軍のハワイ奇襲とならんで、陸軍史上で最大級の勝利とされ、山下奉文は「マレーの虎」といわれるようになった。

山下奉文は明治十八年（一八八五）に高知市から五十キロ離れた山村の香美郡暁霞《あかつか》村（現・香北町）に生まれた。生まれた翌日に、フトンから這《は》い出して部屋のシキイを越えたという伝説が残っているが、どうやら奉文は普通の子供とはちがっていたらしい。やがて一家は、さらに山奥の大杉村（現・大豊町）に移る。樹齢三千年、日本一の大杉で名高い村である。父はそこで医院を開業する。村民の生活は木コリと耕作をかねた貧しいものであったので、村の医師である山下家の家計も苦しく、叔父や兄の援助で名門校の海南学校（現・高知県立小津高校）へすすみ、陸軍幼年学校へ入学できた。

陸軍士官学校、陸軍大学を優等で卒業した奉文は、少佐時代から将来の陸軍大臣と噂《うわさ》されるようになる。大佐の頃は〝歩兵砲〟の異名がついた。九十キロの巨体は歩兵砲と同じ重量であったからだ。見かけは豪放だが、緻密《ちみつ》で合理的な戦略家で、医者の子であったせいか、ことに衛生には神経質だった。

しかし、陸軍省にいる時、二・二六事件が起きる。多くの重臣を殺傷した軍事クーデターの首謀者たちに同情的であったとして、山下少将は外地に転出させられた。かわって中央に帰ってきた東條英機将軍（のちに首相）は、「オレの目の黒いうちは、あいつを内地へは帰さない」と敵視している。

その通りに、シンガポールで大戦果をあげた奉文は満州へ転出させられ、さらに敗色濃い昭和十九年にはフィリピン方面の司令官として再び南方へ飛ばされた。

フィリピン山中で敗戦をむかえた奉文は、降伏文書の調印式に山を下りてゆくと、そこに英軍代表としてパーシバル将軍が立っていて、がく然とする。マッカーサー米司令官の特命で、パーシバルは捕虜収容所から助け出されてフィリピンへ運ばれてきたのだ。三年あまりで立場は逆転していた。

軍事裁判にかけられた山下奉文大将は、日本軍に残虐行為があったとして、死刑となる。六十歳。執行は昭和二十一年二月二十二日の深夜、マニラの郊外であった。執行四十分前に、山下奉文が教誨師《きょうかいし》に託して、日本国民に向かって語った遺言がある。

「……ことに子女の教育は新しい生命を与える哺乳開始の時から始めてほしい。〝乳房教育〟といいたいのです。これが皆さんの子供を奪った私の最後の言葉です」

カラユキさんを見守り、マレー半島で布教

板倉タカ

シンガポールの日本人墓地は、思ったより美しく整っていて、訪れた私をホッとさせてくれた。

一番奥に「二葉亭四迷終焉之碑」が立っている。日本で初めて言文一致の近代散文小説「浮雲」を書いた彼は、朝日新聞の特派員としてロシアに渡ったが、病に倒れ、賀茂丸で帰国の途上、ベンガル湾洋上で死んだ。ロシアでの見聞は、新しい小説の構想を膨らませていただろうから、さだめし無念の死であったにちがいない。

その著名作家の墓の斜め前には、まるで粗末な道標のような四角い切り石が点々と並んでいる。高さわずか四十センチばかりの石ですぐにそれが墓石とは気付かないほどだ。顔を近づけても、石に刻まれた字は半分以上は薄れて読めない。ようやく、チヨとか、タミ、ハルノとか女の名が読み取れて、カラユキさんたちの墓とわかった。

カラユキさん――。日本が貧しかったころ、若い娘たちが体ひとつを頼りに、家族への仕送りを約束して東南アジア一帯へ出稼ぎに海を渡った。その数は十万人を超える。なかでもシンガポールは、カラユキさんの集まっていた町である。祖国へ帰ることもなく、体を酷使して死んで

いった。カラユキさんの墓は、二葉亭四迷の何十分の一にも足りないが、無念さでは四迷に負けない。

二葉亭四迷がこの地で病死した四年前、すなわち明治三十八年（一九〇五）の四月八日、シンガポールの日本人たちは海辺へ向かって走った。沖を日本海へ向かうロシアのバルチック艦隊が通過しているのだ。四十三隻の大艦隊が延々とつらなって七ノットで東へ向かう。シンガポールの下町には、数百人の日本人女性たちが、着流しの姿で屋根に鈴なりになって沖を見つめている。カラユキさんたちだ。

「見なければよかった……」

ロシアの大艦隊の偉容に、祖国はもう敗れると泣きくずれるカラユキさんの中に、百キロの巨体でロシア艦隊をにらみつけている女性がいた。名は板倉タカ。

「だって、もう、日本へ帰れない。家族も死んでしまう……」

「泣いても、しようがないよ」

「大丈夫。祈れば、日本は助かる。きっと助かる」

女たちは、タカの大きな体のまわりに集まったという。

タカは香川県三豊郡粟島の出身だ。粟島は、柿本人麻呂が、
　百伝ふ八十の島廻を漕ぎ来れど
　　粟の小島し見れど飽かぬかも
と詠んでいる小島だ。十八歳で島から出たタカは、北海道、樺太、旧満州を渡り歩き、たどりついたのが、シンガポール。カラユキさんたちの真っただ中であった。

彼女は、粟島に残してきた母の病から突如として信仰に目覚めた。天理教祖の「おふでさき」に導かれてマレー半島の旅に出る。

過去をざんげし、「もう板倉タカは死んだ。もう、タカは男は近づけない」と誓う。犬でも猫でもオスは避けたというほどだ。新しいタカに生まれかわって、半島に散在する「カラユキさんの館」を訪ねて歩く。テーブルクロスの行商をしながらの布教の旅だ。こうしてタカは、異国の忍苦と不安にさいなまれるカラユキさんたちの、救けのオヤになっていく。

「男か女か、わからん……」

街頭で英語、マレー語、中国語をまぜて布教するタカに、観衆の中から笑い声があがる。タカも豪快に笑ってかえし、酔うと阿波の浄瑠璃をうなってみせる。

彼女は苦闘の布教十一年目にして、シンガポールに天理教の教会を建てた。カラユキさんたちが、争って金を出してくれたのだ。

日本人墓地の小さな道標のようなカラユキさんの墓を見守るようにして、タカの墓があった。

墓碑にこうあった。

『……大正十五年一月頃ヨリ心地例ナラズ。病ニ罹リ同年五月四日年齢五十九歳ニテ死亡』

身寄りはないが、タカの墓は、今も信仰の教え子たちが洗いきよめ、夕日にひときわ美しく輝いている。

シンガポールからの〝わだつみの声〟
木村久夫

一九九二年の二月十五日はシンガポール陥落の五十周年とあって、シンガポール郊外にあるチャンギー監獄はイギリス人の訪問者でにぎわっていた。彼らは五十年前に日本軍の捕虜となって、収容されていた兵士たちである。

公開されている監房は、ペンキも塗りかえて清潔になっているが、おそらく壁のペンキの下には望郷の英語の落書きがあったにちがいない。しかし、実は日本語の落書きもあったはずである。なぜなら、イギリス人捕虜が出たあとには、戦犯の日本兵たちが入っていたからだ。うち、百三十五人がチャンギー監獄で処刑されている。木村久夫上等兵は昭和二十一年(一九四六)五月二十三日に処刑された。二十八歳。

『私は何ら死に値する悪をした事はない。……日本の軍隊のために犠牲になったと思えば死に切れないが、日本国民全体の罪と非難を一身に浴びて死ぬと思えば腹も立たない。笑って死んで行ける』

処刑の半時間前に書いた遺書だ。

木村久夫は京大の学生だった時に、学徒出陣で戦線にかり出され、インド洋のカーニコバル島で敗戦を迎えて、英軍に捕らえられた。その敗戦の直前に、日本軍は現地人八十三人をスパイとして処刑した事件があった。その時、英語にたん能な彼は上官の命令で事件調書を書かされたのだ。木村は、その上官から真実の陳述を禁じられたために、上官は懲役、木村自身は絞首刑となってしまう。判決後に改めて真実を懸命に陳述したが、取り上げてはもらえなかった。

『吸う一息の息、吐く一息の息、喰《く》う一匙《さじ》の飯、これら一つ一つの凡《すべ》てが今の私に取っては現世への触感である。昨日は一人、今日は二人と、絞首台の露と消えて行く』

『私の一生の中で、最も記念さるべきは昭和一四年八月だ。それは私が四国の面河《おもご》の渓で始めて社会科学の書を繙《ひもと》いた時であり、……一つの自覚した人間として出発した時であって、私の感激ある生はその時から始まったのである』

その時、木村久夫は旧制高知高校の学生だった。当時の彼は吉井勇がいた高知県猪野沢温泉の渓鬼荘をしきりに訪れている。すでに吉井勇はその地を去って十年近いが、木村は吉井の歌に傾倒し、渓鬼荘で一夏を過ごして短歌を作っている。遺書の最後は十一首の短歌が並ぶ。

朝かゆをすすりつつ思ふ故郷《ふるさと》の　父に許せよ母よ嘆くな

音もなく我より去りしものなれど　書きて偲《しの》びぬ明日という字を

おののきも悲しみもなし絞首台　母の笑顔をいだきてゆかん

彼は渓鬼荘で難解な「哲学通論」に取り組んだことがある。一夏かかっても読破できなかった「哲学通論」に、たまたまチャンギー監獄で出合うのだ。

『死の数日前偶然この書を手に入れた』

むさぼるように読む。あれほど難しいと思っていた哲学の根幹が、死を直前にしての必死さからか、手にとるように理解できた。

『「コンクリート」の寝台の上で……死の影を浴びながら。数日後には断頭台の露と消える身ではあるが、私の熱情はやはり学の道にあったことを最後にもう一度想い出すのである』

これらの遺書は、すべて「哲学通論」の余白に鉛筆で乱れもなく書き込まれてある。

この遺書は、戦没学徒兵の手記を集めた「きけわだつみのこえ」の巻末二十ページに収められているが、若くして戦場に駆り出され、しかも冤罪で処刑された若き魂の悲痛な叫びとなっている。

占領五十周年のシンガポールは終日、日本軍の残虐行為をテレビや新聞や講演であばいていた。しかし戦争は、戦うどちらにも深い傷あとを残す。

チュアン・ホエ通りに面した日本人墓地には、チャンギーの戦犯者の監獄で処刑された墓碑がある。高さ七十センチ。出身地は全国にわたっている。だれがそなえたものか赤い花が墓前にあった。

木村久夫の愛した渓鬼荘では、毎年八月十五日に湖水に灯をともした精霊舟が流れる。

日本開国期にアジアの奥地へ探検行

岩本千綱

日本の開国期に、高知は三人の旅行パイオニアを出している。一人はいうまでもなくジョン万次郎だ。彼は遭難という不測の事態でアメリカまでの大旅行をするのだが、二人目の岩本千綱は自ら望んでの探検旅行である。

『余は明治二十九年十二月二十日、山本鋠介《しんすけ》とともにシャム国バンコックを発し、翌三十年四月九日、安南国（ベトナム）、東京《トンキン》ハノイ府に出でたり。無慮一千二百七マイル』

岩本千綱自身が書いた「シャム・ラオス・安南三国探険実記」の書き出しだ。そのコースは、まだ日本人が踏破したことのないもので、

『猛獣、毒蛇の害は言を待たず、群盗昼出でて人を殺し、時に森林悪熱、猖獗《しょうけつ》を極め、命を落とす者十中八、九なるを常とす』

という悪夢のようなコースである。なぜ岩本は、日本人初の探検行に出かけたのか。安政五年（一八五八）生まれの彼は、海南学校（現・高知県立小津高校）を経て、陸軍幼年学校、士官学校を卒業、軍人となった。ところが明治二十年（一八八七）、新潟県新発田に赴任していたおり、たまたま東京から来た政治家と会食したことで停職処分を受けてしまう。

会食した政治家は、親交のあった犬養毅と大石正巳だが、犬養らは保安条例で東京を追われていた身の上だったのだ。

岩本は憤然と軍職を投げ捨てたが、まだ二十六歳。いっそ日本も投げ捨てるようにして、南方に向かった。シンガポールを経て、シャム（タイ）のバンコクにたどりついたのが明治二十五年のことだった。日本とシャムは、友好通商条約を結んだばかりで、バンコクにはまだ外交事務所も、大・公使館もない。彼は直接にシャムの皇族や大臣と会って、日本人の開拓農民を送り込む約束をするのだ。

折から、欧州の列強国はアジアに植民地を求めて牙《きば》をむいている最中であったので、岩本は強い危機感を持って、シャムの開発、自立に精一ぱいの力を貸そうという気分であったらしい。

帰国して、シャムへの開拓農民を募り、数十名をつれて再びシャムに渡る。しかし、開拓事業は結果的に失敗した。開拓地が考えたようなものでなかったり、農民たちが現金収入の多い鉄道工事に走ったりしたからだ。

岩本は、そういう時に突然のように三国探検旅行を企てる。だれも同行しないので、現地の貴族学校に通っていた山本鋠介を、たぶん強引に誘い、僧侶に化けて奥地を目指した。岩本は鉄脚、鋠介は三無と号している。

山本鋠介は、神戸の商店で働いているところをシャムの王族の侍従ヴァスカラウオングセの目にとまり、シャムで働いてみないかと誘われて渡ってきた少年であった。

『鉄鉢一個、毛布一枚、こうもり傘一本、キニーネ、コロダイン各一瓶、宝丹《ほうたん》一個、磁針器一個、地図一葉、および日記用の紙墨』が岩本の携帯品のすべてだ。船でメナム川をのぼり、旧都のアユタヤに着く。

『今をさる二百六、七十年前、彼《か》の日出国の偉人山田長政が英名を当国にとどろかせし頃、日本人のこの地に住せしもの千余人を超えしと言い伝えり』

しかし、岩本が訪ねた時は、

『荊棘《けいきょく》ほしいままに繁茂し、狐狸得意顔に奔飛せり。大和民族たるもの誰か一掬《いっきく》懐古の涙なからんや』

と記しているが、今は日本人有志の手できれいな公園地になっている。

虎の出現に脅えながら想像を絶する難行軍でラオスへ入る。そこでは食事に蛇、バッタ、青蛙《あおがえる》、油虫が出る。山岳に住むメヤウ族は宗教も文字もなく、一種異様な言語あるのみと、岩本は驚いて記録しているが、ケシを栽培し、阿片を作っていることも報告している。のちに〝黄金の三角地帯〟とよばれる麻薬の供給地である。

たぶん、岩本の探検行は日本の参謀部に頼まれての視察旅行であったようだ。タイに敷かれ始めている鉄道の進捗《しんちょく》状況、さらに植民地化をねらうフランスの動向をさぐることにあったらしい。

三無こと山本鋠介は途中病気となって死亡した。岩本はこの探検旅行後、雲南へも潜入しているようだが、詳しいことは分からない。六十二歳で、日本で死んでいる。

なお付け加えておくと高知の三人目の旅行パイオニアは吉田正春である。

沈没船引き揚げ、船大工から運輸大臣に
岡田勢一

あと数年で中国に返還される香港は、数え切れないほどの高層ビルに埋まっていた。そして、香港島と九龍半島の狭い海峡には、これまた数え切れないほどの船が浮かんでいる。はたして東洋の真珠といわれた香港はどう変貌《へんぼう》していくのか。すでに数多くの経済資本は香港に見切りをつけて脱出しているともいうし、また、新たに巨大な大陸との交易をねらって進出してきた資本がいるともいわれている。

ちょうど五十年前、香港島の周辺には数百隻の船が沈んでいた。いうまでもなく、米英に宣戦布告した日本軍が、英領である香港を爆撃して撃沈してしまったのだ。海面には沈んだ船のマストがニョキニョキと林立して不気味な海の墓場となっている。これでは占領した日本軍も港を使用することができない。港を使えない香港は死んだも同然である。岡田勢一が海軍省から緊急の呼び出しを受けたのは昭和十六年（一九四一）の十二月二十五日。香港が陥落した日だ。

「香港の沈没船を大至急に引き揚げてほしい」

岡田勢一は日本一のサルベージ技術を持っている。正月早々に岡田は飛行機で香港に飛んだ。日本は米英を相手に戦争を始め、真珠湾を奇襲して戦勝気分に浮かれていたが、工業技術力では

日本が米英にはるかに及ばないことを、仕事柄よく知っていた。

「沈んだ船でも引き揚げて使えるものは使わにゃあかん」

岡田勢一は徳島の鴨島町の生まれだが、家が貧しかったため十三歳でたった九十銭を懐中にして大阪の造船工の見習いになった。その後サルベージ会社に転じ、二十七歳で独立してサルベージ会社「岡田組」を大阪につくったのだ。

彼はただちに日本から起重機船や工作船をよびよせて、香港の引き揚げを開始した。すでに岡田は五十歳。東京に本社を移し、サルベージ事業だけでなく、二十六隻、十二万トンの船を所有する運航会社の社長でもあった。しかし、陣頭に立って香港の海に沈む百隻を超える船をことごとく引き揚げてみせたのである。驚くべき短期間で、しかも半分近くを手入れして再び船として再生させている。

香港は再びよみがえった。

「シンガポールへ行ってもらえないだろうか」

シンガポールはまだ山下奉文の軍団が攻撃を加えている最中である。

「陥落は時間の問題だ。陥落したら、すぐにシンガポールの港に沈んでいる船をサルベージしてほしい」

二月十五日、シンガポールは陥落した。二日後にもう岡田はシンガポールへ飛んでいる。沈んでいる船はもちろん、五万トンの浮きドックも引き揚げが急がれていた。まだ、硝煙があがるシンガポール港で、岡田は引き揚げ作業にとりかかった。五万トンドックは、圧縮空気を利用したエアタンク浮揚法を開発して引き揚げに成功している。

「マレー沖に沈んだ英戦艦プリンス・オブ・ウエールズを引き揚げてもらえないか」

海軍からのたっての依頼である。ウエールズにはレーダー（電波探知機）が備えてあるので、海軍はそれを手に入れたかったのだ。しかし、ウエールズは水深六十メートルの海底に沈んでいた。六十メートルは当時の潜水技術をはるかに超えている深さであった。さすがの岡田も、その仕事だけは請け負うことはできなかった。

しかし、その後、マニラやジャワの沈没船の引き揚げ作業を続けて行く。いわば岡田の仕事は戦争の後始末であった。

戦後、岡田勢一は新生日本の第一回総選挙に郷里の徳島から立候補して衆議院議員となる。第二回の総選挙にも当選、昭和二十三年には芦田均内閣の運輸大臣になった。

「船大工から運輸大臣になった」男として、岡田勢一は日本中から注目されたが、彼としては沈没した日本をサルベージする気持ちで政治家になったのである。

昭和二十九年に沈没した青函連絡船洞爺丸も、岡田勢一の会社が引き揚げている。船内にたくさんの遺体があったので、爆破作業も行わず津軽の風浪にたえながら、難工事のすえ、無事に引き揚げてみせた。

昭和四十七年没、八十歳。彼が生涯に引き揚げた沈没船は五百隻を超え、また、二つの学校を建設して、数万におよぶ人材も引き揚げている。学校へ行けなかった岡田自身の思いがこもっている〝サルベージ〟事業といえようか。

シャム国の近代化に人生を捧ぐ
政尾藤吉

バンコクから広い真っすぐな道を北上していくと、日本企業の大きな工場があちこちに建っている。

一時間も走るとアユタヤに着く。古い都だったところで、巨大な遺跡が残っている。そこに山田長政の住んでいた日本人村があって、大きな碑が立っている。

山田長政の名は南方に飛躍した日本人の代名詞として知られているが、実は詳しく確実な事績は不明のままであったのを、政尾藤吉が現地に腰を据えて調査し、初めて明らかにした。

「タハン・ジップン」という官制がシャム（現在のタイ）国にある。国王の身辺を護衛する〝日本の兵隊〟の意味だ。政尾はその日本の兵隊が誰か調べてその名を突き止める。「オツヤ・セーナー・ピモック」という。これは〝侯爵・陸軍の神〟の意味で、山田長政に与えられたことが分かった。シャムでは爵位が与えられると本名で呼ばず、爵位で呼ぶことになる。現に政尾藤吉もシャムでは「ピヤー・マヒダラ」と呼ばれている。これは彼に与えられた爵位で〝侯爵・法律の頭〟という意味だ。

政尾は明治三年（一八七〇）、愛媛県大洲藩の御用商人の家に生まれた。明治維新で藩が解体されたことから家業も傾き、昼は郵便配達をしながら、夜は勉学に励んだ。東京に出て、慶応義塾や早稲田専門学校で学ぶが、英語の勉強を志して渡米した。明治二十二年、十九歳の時だ。ヴァンダビルト大学、さらにヴァージニア大学を卒業してエール大学にも学び、エール大学の助教授にまでなるが、折からの排日運動で身の危険をおぼえるようになって帰国した。

帰国した二十八歳の政尾は横浜の英字新聞、ジャパンタイムズ社の主筆代理として迎えられる。

彼の書く記事は外政畑の小村寿太郎や大隈重信の目に止まった。

「外務省の特派員としてシャム国に渡ってもらえないか」

政尾は喜んで外務省の頼みを受けてシャムに出かける。シャムは折から近代国家づくりに取り組んでいる最中であった。シャム国王は、エール大学法学科助教授の経歴を持つ政尾に、シャム国の法律顧問を依頼した。法典編纂にはすでにベルギー人顧問団がいたが、政尾は彼らに交じり、中心的な力となって刑法と社会法の草案を書き上げる。

国王は政尾の力量に驚き、主任顧問に任じて、シャム国の司法省、外務省の重鎮としたのだ。シャム国も、日本の明治開化のように、お抱え外国人の力を借りて近代化をはかっていたのである。

政尾は自分の持てる力をシャム国の近代化にそそいで惜しむところがなかった。なによりもシャム滞在十七年の長さを見ても、それがわかる。十五年目に債権法草案を脱稿した時、シャム国王は彼に王族待遇を与えて、その功績に報いた。政尾は本名で呼ばれず、〝ビヤー・マヒダラ〟となったわけだ。

法典編纂の大役を終えた政尾は、王冠大綬章を賜ってシャムを去った。帰国したのは大正二年(一九一三)八月である。

大正五年大隈内閣が解散して総選挙が行われるが、政尾は郷里から衆議院議員に立候補して当選する。さらに大正六年の改選にも再選されて、郷里の開発に貢献し、また、台湾、南洋諸島、シャム視察の団長となって、再びシャムを訪れている。

シャムは政尾にとって忘れられない国であった。自分の人生の大部分を、シャム国にそそぎ込んだのだ。

まるで政尾の心を見抜いたように、大正九年、シャムへの特別全権大使に任命される。もちろん政尾は喜んでシャム国に赴任した。まさにシャムは第二の故郷である。

ところが、赴任早々に脳溢血が政尾の命を奪う。シャム在留の邦人が大使官邸にかけつけ、死を悼んで通夜は二週間も続いた。シャム国王は政尾の死を深く悲しみ、王族待遇で葬儀を行った。ことに国王自身の手で火葬炉に点火して死を惜しんだという。

山田長政は武力でシャム国にかかわったが、政尾は学力と文化でシャム国にかかわった。その深さはもちろん政尾のほうにある。本当は山田長政よりも記念すべき人であるだろう。

墓所は東京青山墓地にある。

師団長が演じた「妻返しの松」
乃木希典

「妻返しの松」という松が香川県善通寺市の金蔵寺にある。

なんでも、善通寺の第十一師団長だった乃木希典中将が、はるばる東京からやってきた妻静子を、「来いと言わないのに、なぜ来たか。許しもなく夫の任地にくるとは何事か」と追い返した、というのだ。

乃木希典といえば、乃木神社が東京につくられており、神と祭られた希有な将軍である。（海軍では東郷神社の東郷平八郎元帥がある）

嘉永二年（一八四九）に長州藩士の子として生まれ、慶応四年（一八六八）の戊辰戦争では官軍の長州隊に入って幕府軍と戦っている。そのとき二十歳というから、少なくとも乃木将軍は二十歳までは武士であったのだ。

明治になって、西南戦争では連隊長となって戦い、軍旗を失って自決騒ぎを起こすが、日清戦争では陸軍中将、第二師団長となって戦っている。戦後、台湾総督となるが、清廉潔白、質素倹約を貫き通すので、腐敗した総督府の官吏たちに総スカンをくらってしまった。乃木の言い分はこうだ。

「今の台湾官吏は手当がよいから贅沢《ぜいたく》する。ただ贅沢したいから台湾に赴任するので、一人も永住の心をもっていない。ほんの腰掛け同様だから、従って親切な情を持たぬ。親切のないものが、どうして新領土の民心を収めることができよう」

ついに中央政府に中傷され、明治三十一年（一八九八）に台湾総督の職をやめてしまった。

そんな乃木に、再び第十一師団長の任命が下る。第十一師団は、その年に開設されたもので、乃木は初代の師団長だ。

五十歳で単身赴任してきた乃木は金蔵寺に寄宿した。寺から師団司令部までは約四キロ。毎朝未明に起きて乗馬訓練をしてから、馬で出勤する。司令部についた頃にやっと日が昇るという早朝出勤で、当直の兵隊たちは仰天した。

「あまり早くご出勤されては下の者が困ります」

と副官がたのむと、乃木は従来通り寺を出るが、途中の練兵場で読書して時間をつぶした。どんなに寒い風が吹いても、いとわなかったというのだ。

当時は日清戦争間もないころで、戦勝にうかれて師団の将校にも花柳界の巷《ちまた》に遊ぶものが少なくなかった。乃木はある寒い夜、営舎をかこんで非常ラッパを吹かせた。外泊していた将校たちは胆をつぶして営舎に駆け帰っている。

さて東京から会いに来た静子は、会ってもくれない乃木に腹をたて「家のことで、手紙に書けないこともある。わざわざ来たのに会わないとは」と唇をふるわせた。そこで住職がとりなして、やっと翌日、乃木は静子に会ったが、ほとんど無口で応対したというのだ。のちにマラリア熱で危篤になった時も、駆けつけた静子と長男勝典に対して、勝典だけに会って、静子とはついに会わなかったという。

しかし、善通寺の練兵場をつくるために弘法大師の霊地が取り払われたと聞いて、元通りに復させたり、近くにある細川清氏《きようじ》の家来三十六人の戦死の地が売却されると知ると、県庁とはかってその旧跡を保存させている。

ごく平たくいえば、乃木は外づらがよく、内づらの悪い人で、その外づらはひたすら典型的武人を目指して止まなかったようだ。

乃木は在住二年七カ月で、善通寺を去っている。理由は「リウマチスにつき起居自由ならず」となっているが、師団の第三大隊長が、出兵した中国で馬蹄銀分捕事件に関与したことで責任をとったのだ。本来は直接の責任はなかったのである。

乃木は十四年後、追い返して会おうともしなかった妻と一緒に、明治天皇のあとを追って自刃する。六十四歳。乃木の辞世は、

うつし世の神さりましし君の　みあとしたひて　われはゆくなり

妻静子の辞世は、

出てまして　かえります日のなしときく　けふの御幸に逢うそかなしき

どうやら静子は、決して夫のように喜んで天皇のあとを追ったのではなかったようだ。

善通寺の人々は日露戦争の勝利を記念して師団敷地にカイヅカイブキ二百四本を寄贈した。乃木の二〇三高地攻めにちなんで、一つ超えた数にしているのだ。今もそのイブキは濃い緑を見せて残っているが、乃木はこの二〇三高地攻めで、息子を失い、部下一万七千名を死傷させている。明治天皇亡きあと、おめおめと生きておられる心境ではなかったのだ。

板東収容所

ドイツ兵捕虜がつくったドイツ村の遺産

どういうわけか、日本人はベートーベンの第九交響曲が好きで、年末は〝第九〟なしではおさまらない。

第九の演奏は大正九年（一九二〇）に上野の音楽学校生徒によるものが初演とされていたが、それより早く大正七年に、それも徳島の小さな町で演奏されていることが判明した。

大正六年、徳島県板野郡板東町（現・鳴門市大麻町）に、千人に近いドイツ兵捕虜が送られてきた。第一次大戦では日本は日英同盟の関係から、ドイツの東洋における拠点となっている中国・青島《チンタオ》要塞を攻略した。そのときの捕虜約四千人のうち九百五十三人が板東に収容されたのだ。

収容所長松江豊寿大佐の人柄のよさもあって、ドイツ人捕虜は収容所を〝町〟として生活を始める。

新聞を発行し、パンを焼き、農作業をはじめ、家具もつくり、橋もかけた。生活だけでは〝町〟は成立しない。彼らは音楽や演劇も持った。

もと沿岸砲兵隊の軍楽長だったハンセンがオーケストラをつくり、月一回の割合で公開演奏を開いた。そして大正七年六月一日には、八十人の合唱団（他にも所内にはコーラス団がいくつもあった）の賛助出演で、ベートーベンの第九を演奏したのだ。

所内には他にも楽団があり、なかでもパウル・エンゲルの率いる楽団は所内だけでなく、毎週火、木曜日の午後に近くの霊山寺前で「エンゲル音楽教室」を開いて、地元や徳島市から集まった若者たちに音楽の手ほどきをしている。そしてエンゲルは大正八年の十月に徳島市の新富座でベートーベンの第九を市民たちに披露した。三日間札止めの盛況であったそうだ。

大正七年の春は、第一番札所である霊山寺で、捕虜収容所製作の大バザールを行っている。展示物は写真、カメラ、絵画、ブーツ、敷物、楽器、時計、自動雨量計、標本、腸詰めハム、シャンデリア、寝椅子《いす》、洗濯機械、冷蔵機械などとドイツ人の文化、文明の作品がずらりと並んだ。徳島県内から見物客が殺到、そのために阿波軌道は二割引運賃で、増便して客を運んでいる。それどころか、先進国ドイツのすぐれた技術を吸収しようと、東京の農商務省役人や、大阪の商品陳列所員まで駆けつける騒ぎであった。

また、所内で発行した切手は、〝板東切手〟と呼ばれて切手コレクター垂涎《すいぜん》の的となっている。パンづくりの技術は今も徳島市にバウム・クウヘンとして残っているし、農業も所内でのドイツ式農耕を近在の農民たちが見学をして勉強している。

また所内での体育競技は近くの中学校生徒たちの参観が絶えなかった。器械体操、組立体操、重量挙げ、レスリング、サッカー、テニス、ホッケー、水泳とまるでオリンピックなみの競技種目を見せてもらっている。

捕虜の扱いについては、第二次大戦での日本はバターン死の行進、ビルマの戦場にかける橋など、すこぶる評判が悪い。ＢＣ級戦犯の大半は捕虜虐待によるものである。しかし、その三十年ほど前の日本は、捕虜の扱いについて世界に自慢していいものであった。

二年あまりのドイツ兵の生活のあとは、収容所跡にドイツ橋として残っている。メガネ橋とも呼ばれるものだが、ドイツに帰っていった捕虜たちはバンドーを第二の故郷のように考えていた。失明寸前となっている元捕虜の老人が、はるばるバンドーを訪れて、わずかに残る木造宿舎やドイツ橋に手を触れて、涙を流した。

いま収容所跡は〝ドイツ村〟として鳴門市が保存しているし、すぐ近くにドイツ館も建てられている。

そこに残されている収容所の資料を見るにつけても、捕虜となりながらも収容所内を〝わが町〟として生活するドイツ人の生活的な逞《たくま》しさ、豊かさに驚くしかない。日本人は第二次大戦で、各地で捕虜となっているが、このバンドー収容所のような文化、文明の遺産、すなわち日本村をどこにも残していない。

日露戦争の捕虜景気にわいた〝ロシア町〟

松山収容所

前項で徳島のドイツ人捕虜収容所を紹介したが、捕虜収容所では松山のほうが歴史が古い。

明治二十七年（一八九四）の日清戦争の時に、清国捕虜が松山に送られてきたし、日露戦争の時には六千十九人ものロシア人の捕虜が松山収容所に収容されている。

そのころの松山は人口が約三万人であったから、なんとロシア人捕虜が人口の五分の一を占めたことになる。

三万人の松山人は、ロシア人捕虜にきわめて素朴な好奇心を見せ、収容所となった山越《やまごえ》の寺や公会堂に押しかけている。

「収容所ヲノゾキ見スル者ヲ制止スル件」として、九万件を超える記録が残っているから、市民一人が三回制止された計算になる。

文豪トルストイ門下のポリス・タゲーエフ少尉は旅順港外で捕虜になったが、松山収容所に送られたことを記録している。

『八月六日（明治三十七年）。晴れ渡った日、景色よき日本の地中海（瀬戸内海のこと）を松山めざして航行した。……俘虜《ふりょ》軍人として丁寧に取り扱うことはもちろん、著述家としても厚くもてなす』と約束された通り、上陸するとビールや茶菓の接待があり、人力車で「坊っちゃん列車」の一等席に案内してもらっている。

外出も自由、買い物も自由、道後の湯にも入ってよろしい。将校は収容所の外に住まいを持ってもいいという寛大きわまる扱いであった。将校のなかには、妻子を呼び寄せて家族ぐるみで生活を始めたものもいるのだから驚くしかない。その将校は日露戦争は長期にわたると考えていたらしいのだ。

松山は捕虜景気にわきかえった。なにしろ人口の五分の一も急増し、その捕虜は手当がついていたので、町に出て、しまいに買い物をしてくれるのだ。

商店街の湊町はロシア町といわれるようになる。ロシア人捕虜が二年間に消費した金額は五十三万円にのぼる。今の金額で数十億円になるだろう。

なかでも酒好きのロシア人を見込んで洋酒店がむやみに増えている。呉服屋まで洋酒の瓶を店頭に飾っていたのだ。

この二年間で実入りの良かったのは人力車、鉄道会社、料理屋、飲食店、雑貨屋、収容所内の酒保、自転車屋、写真屋、時計店、呉服屋、芸妓《げいぎ》となっており、なかでもわざわざ長崎からやってきた商人が半数以上を占めている。外国人との交渉に伝統があるというので、松山へ進出してきたのだ。だから、ロシア町は長崎町とも呼ばれている。

また妙円寺収容所は、捕虜工場といわれて、製靴や縫製の技術者が集められて、捕虜だけでなく市民の注文も引き受けた。おかげで松山ははじめて本格的な洋服や洋靴を手に入れることができた。

捕虜の半数近くが字を読めず、捕虜学校が開かれているのも驚きである。ロシア語、ポーランド語の読み書きと算数が教えられている。

川上音二郎の一座が新栄座で「ハムレット」を上演しているが、ロシア将校たちは花輪を贈って観劇、一座が高知へ移ると、追っかけていくという自由さである。京都や大阪まで遠征して遊ぶ将校までいたと記録されている。

こんなわけであったので、戦場にまで松山の名は知れわたり、満州（現・中国東北部）の戦場では「マツヤマ……」と叫んでロシア兵が両手をあげたといわれている。「マツヤマ」は投降の同義語になったのだ。

松山が捕虜収容所のメッカふうになったのは、松山が四国という島国にあって、逃亡の恐れが少ないこと、気候が温暖であったこと、外地からの交通が便利だったこと、歩兵連隊の所在地であったことがあげられているが、四国路は昔から遍路という外来者を迎えるに優しい土地であったことも見逃せないようだ。

松山市の北にあたる御幸一丁目にはロシア兵の墓地が残っている。高さ一メートルほどの墓石が九十八基、六列に並んでいる。収容中に病院で死亡した捕虜たちの墓である。

「永久に眠る孝子ざくらのそのほとり」の句碑も立てられ、いまも花がすべての墓碑の前に供えられてあった。百年前の交流がいまも濃く残っているのだ。

土佐改造に燃やした悲劇のエネルギー

野中兼山

高知県はいま、人口が減少し、産業も低迷して、全国でも有数の貧乏県に転落している。たぶん県民は貧乏県からの脱却を願って、遠い県外からやってきた知事を選んだのだろう。

もし、野中兼山がいたら、いまの高知県をどんな思いで眺めるだろうか。

兼山は、大坂城が落城して豊臣家が滅亡した元和元年（一六一五）に、姫路で生まれた。土佐藩祖山内一豊の妹を祖母にもつ兼山は、四歳で母とともに土佐に迎えられて、土佐藩家老職の野中家を継ぐ。

才能あふれた兼山は十七歳の若さで藩の奉行職につき、以後三十年を超える長期間、藩政を握って土佐藩の財政を確立しようと、異常なまでの執念を燃やし続けるのだ。

さっそく土木事業に手をつけた。仁淀川、物部川、松田川に堰《せき》を築き、用水路を掘って、新田の開発、畑地の水田化に挑む。土佐藩は二十四万石であったが、この沃地化のおかげで五十万石にまで倍増する。

浦戸、手結《てい》、津呂の港を改修、室戸港を新設して、太平洋での漁場を確保した。それが土佐を日本一のカツオブシ生産地に押し上げていく。

山林行政に取り組み、豊かな山林の保護に努めて、材木を土佐藩の主要な産業にまで育て上げる。

コウゾによる和紙製造にも力を入れた。おかげで土佐紙は京大坂に大出荷される基幹産業の一つに育つ。

こうした大開発プロジェクトを進めるには、人材が必要だ。兼山は一石二鳥の方法を思い付く。土佐藩には、山内家が入ってくる前の長宗我部家の家臣団が、不満を抱いて地方に点在していた。

兼山は彼らに士分を与えるのと引きかえに、新田開発の中核とした。こうして千人の郷士を誕生させ、家臣団を倍増させることにもなった。――のちに郷士は倒幕運動の中核勢力になるのだ。坂本龍馬もその一人だった。

大規模工事には、延べ数万人の労働力が必要だ。「土佐改造」に燃える兼山は役夫たちを、ひたすら励まし休息も与えず働かせる。

〽雪や凍れ、あられや凍れ

と歌ったのは荒瀬川の難工事に疲れた役夫たち。あまりの辛さに休憩を求めると、兼山は「荒瀬川が凍ったら休め」と答えたので、川も凍れと歌ったのだ。

「土佐改造」には莫大《ばくだい》な金もいる。人は強制労働で確保したが、金は税金に頼るしかない。専売制をしいて、味噌《みそ》、醤油《しょうゆ》、菓子など日用雑貨にいたるまで、藩の統制下において、小売商人の利益を吸いあげる。掟《おきて》にそむくものには、もちろん厳しい刑罰で臨んでいる。

「香合（香入れ）ほどの国に、挟箱《はさみばこ》ほどの法度、いやにて候」

あまりの干渉政策と規制の多さに、兼山の腹心、千矢覚兵衛は、絶縁状を兼山にたたきつけて、土佐を出奔した。

強烈なエネルギーで藩政を握り、土佐改造を推し進めてきた野中兼山も、宰相三十二年目にあたる四十九歳の時、権力の座から追われた。

兼山の倦《う》むことを知らない国土開発事業は、領民を富ます前に、領民を疲れさせてしまったのだ。結局、武士の不安、農民の欠落、町人の貧窮が、兼山政治の結末となった。

兼山は「休み」を忘れていたのだ。それが証拠に、兼山失脚後は、民力を休養させ、商業をうるさい〝行政指導〟から解放したことで、土佐は豊かになっていく。いってみれば、兼山失脚によって、土佐は兼山の稔《みの》りを手に入れることができたといえる。

兼山は失脚するや、急死する。自殺という説もある。藩は兼山の遺児たちを宿毛に幽閉し、厳重な監視のもとで一族の絶滅をはかるのだ。

二人の男子は狂死、病死して野中家の男系が絶えたのは、幽閉の四十年目である。

生き残った娘のうち、婉《えん》は、医者として生きるが、歯も染めず、振袖を着た娘姿で、顔をあげ敢然と生き抜いた。

「お婉殿は年六十ばかりにて候へども、皮膚は三十ばかりなる婦人のやうに見え」

と藩の役人は婉の晩年を語っている。婉は独身のまま六十五歳で、さらに四年後に姉の寛が死んで野中家は完全に絶えた。

工事の図面を手にした野中兼山の銅像は四国の水がめ早明浦《さめうら》ダムのすぐ下流、帰全山にある。その銅像が建ったのは、兼山没後三百年もたってからだ。

野球の魔術師、三千二百四十八試合

三原　脩

一九九二年のゴールデンウイークの一日、プロ野球に二十六万人の観客が押しかけて史上最多の記録をつくった。

どうやらプロ野球は日本人の最も好きなスポーツといえそうだが、プロ野球がここまでになるには半世紀もかかっている。

三原脩は、その日本プロ野球の契約第一号選手である。昭和九年（一九三四）六月、その年の秋にベーブ・ルースやルー・ゲーリッグら全米オールスター・チームが来日するというので、対戦するプロ野球チームを大急ぎで編成したのだ。年俸二千円。千円で一軒の家が建つ時代である。

三原脩は明治四十四年（一九一一）、香川県の満濃池のほとりで生まれた。五男六女の十番目の子供だが、三原家は裕福な大地主であった。近くの丸亀中学校に入学するが、すぐに野球部に入って毎日ボールばかり追っかけている。父親は困って彼を高松中学へ転校させることで野球から絶縁させようとするが、高松中学では野球部が欠員で困っていたところなので、大喜びで三原を野球部に迎え入れてしまった。それ以後、三原脩は野球で人生を表現する方向へと導かれていく。

高松中学を卒業した彼は、野球とは無縁の、進学のための第四高等学校（現・金沢大学）を受験するが、帰途に東京に寄る。ところが駅頭で高松中学の先輩が待ち受けていて、彼を早稲田大学へ入れてしまう。もちろん、早稲田大学の野球部に入れるためだ。

当時の六大学野球は空前の人気で、なかでも早稲田と慶応の試合が注目の的だった。三原は早稲田の遊撃手、そして慶応には三原の生涯のライバルとなる水原茂が投手として活躍していた。水原は三原のいた高松中学とはライバル校の高松商業の出身である。

しかし、三原は春のシーズン後に野球部を退く。原因は結婚であった。父一彦は病床にあり、「死ぬ前に脩の結婚を見たい」の願いをかなえるための結婚である。大学の野球選手で結婚は好ましくないと監督から言われて、三原はあっさりと野球を捨てた。

だが、野球のほうが三原を放さなかった。早稲田を卒業した三原は郷里に帰って、母校の高松中学の野球部の指導をしていたが、早稲田時代のチームメートだった弘世の縁で日本生命に入社する。日本生命は都市対抗野球をめざしていたので、三原を迎え入れたのだ。

その時に、プロ野球チームを結成しようとしていた早稲田野球部の恩師、市岡監督の勧誘を受けるのである。

昭和九年に誕生した大日本東京野球倶楽部《くらぶ》は翌十年に東京ジャイアンツと改称、十一年にはプロ野球チームが七つ発足して、名古屋の鳴海球場で日本初のプロ野球の試合が行われた。

戦争が拡大していき、三原は中国戦線、ビルマ戦線に駆り出されて左足に負傷したり、地獄の敗走を体験して、二十一年六月、命からがらに復員してくる。

二十二年から読売巨人軍の監督になった三原は二十四年に戦後初の優勝。しかし、翌年にはソ連抑留から帰ってきた水原茂のために監督の座を追われることになった。

三原は報復の思いを深く秘めて、関門海峡を渡る。九州の田舎チームといわれた西鉄ライオンズの監督を引き受けたのだ。三原は、この田舎チームを野性味あふれるチームに育てて、水原の率いる巨人軍と日本シリーズの決戦に臨む。

三十一年から三十三年まで、三度にわたって水原巨人軍をたたきふせた。一度は三連敗からの四連勝という離れ業をみせて、ついに水原にユニホームを脱がせてしまった。三原、水原の対決はプロ野球〝巌流島の決闘〟ともいわれている。

三原脩は野球に情念をもち込み、単なるスポーツを人間ドラマにまで高揚させた監督だが、選手としては決してスター選手ではなかった。

その彼が、監督となるや、〝魔術師〟とも〝知将〟ともいわれたように、選手の戦力を存分に生かして、奇襲とも見える戦法を華麗に繰り出した。万年Cクラスの大洋の監督になって、リーグ優勝どころか、日本シリーズまで制して、その〝魔術〟ぶりを証明している。監督歴二十六年、指揮した試合は史上最多の三千二百四十八試合である。

かりに、野球というスポーツがなかったら、また水原というよきライバルがいなかったら、三原脩の一生は満濃池のほとりで、ただ平穏に閉じたかもしれなかった。

七十二歳、入浴中に倒れる。急性心不全。「一度はビルマで死んだ体。あとの人生は余禄《よろく》」と言い続けたが、華麗な余禄であったといえよう。

月朧よき門探り当てたるぞ
一　茶

私の故郷は愛媛県の北条市だが、市のはずれの山道に、「一茶の道」の名がついている。

あの月を取つてくれろと泣く子かな
目出度《めでた》も中位《ちゅう》なり　おらが春
痩《や》せ蛙負けるな一茶これにあり

などの句の俳人一茶である。寛政七年といっから一七九五年、いまから、二百年ほど昔のことだ。三十三歳の一茶は、讃岐の観音寺から、歩いて松山に向かった。伊予の花見をするためである。

北条市に入るには小さな峠がある。腰折《こしおれ》山という面白い名の山を脇に見て、風早（北条市）に入った。そこには西明寺という寺があり、茶来がいるはずだ。

茶来は江戸の俳人竹阿の門人で、一茶も竹阿の弟子だから、兄弟弟子ということになる。

「茶来はいませんか」

西明寺はすでに茶来とちがう住職になっていた。聞けば十五年前に死んでいるというではないか。一茶は、がっかりしてしまう。

『前路三百里、只かれを力に来つるなれば……』と書いてあるように、一茶はこの兄弟弟子に会うことを楽しみにもし、頼りにもしていたのだ。なぜなら一茶は、江戸で葛飾派とよばれる俳句の一派に入り、ようやく竹阿の名跡をついだので、その披露もかねての西国旅行であった。ま、花見のためと日記にあるのは、半分ほどの目的だろう。

「では、一宿おねがいできましょうか」

ところが後住《ごじゅう》、つまり次の代の住職は、一宿の依頼をすげなく断っている。

門前払いを食った一茶は、ひどく落胆して歩きだした。すでに日は暮れて月が出ている。

百歩ほども歩いたろうか、五井という人の家があって、「どうぞお泊まり下さい」と言ってくれたのだ。どうやら、茶来の縁故者であるらしい。

　月朧《おぼろ》よき門《かど》探り当てたるぞ
一茶の、いかにも嬉しそうな一句である。

一茶の日記帳を読んで、西明寺で断られるくだりは、郷里の恥のごとく身をもむ思いがしたが、〝月朧〟の一句で、一茶と同じようにホッとする。

一茶は風早で泊まってから松山に向かい、目的の花見をしている。旧暦正月十六日に咲くという名木十六日桜を、十六日の日に見に行き、噂《うわさ》どおり、咲いているのを見ている。

「一茶の道」を歩いてみると、何のへんてつもない道だが車も通らない昔のままの山道で、たぶん一茶が来た時と同じ白い道である。すれちがう人もなく、道べりに家なく、旅してきた一茶はさぞ心もとなく歩いていたろうと、容易に想像できるのだ。

一茶は信濃の柏原村（現・長野県信濃町柏原）に平凡な農家の長男として生まれている。名は弥太郎。十五歳で江戸に出て、商家の奉公人となるが、どんな商家にいたか、よく分からない。ともかく十年ほど奉公人でいたのだが、江戸の俳人のなかに入って、頭角をあらわす。

ふつう俳句は、裕福な商人や武家の嗜《たしな》むものであるのに、一茶は〝田舎者〟で俳人となるのだ。まことに江戸時代では〝田舎者〟の俳人は珍しい。

しかし、一茶は田舎者のどこが悪いというような俳句をつくって異彩を放つのだ。

雪行け雪行け都のたはけ待ち居らん

家が埋もるほど大雪に降りこめられる奥信濃の農民にとって、雪見など馬鹿げているのだ。

山畠や　こやしの足しに散る桜

汁の実の足しに咲きけり菊の花

いずれも都会の気楽な風流人を笑う句だ。まさに「田舎者でどこが悪い」と居直っている俳句である。

一茶は温暖な四国の田舎を歩いて、田舎の匂いにほっとしながらも、風雪の被害のほとんどない四国をさぞ羨《うらや》ましかったろう。一茶は五十歳で郷里柏原に帰る。

是《これ》がまあ　ついの栖《すみか》か雪五尺

まるで娘のような二十四歳も年下の若い妻をもらって四人の子をつくるが、みな幼いうちに死んでしまう。妻の菊も死に、さらに次々と再婚するが、ついに子を見ることなく、六十三歳で死ぬ。

我上へ今に咲くらん苔《こけ》の花

死んでから妻の腹にいた子が誕生し、この子だけが長生きをしている。

「容貌美ならず。世に尽くすべし」
生田花世

生田花世は、昭和五年（一九三〇）播磨灘に投身自殺した詩人生田春月の妻である。

「長い人生いろんな目にあったが、一番いじめられたのは生田春月という男だった」

花世が晩年に甥《おい》の妻に語った言葉だ。

花世は明治二十一年（一八八八）、徳島県板野郡泉谷村（現・上板町泉谷）の西崎家に生まれた。父安太郎の日記には、

『十月十四日、女子生まる。容貌《ようぼう》美ならず。然《しか》れども、「花世」と名付く。厨房《ちゅうぼう》のみに止まらず書を読みて世に尽くすべし』

とある。十月十四日は旧暦の重陽の日で菊の節句なので、花世と名付けられたのだ。

西崎家は品質極上とされる砂糖「阿波和三盆」をつくる裕福な家だったが、花世が徳島高等女学校にすすむころには台湾糖の輸入により阿波和三盆は衰退して西崎家も倒産する。

「卒業まで、必ず立派にやり遂げますから、入学させてください」

花世はナイフで指を突き、血書を父親に渡している。

女学校を卒業した花世は地元の小学校の教員になるが、文学で身を立てたい一心から、父の一

周忌の日に家出のようにして東京をめざした。すでに花世は詩をつくって女流文芸誌「女子文壇」に投稿し、入選もしていたのだ。

東京の暮らしは、想像をこえるものだった。分教場の教師、小説家の女書生、そして出版社の事務員、記者と、めまぐるしく職業を変え、その間、二度恋愛して、二度とも男に裏切られる。なにしろ彼女は父の日記にあるように『容貌美ならず』のうえに、きわめて短身だった。ついに上野広小路の寄席「ことぶき亭」の下足番兼女中をするようになる。

『元始女性は太陽であった。……今、女性は月である。他に依って生き、他の光によって輝く。病人のような蒼《あお》白い月である』

平塚雷鳥が「青鞜」誌に掲げた巻頭文は、花世をふるい立たせる。雷鳥に願って青鞜社の社員に採用される。

『……私はあたり前の女より身体が三寸あまりも短いものに生まれてきた。……私の惨状の中に直立して、静かに自分の生活の手段を探しながら歩いた。私が美貌であったら何をして生きて行ったであろうか』

花世の「青鞜」に書いた「恋愛及生活難に対して」の論文は、彼女の運命を大きく変えた。

『我、汝《なんじ》を愛す。この一語を以《もっ》てこの手紙を書きはじめます』

詩人の生田春月は、彼女の文章に感動して五千七百字の手紙を寄せる。

二人は結婚した。花世は二十七歳、春月は二十三歳だった。

春月は翻訳や詩作で世に認められていき、花世も歌人として、彼の良き協力者となる。共同で小説「相寄る魂」の創作にも打ち込んだが、花世は春月の病的なほどの女性関係に苦しむ。その相手も彼女の友人であったり、義弟の恋人であったりして、苦しみは一重のものではない。

迷い苦しんだ花世は、火を噴く三原山の火口に立ったこともある。

「郷里の米子で墓参りをしてくる」

春月は年上の女流詩人との新たな恋に責め立てられるようにして旅立つ。そして瀬戸内海に投身自殺して果てる。三十九歳の若さである。

戦災で、花世は家財・蔵書のすべてを失う。終戦直後の九月、仮住まいの入り口に、りんご箱の一片を打ちつけた。

『松花塾――詩や和歌の勉強をしたい方はどうぞ、おいで下さい』

食べるにもこと欠く日々に、なんと若い女性がやってきた。

花世は集まってくる女性を相手に「源氏物語」を教えはじめる。

「戦争で勉強ができませんでした。教えて下さい」

「源氏物語は卑俗な恋物語ではありません。千年前の日本人の高い精神文化の結晶なのです」

こうして、「生田源氏の会」がはじまった。昭和四十五年、八十三歳の死の前まで、十五年間にわたって、花世は「生田源氏」を熱っぽく、何万人の女性に語り続けた。

八王子市の野猿峠に彼女の望郷の歌碑が立っている。

ふるさとの阿波の鳴門に立ち出でて
すくひ上げたる白き砂はも
彼女は誕生日の父の日記の通りに生きて、徳島の近代女流文学者の先駆者となったのだ。

「モシ死なば、多くの実を……」農民運動家

タカクラ・テル

「三木洋子さん。あなたのお父さんを奪って、あなたをみなし子にする原因を作りだしたことを、どうかお許し下さい」

哲学者の三木清が獄中で死んだのを、タカクラ・テルが知ったのは、敗戦の昭和二十年（一九四五）、彼自身が豊多摩刑務所から釈放された時である。

農民指導者のタカクラ・テルは、昭和二十年に治安維持法違反で逮捕されるが、警視庁から脱走、逃亡のすえ、再び逮捕される。その時、かすかに「ミキ」と読める洗濯屋の覚え書きのあるワイシャツを着ていたので、タカクラを隠匿し、逃亡を助けたとして三木清も逮捕されたのだ。三木は京都大学でタカクラの後輩であり、親友であった。

「三木を殺したのはわたしだ！」

タカクラは死ぬまで、その自責の念を引きずって生きる。

タカクラ・テルの本名は高倉輝豊。明治二十四年（一八九一）、高知県の大方町に生まれた。父は農業のかたわら役場に勤めていたが、おじの開業医の援助で宇和島中学にすすむ。両親も医者になることを望んでいたが、読書の虫であった輝豊は文学にあこがれ、岡山医専を受けると偽っ

て、京都の三高に入学、京都大学の英文科にすすんでしまう。同級生には総理大臣になる近衛文麿、小説家になる菊池寛らがいた。

卒業後、戯曲や小説などを書きはじめるが、農民運動を掲げる山本宣治にさそわれて、長野県で農山村青年を対象にした「自由大学」に参加する。彼の担当は「文学」だった。

昭和四年（一九二九）、その山本宣治が東京の旅館で暗殺された。

「卑怯《ひきょう》者去らば去れ。しかし私はさびしくない。私の後には大衆がいる」

山宣の最後の言葉に、タカクラ・テルは発奮して農民運動に打ち込む。

なぜ、高倉輝豊が、タカクラ・テルになったのか。

『小学校の卒業生のうち、中等学校え進む者わ、二わりしかない。わたしわ、二わりのインテリのために書くのではなく、残り八わりの大衆のなかえ、大きく、はいって行かなければいけないと信じた』

彼の文章を見てもわかるように、発音に近い仮名づかいで、漢字を少なくする表現を心がけている。彼はついには、カタカナ、横書きにすすみ、名前もカタカナにして、短くしてしまったのだ。さらにローマ字運動にはしるので、テルは国語協会から除名される。時の協会会長は京大で同期の近衛であった。テルは留置場から退会届けを出すが、すべてローマ字で書いている。長男はタロー、次男はジローである。

昭和十六年には、ゾルゲ事件で逮捕されている。テルの妻津宇の兄が医師安田徳太郎で、安田医院にはゾルゲの協力者、宮城与徳が結核の治療で通院していたのだ。

戦後は共産党中央委員となって、長野県から衆議院に立候補して当選、歴史小説「ハコネ用水」も発表する。これは箱根の芦ノ湖の水を静岡の干からびた低地に流すためにトンネルをつくる実録の小説である。

用水の建設者トモノは農民の人気を恐れた幕府の手で、生きて帰ることのない土牢《どろう》へ投げ込まれるのだ。農民の一人は命がけで握り飯を届ける。

『これわ、にぎり飯です。あなたの用水の水で作った米から、たいたものです』

答えてトモノは言う。

『ひとつぶの麦、もし、地に、おちて、死なずば、ただ、ひとつぶにて、あらん。もし、死なば、多くの実を結ぶべし』

この小説は前進座の手で映画「箱根風録」となるが、映画ができたころは、マッカーサー司令部の共産党幹部追放令で、タカクラ・テルは地下にもぐり、そして日本を脱出していた。ソ連や中国などを転々、再び日本に帰ってくるのは、安保闘争が激しい昭和三十四年であった。足かけ九年の逃避行である。

その翌年には、久しぶりに郷里へ帰り、大方町に近い中村市で幸徳秋水五十年祭に出席して、記念講演を行っている。共に、郷里からはこころよく思われなかった左翼の二巨峰である。

すでにタカクラは七十歳に近い年であったが、それから二十年あまりも生きて、ドン・キホーテのようだといわれながら、社会主義思想を日本の土着の文化に根つけしようと格闘し続ける。『もし死なば、多くの実を結ぶべし。』……昭和六十一年、野坂参三とならぶ大長寿のマルキストは九十五歳で死んだ。

「一太郎やぁい！」、軍国の母にさせられて……

岡田かめ

岡田かめ（五十二歳）が豊田村池之尻（現・観音寺市池之尻町）の家を出たのは、八月二十六日の真夜中、午前二時であった。真っ暗な山道を、提灯《ちょうちん》も持たず、ひたすら歩いた。たった一人の息子梶太郎が、戦場に出かけて行く。それを多度津港まで見送りに行くのだ。

時は明治三十七年（一九〇四）。日本はロシアと戦争となり、満州（現・中国東北部）で激戦を展開している。ことに旅順港の攻略戦では、日本軍は死骸《しがい》の山を築くのみで苦戦していると聞いている。

「旅順攻めに連れて行かれるんじゃろか……」

夫の彦造は商売に失敗、かめと梶太郎を残して家出してしまっている、もう二十年も前のことだ。かめは畑仕事の手伝いなどをして、必死に梶太郎を育ててきた。梶太郎も七歳から危険な筏《いかだ》乗りになって母を助けている。

その梶太郎が、二メートルに近い立派な体格の若者になったというのに、激しい戦闘が伝えられる戦場へ連れて行かれるのだ。

丸亀市に着いたのは朝の八時、丸亀第十二連隊の兵隊が港に向かうのを道端で待った。梶太郎が鉄砲をかつぎ、隊伍《たいご》を組んで歩いてきた。

「梶ヤン……」

かめは、列にそって港まで歩く。

多度津の港に着いたが、沖に浮かぶ土佐丸に艀《はしけ》で運ばれるので、兵隊たちは港のあたりで休憩をした。かめは、これが最後の別れになるかもしれないと、急いで氷砂糖を買いに走る。氷砂糖は梶太郎の大好きなものであった。

市内の菓子店で、やっと氷砂糖を手に入れたかめは、港に引き返すと、梶太郎たちはすでに艀に乗り込んで、沖の土佐丸に向かっているではないか。

「おばさんの息子さんは、あの艀に乗っておるよ」

教えられて、かめは氷砂糖の入った袋を手にして、力一ぱいに叫んだ。

「梶ヤーン！　梶ヤーン！」

声が届いたとみえ、艀の梶太郎が両手を高くあげた。

「……私一人ぐらいは、なんとしてでも生きていくけん、どうぞ人の物笑いになるような振る舞いをせねばええが」

心で手を合わせ、岸壁にあぐらをかいたまま、土佐丸が出港するのを、いつまでも見送った。ふと見ると、まわりの人たちはみな泣いている。

かめは、息子に渡せなかった氷砂糖を家に持ってかえると、陰膳《かげぜん》に供えて朝に晩に〝梶〟の武運を祈った。

朝日新聞に、多度津港のかめの様子が記事となって出た。たちまち、かめは「軍国の母」にな

り、大正九年（一九二〇）には国語の教科書にまで載せられる。すると

『「一太郎やあい。其《そ》の船に乗っているなら、鉄砲を上げろ」とさけんだ。すると甲板の上で鉄砲を上げた者がある。おばあさんは又さけんだ。

「うちのことは、しんぱいするな。天子様によく御ほうこうするだよ。わかったら、もう一度鉄砲を上げろ」』

梶太郎の梶がカズに聞き誤られ、カズが一になり、一《いち》太郎になったという。

こうして、岡田かめは「軍国の母」のシンボルとして、多度津港を見おろす桃陵公園に銅像となって残る。「一太郎飴《あめ》」までできたほどの人気であった。

一太郎こと梶太郎は、かつて丸亀の第十一師団長であった乃木司令官のもとで旅順港攻撃に参加するが、敵の弾丸を受けて重傷。丸亀の仮設陸軍病院へ送りかえされる。しかし、八カ月後、傷のなおった梶太郎は、また大陸の第一線に復帰する。

一太郎こと梶太郎は、無事に戦場から帰還できたが、丸亀第十二連隊の戦死者は千三百六十六人にのぼった。

かめは、銅像が建って三年後の昭和九年、八十二歳で死んだ。その銅像は太平洋戦争で供出され、現在のものはコンクリート製である。

丸亀第十二連隊は、その後も戦争があるたびに香川・愛媛の青年たちを集めて戦場に出むいている。太平洋戦争では、母たちに見送られることもなく、もっとも悲惨な戦場の一つといわれるビルマ戦線に送られて約二千人もの生命を奪われてしまう。一太郎こと梶太郎の三男忠義も、陸軍少尉で戦死している。「一太郎やあい」と同じ二十二歳であった。

「六十年、化けそこねたる男かな」
井上正夫

新派俳優の中で、最後まで郷里の訛《なま》りが直らなかったのが井上正夫だ。しかし、映画の笠智衆と同じく、その訛りが芸風の一部として愛された珍しい俳優である。

井上正夫は本名小坂勇一。明治十四年(一八八一)、松山市に近い砥部《とべ》焼の産地に生まれた。父は陶器の仲買人で、勇一も早くから近くの商家に奉公に出されるが、勉強したい一心から、父の財布からお金を取って家出をする。

そうでなくても、父の妾《めかけ》が家に入り、生母が追い出されたのが厭《いや》でたまらなかったのだ。十六歳の時、たまたま大阪で見た芝居に感動した勇一は、帰郷した時に松山の劇場で公演している旅の一座に飛び込んだ。十七歳の俳優志願である。

下関で初めて女中の役をもらって舞台に出た。

『わたしが花道から出ると、見物席にいた五十ぐらいのお婆《ばあ》さんが、こいつは大根だなといいました。わたしは真っ赤になりました』

と井上正夫自身が語っている。〝大根〟が見事な花を咲かせるのには、長い時間が必要だった。

芸名は、酒井政俊という一座に入った時、師匠の名の二字をもらって井上政夫となり、その後、政のつくりを取って正夫となった。

　明治三十七年、日露戦争のさなかに上京した井上正夫は、真砂座の伊井蓉峰の一座に入る。伊井蓉峰は新派劇の第一人者として人気を集めていた。

　折から新派劇は全盛期を迎え、井上もその中で頭角をあらわして、ファンが増える。ことに葭《よし》町《ちょう》の芸者衆が後援会をつくってくれた。芸者衆から「さあ、なんでも好きなものを食べて」とすすめられ、酒を飲めない井上は「うどん」と注文した。郷里にいるころから、うどんが大好物だったのだ。このことから、芸者衆の後援会は「うどん会」と名付けられる。

　この「うどん会」の中に、小政という芸者がいた。井上はその小政と結婚する。二十六歳、一歳年上の姉さん女房だった。しばらくは、芸者にでていた彼女も、体を悪くして勤めをやめ、箱崎に家をかかえた井上は郷里から実母を呼び寄せる。妾のために家を出された母は、駄菓子やうどんを売って細々と暮らしていたのだ。

「私は日本一の幸せ者になった気がします」

　母は涙をこぼして喜んだ。

　大正四年（一九一五）、新派をはなれて、井上は浅草で連鎖劇を演じる。舞台劇の間に映画をはさむのだ。浅草の客は大喜び。毎回が大入りで、客はトイレに行くこともできない騒ぎだった。

　再び純粋な舞台劇にもどり、第一回国民文芸会賞を受けるようになる。

　しかし、井上の俳優活動は、舞台から大きくはみ出していく。映画会社と契約を結び、映画界入りをした。契約金を持って、すぐさま映画研究のためにアメリカに渡った。四十歳の時である。三年後にはヨーロッパにも渡り、フランス、ドイツ、イギリスの映画演劇を視察している。

ヨーロッパ視察旅行は、フランス語もドイツ語も英語もわからないという〝無言の旅〟で、しかも留守中に関東大震災で、家は焼けてしまった。

帰国してからは、続々と映画作品に出演、その間には舞台にかえって、水谷八重子と共演の「大尉の娘」が喝采《かっさい》をあび、また放送を開始したＮＨＫラジオにも出演（大正十四年）、最も多忙で、最も幅広い活動をする俳優となっていった。

やがて井上は、新派の左、新劇の右という「中間演劇」をめざして「井上演劇道場」をひらいた。三好十郎、村山知義、北條秀司、山本有三らが脚本を書き、日本演劇の〝王道〟をつくるべく奮闘するのだが、参加した女優岡田嘉子が演出家の杉本良吉とソ連越境したり、佐々木隆や山村聡が脱退して「文化座」を作るショックなどで、「中間演劇」運動は先細りとなって、新派へ帰る。しかも、時代は太平洋戦争に突入して、演劇・映画界も沈滞する。

戦争が終わってから、やはり新派の大俳優として、舞台や映画、ラジオに活動をはじめるが、昭和二十四年（一九四九）に芸術院会員となり、その翌年、新派大合同の「恋文」（北條秀司作）に出演を最後の舞台にして、静養先の湯河原で心臓麻痺《まひ》で急逝した。六十九歳である。

新派から出て、新派とは異なる演劇をめざしたことで、「六十年化けそこねたる男かな」と自嘲《じちょう》の句を残しているが、井上の新派の左、新劇の右という「中間演劇」こそ、日本演劇の王道であった気がする。いま郷里砥部には記念館がつくられている。

〝図書館の虫〟から文壇の大御所へ

菊池　寛

『私は十四、五歳になり、身体が発達するに従って醜くなった。父に「お前ぐらい大人びた変な顔をしている奴はない」と言われて、いやな気持をしたことを覚えている』

　文壇の大御所といわれた菊池寛《ひろし》は「半自叙伝」で、自分の容貌《ようぼう》に触れているが、健康で頭のいい少年の鬱屈《うっくつ》は、もう一つあった。

「家は貧しかった。私は父の愛を知らなかった。母は衣物《きもの》をこさえたり、食物を与えたりすることで、いくらでも慈愛を示すことが出来るが、玩具《がんぐ》を買うだけの金もない父親は、愛情を示す手段が甚《はなは》だ少ないのである」

　菊池寛は明治二十一年（一八八八）、高松市の貧乏な元士族の家に生まれた。父は小学校の庶務係で、そのわずかな俸給で七人家族を養わねばならない。それで、修学旅行へも行けなかった。

　こういう境遇が、寛を〝わいた〟少年に造形する。香川では奇矯・乱暴・悪戯のことを〝わいた〟というのだ。高松中学の教室では評判が悪いが、成績は首席である。寛の〝教室〟は学校よりか、そのころ高松に開設された図書館だった。作家としての学問の八割までは図書館でしたと自称しているように、寛は〝図書館の虫〟となった。

貧乏な菊池家は学費免除の東京高等師範へ寛を入学させるが、〝わいた〟行動がたたって除名されてしまう。

『一高文科を受け大学に行くこと。最初翻訳をやり、それによって文壇に名を成して行くこと』と、決意をノートに書いた二十二歳の寛はその後は一直線に文学を目指す。

一高に入った寛は芥川龍之介をはじめ、久米正雄、恒藤恭、佐野文夫、山本有三、土屋文明という多彩な同級生を持つ幸運に恵まれた。なぜなら、友人の万引きの罪を着て一高を退学、京都大学へ転じた寛を、同人誌「新思潮」に呼び戻したのは、多彩な友人たちであったからだ。

『この時同人になっていなかったら、結局僕は文壇に出る機運に接しなかったと思う』

と寛自身が書いている。

大学を卒業したが、小説で生活できる見込みはないので、新聞社「時事新報」の記者となった。そして同郷の奥村包子《かねこ》と結婚する。三十歳。奥村家は月々一定の金を送ってくれるうえ、将来まとまった金を提供してくれる条件だった。

『私は妻の写真を見ただけで結婚した。だから妻がどんな悪妻であっても文句はないが、妻はそういう持参金よりも、性格的にもっと高貴なものを持っている女だった。私の結婚は私の生涯において成功したものの一つである』

やがて寛は「無名作家の日記」や「忠直卿行状記」「恩讐の彼方に」を「中央公論」に発表して文壇での地位を不動にした。一方、「父帰る」「屋上の狂人」など戯曲が大劇場で上演される。

新聞に連載した「真珠夫人」は通俗小説として圧倒的な人気を得て、菊池寛は一躍流行作家となったが、寛は「私が小説を書くのは生活のためだ」と言ってはばからなかった。

大正十二年（一九二三）、自ら編集する個人雑誌「文芸春秋」を発行する。自由な心持ちで物を言ってみたいというのが創刊の辞である。芥川龍之介、今東光、川端康成、横光利一、直木三十五、山本有三などの執筆陣はいずれも日本文学の担い手となる新人たちで、ズブの新人雑誌「文芸春秋」は目を見はる発展をとげるのだ。創刊号三千部の雑誌は、関東大震災の中断をはさんで、大正十五年には十万部を超え、芥川賞、直木賞などを制定するなど菊池寛のジャーナリストならびに事業家としての才能が、日本一の総合誌へと押しあげていく。

こうして菊池寛は「文壇の大御所」とよばれる存在になる。衆議院議員に立候補して惜しくも次点で落選するが、文士とよばれる小説書きが、社会的に発言し、認知される存在であるのを示した。

太平洋戦争が起き、雑誌は休刊に追い込まれた。菊池寛本人も、戦後すぐに米軍から追放令を受ける。

「戦争になれば、その勝利のために尽くすのはアメリカ人だろうが、日本人だろうが、当然の義務だ。僕のようなリベラルな男を追放なんてばかばかしいね」

と語っていた寛は、追放の翌年、昭和二十三年（一九四八）の三月、心臓発作で死ぬ。六十歳。かねてより覚悟の寛は告別式に張り出す遺書を用意してあった。

「私はさせる才分無くして文名を成し、一生を大過なく暮らしました。多幸だったと思います」

生活第一、芸術第二を標榜《ひょうぼう》した〝大御所〟らしい遺書だが、菊池寛は〝生活の大御所〟であったようだ。今も「文芸春秋」誌は日本一の総合誌として、生き続けている。

独学の人類学者、妻子も伴って未開地を探検
鳥居龍蔵

小学校も出ていないで東京帝国大学の文学博士をとり、大学教授にもなったのは、たぶん鳥居龍蔵ひとりではないだろうか。

明治三年（一八七〇）、徳島の船場町（現・徳島市東船場町）の煙草商店に生まれた龍蔵は、絵草子や錦絵を見たり、一人遊びが好きな少年で、小学校へ入っても学校の雰囲気になじめず、中退して自学自習をはじめる。いまでいう登校拒否児である。

しかし、その自習の内容は漢文、英語、生物、地理、歴史など中学校相当の程度の高いものであった。十六歳の時、人類学会が創設されたのを知って、入会した。――人類のことを研究するとは、なんと壮大な学問だろうか。ひたすら独学で勉強してきた龍蔵は、人類学に無限のロマンを感じる。

人類学の権威者は東京帝国大学の坪井正五郎教授である。龍蔵は坪井に懇願して大学の人類学教室の標本整理係にしてもらう。二十三歳、本当なら家業を継ぐべき長男であるのに、海のものとも山のものとも分からない学問に賭《か》けて、一家をあげて上京しているのだ。

「台湾の調査に行く者はいないか」

日清戦争の勝利で台湾は日本領になったが、山中には首狩り族が住んでいて、調査は危険が予想される。人類学教室のだれもが二の足を踏むとき、龍蔵は進んで〝台湾探検〟を志願した。学歴のない人間は体を張らなくては注目もされないのだ。

陸軍省から仮名書きの中国語会話本をもらうが、現地では何の役にも立たなかった。

龍蔵は写真機を持って、恐れることなく首狩り族の中に飛び込み、その生活ぶりを写してまわった。新しく日本最高峰となった新高山（玉山）にも日本人として初めて登頂している。龍蔵の優れた調査力は認められて、大学理学科の助手となった。

北千島にも出かけて、千島アイヌを調査している。その著作の序にいう。

『千島アイヌ！　千島アイヌ！　……適者生存、優勝劣敗の原則は汝《なんじ》の手より幸福を奪い去り、憐《あわ》れにも僅《わず》かに六十有余名を残すのみ。この運命を知る者、何ぞ一滴の涙なき能《あた》はざらんや』

中国西南部へも出かけ、苗族を調べ、彼は次第に文化的人類学に重点を置いていく。

モンゴルへも出かけた。なんとこの時は永住を覚悟して、妻君子と、生後七十日の長女を伴って出かけている。世界的にみても、当時（明治四十年）のモンゴル東部は民族学的、考古学的に見て未開拓の魅力のある土地であったが、それにしても生後間もない幼児を連れて探検的な研究旅行に出かけるとは……。

日本では鳥居龍蔵ほど行動的な人類学者は類がなかった。シベリア、満州（現・中国東北部）を加えて東アジア一帯をはじめ、南米のインカも調査している。その多くは妻、長女、さらに増えた次女、次男を連れて一家あげての調査旅行であった。また家族も、ただ随行していくだけでなく、それぞれ役割を分担して龍蔵の調査を助けた。

だから著作も鳥居龍蔵・君子・幸子共著「西比利亜《しべりあ》から満蒙へ」であり、鳥居龍蔵・君子共著「満蒙を再び探る」であり、鳥居君子著「土俗学上より観たる蒙古」である。妻君子も立派な研究者の一人となっていったのだ。

龍蔵は東大人類学教室の主任となり、文学博士の学位も得た。国学院、上智大学の教授にもなった。小学校も出ていないけれど、ウムをいわせぬ学業があったからだ。

昭和十四年（一九三九）、北京の燕京大学に客員研究員として招かれた龍蔵は、六十九歳の身で出かけていく。六年のち、彼は北京で終戦を迎える。

日本人が引き揚げていく中を、龍蔵は学長に引き留められる。中国政府からも「一生残って研究してほしい」という要望もあり、なおも客員教授として居残って研究を続け、六年四カ月後に日本に引き揚げた。足かけ十三年の中国滞在であった。

「日本人は中国民族の強さを知らない。中国は大きすぎる。悲しいことだが、戦火を拡大するほど日本人は負け戦に追い込まれるだろう」

と、日中戦争のさなかに嘆いていた鳥居龍蔵は、苗族や遼文化の研究で中国民族の奥深さをよく知っていた日本人であった。

鳥居は帰国して二年目の昭和二十八年一月、東京で生涯を閉じる。八十二歳であった。

鳥居龍蔵が自らの足で調査した膨大な学問的成果は、日本民族の複合起源説、騎馬民族説、照葉樹林文化論など、実に豊かな仮説を生み出す母胎となっているのだ。

鳴門市には鳥居記念館がつくられ、彼と家族が集めた東アジアの文献などが豊かに展示されている。

新劇の団十郎、原子爆弾に死ぬ
丸山定夫

昭和二十年（一九四五）八月六日の朝、広島の上空で原子爆弾が炸裂《さくれつ》した。想像を絶する熱線と爆風と、そして放射線が二十数万人に襲いかかる。――その中に、桜隊の九人がいた。

桜隊というが、軍隊ではない。新劇の団十郎といわれた丸山定夫に率いられる移動慰問演劇隊のことだ。戦時下とあって、演劇活動を封じられていた演劇人たちは、慰問ということで、わずかに演劇の灯をともし続けていた。

各地の航空機工場で慰問公演を続ける丸山定夫は、肋膜《ろくまく》炎で三十八度の熱を出しているのに休もうともしない。知人の作家太宰治に手紙を送っている。

『生きているか、生きている。何かあったか、我方大丈夫。飲んでいるか、のんでいない。……熱を出し、湿性肋まく、絶対安静、何も楽しみがない。……君の作品が読みたい』

八月六日の朝は、公演を続けてきた桜隊の九人（うち女優七人）が、市内堀川町の移動演劇連盟の広島事務所にたどりついていた。そして、原爆は事務所を一瞬のうちに破壊する。

大演出家の八田元夫たちが、桜隊の救出に広島に入った。捜し回った末に、十三日の午後に、大竹駅近くの小学校に多くの被爆者といっしょに収容されている丸山定夫たちを発見、炎天下を背負うようにして宮島の禅寺へ運んだ。

丸山定夫は背中に深い傷を負っており、打撲のせいか首が曲がらなくなっていた。強い被爆のせいで肋膜炎を上回る高熱を発し続けるが、冷やす氷にもこと欠く。

「こんなことで丸山定夫が負けてたまるか。なんとしてでも治って舞台に立ってみせるぞ」

必死の形相で井戸水をかぶり続ける丸山を、なんど八田たちは床に連れ返したことだろう。

丸山定夫は明治三十四年（一九〇一）、松山市に生まれた。父は地元新聞社の記者であったが、定夫が小学校二年生の時に病死した。それで定夫は上級校へ進学できず、地元の五十二銀行の給仕となって働き始める。

『汚れた洋服を着て銀行の裏門を出て、もう灯のちらつきそめた街を急ぎ足に、弁当箱を抱いて帰るみすぼらしい私の姿よ』（「手記」より）

町にはまぶしいような松山中学の制服を着た同級生の姿があった。

旅公演のオペレッタ一座に飛び込んで、翌日から水兵役でステージに立ったのが俳優丸山定夫の一歩だった。やがて浅草オペラの本拠である東京浅草にたどりつき、後に喜劇王となる榎本健一（エノケン）といっしょに舞台を踏む。

『丸山と僕はどういうものか気が合った。丸山は舞台ではとてもクサイ芝居をする。……僕はいつもお前は新劇に行ったほうがいいよ、といってた……』（エノケン「自伝」より）

築地小劇場が建てられたと聞いて、丸山定夫はよれよれの美術学校の学生服を着て劇場をたずねる。

「入れてください」

「君は美術学校の学生か」

「いえ、これは借り物です」

大正十三年（一九二四）六月、丸山定夫が打ち鳴らすドラの響きで、ブドウのマークをつけた築地小劇場の幕があがった。日本の新劇運動の歴史的なスタートである。

ガンさんと呼ばれた丸山定夫は、貧乏なので衣装部屋の戸棚で猫といっしょに三年も暮らした。ときおり開演中にガンさんの猫が舞台に出てきて彼を困らせている。

やがて美しい女優細川ちか子と結婚、日の当たらぬオンボロ家屋に引っ越す。表札には二人の名前にそれぞれ仮名をふってあった。「ワレナベ」と「トジブタ」

丸山定夫は次第に築地小劇場で名声をあげ、〝新劇の団十郎〟と呼ばれるようになっていったのだ。

宮島の禅寺での丸山定夫は、激しい気迫にもかかわらず、次第に衰弱し、終戦の翌日の十六日、息絶える。生まれ故郷の松山とは海ひとつ隔てた場所であった。

『独異の性格として「新劇の団十郎」とまでいわれ、新劇史上不朽の名を止めた。人間としてよく読み、よく歌いよく恋し、友を愛し……知る人すべてから愛された』（藤森成吉による「碑文」より）

八田元夫は、丸山定夫の柩《ひつぎ》に向かって何度となくつぶやいている。

「ばかやろう。今日から大手をふって歩ける俺たちじゃないか。今からこそ日本の芝居にはかけがえのない大事なお前ではなかったのか！」

西嶋八兵衛

〝治水の神〟はいり豆かじって、ため池築造

西嶋八兵衛がはるばる伊勢から赴任してきたとたん、赴任地の讃岐生駒藩は地震、洪水、旱魃《かんばつ》で彼を出迎えている。

八兵衛は浜松に生まれ、伊勢の領主藤堂高虎に仕えていたが、高虎の娘婿にあたる生駒藩主が病死して、それを継いだ幼い藩主を助けるため、後見人として出向してきたのだ。なにしろ八兵衛は当代きっての土木技術者であったから、たて続けの天災は〝格別の出迎え〟というべきかもしれない。

八兵衛が到着した寛永二年（一六二五）には大地震、民家の倒壊やがけ崩れは数知れず、翌三年は、

『四月七日大雨あり。爾後《じご》雨なきこと九十五日、秋七月十五日に至る。田毛皆枯死し、民人飢餓に迫りて餓死する者多し』

と記録されている天災の年だが、さらに翌年九月四日には再び大地震が起きたうえ、八日後に風水害に襲われて田畑流出、その年は収穫皆無という大被害である。

十五歳になったばかりの幼君を励ましながら、八兵衛はすぐさま治水利水工事にとりかかった。

讃岐は東西に長く南北に短い風土で、標高一〇〇〇メートルの阿讃山脈から瀬戸内海まで、長いところでも三十キロしかないから、大雨が降れば鉄砲水が田畑や民家を襲い、反対に日照りが続くとたちまち〝讃岐日照り〟で〝讃岐さばく〟の出現となる。まして降雨量は全国平均の七〇パーセントという小雨地帯。まことに厄介な風土といわねばならない。そこで讃岐は千年以上も昔から、ため池をつくって旱魃に備えてきたのだ。

——満濃太郎。讃岐の代表的なため池満濃池は、八世紀初めの大宝年間につくられているが、たびたびの決壊を当地出身の空海が修築した。しかし、八兵衛が赴任してきたころは、八百年以上も修築のないまま放置されていたので、池は干上がり、池の底に二十戸ほどの集落ができており、池内村と名が付いている始末だった。

八兵衛は空海の工事技法に自分自身の技法を加えて三カ年計画で満濃太郎を甦《よみがえ》らせたのをはじめ、なんと十五年間の赴任中に九十五ものため池をつくり、修復しているのだ。

さらに決壊の絶えない香東川の流れを変更する大工事や湿田の干拓、新田開発工事も進める。八兵衛は三十歳という若さだったが、大工事、難工事を次々とこなすには、弁当を使う時間も惜しむありさまだったという。『常にいり豆一握りを袂《たもと》にして、行く行くこれをかじりて……』と記録されている。

そのおかげで、禄高《ろくだか》十七万三千石の讃岐生駒藩は八兵衛の赴任中に、二十三万二千石に急成長しているのだ。

西嶋八兵衛は、どこで優れた土木技術を学んだのか。八兵衛の生地浜松は、あばれ川天竜の中洲だったので、堤防修築術に接する機会が多かったという人もいるが、彼が仕えた藤堂高虎は、戦国時代に加藤清正と並ぶ築城の名手であったので、そこで優れた土木技術を身につけたのだろう。事実、藤堂高虎の大坂城修築大工事や、京都二条城の工事設計には現場の責任者として働いている。

生駒藩は、この優れた技術者を二千石の高禄で迎えたが、八兵衛はそれに見合う働きをした。しかし高松城下の屋敷跡は、今は小学校があって、わずかに「西嶋八兵衛屋敷跡」の表示板が一つあるばかり。

讃岐の治水利水事業に大奔走した八兵衛は赴任十五年目の四十四歳の時、生駒藩のお家騒動のとばっちりを受けて、追われるように讃岐を去った。

折から、満濃池をしのぐ井関池の築造に取り掛かっていたのに、その工事も中止して伊勢へ帰っている。相次ぐ土木工事で藩財政が苦しくなっており、井関池の大工事の費用は八兵衛個人で立て替えたり、借り入れ金で賄っていたので多額の借金を背負っていたが、それもそのままにして讃岐を後にしている。

伊勢へ帰った八兵衛は相変わらず治水利水事業に優れた土木技術を発揮して八十五歳の生涯を伊賀上野で閉じた。

彼がもっともエネルギーを傾注した讃岐には、大正時代に香東川の土手から掘り出された「大《たい》禹《う》謨《ぼ》」の石碑が残されているだけだ。——大いなる禹王の謨（はかりごと）の意味だが、禹王は中国の治水の神とあがめられる帝王である。自らの香東川大工事に、祈りをこめて建てたものであろうが、その石碑は栗林公園、商工奨励館の中庭にある。——西嶋八兵衛之尤《ゆきとも》こそ、讃岐の禹王といえそうだ。

東洋のルソー、癌と闘い「一年有半」
中江兆民

ノドに痛みをおぼえていた中江兆民は、旅先の大阪で診察を受けた。ひそかに恐れていたとおり、癌《がん》であった。明治三十四年（一九〇一）、兆民五十五歳の春のこと。

「隠さないで教えてほしい。臨終まで、まだ何日、何月ありますか」

医師はしばらく考えたのち、きわめて言いにくそうに答えている。

「一年半。よく養生すれば二年」

「五、六カ月だろうと思っていました。一年半は私には寿命の豊年です」

兆民は遺稿として「一年有半」を書きあげる。

『一年半。諸君は短いというだろうが、わたしは悠久だと言おう。もし短いと言いたいなら、十年も短いし、五十年も短い。百年でも短い。……わたしは虚無海上の一虚舟なのだ』

死を前にして、兆民は政治について、芸術について、人生について、実に生き生きと書いている。たちまち本は大ベストセラーとなった。明治三十四年で十数万部というのは、驚異的な数字で、福沢諭吉の「学問のすすめ」以来の記録となる。

さらに、哲学上の見解も書き残そうと、続いて「続一年有半——一名無神無霊魂」を書きあげる。手術を受けて、気管に管を入れたまま、食事も固形物が通らないため、毎日が豆腐ばかり、しかも激痛が襲ってくる。その中で、たった十日で書きあげた。

『霊魂とは何物か。身体こそが本体である。神はその働き、つまり作用である。身体が死すれば精魂は即時になくなるのである』

『不滅なのは精神ではなく、身体すなわち物、物質こそが不滅なのだ』

二冊目も二十万部という大ベストセラーとなる。しかし、兆民の肉体は一年半ももたなかった。

弟子の幸徳秋水が、足尾鉱山の鉱毒闘争に命をかけている田中正造のために、天皇への直訴状を代筆した。その直訴状を読んでもらうために兆民を訪れるが、すでに兆民は意識がなかった。十二月十三日、東京小石川の自宅で死去。一年有半ではなく、八カ月の余命であった。

『余が郷里、松魚《かつお》を以《も》って名有り。味の美たぐい無し』（「一年有半」）とあるように、兆民は高知城下に足軽の子として生まれている。弘化四年（一八四七）生れだから、明治維新は二十二歳。幸運にもおのれの青春と時代の青春とが一致した。

「留学生を官立学校の生徒に限るとは不可解」

と、大久保利通内務卿に直談判、フランス留学に成功する。ときまさにパリ・コミューンの時代だった。

そこで兆民はスイス生まれのジャン・ジャック・ルソーの思想にふれる。彼は留学中、すでにルソーの「民約論」を訳し始めており、帰国してから「民約訳解」を出版した。

〝民約〟とは人民の相互の約束によって国家が成立している社会契約論を意味している。民約論は、

『政治は、はたして正しくなることが出来ないものだろうか。正義と利益は、はたして合致することが出来ないものだろうか』

の問い掛けから始まる。そして兆民は訳解を付記する。

『民主国というのは、人民がともども政治を行って国の主人となり、別に権威をおかないのをいう』

兆民は東京の自宅に私塾「仏蘭西《フランス》学舎」をつくり、民権思想の種子をまく。塾生二千人、兆民の「民約訳解」は出版を待ち切れない生徒たちに筆写されて、またたくうち普及した。

兆民は折から発布された帝国憲法を一読、苦笑する。「これは再点検、審議しなおさねばならない」と、開設された国会へ出馬した。どてら姿で梅干入りの握り飯を竹の皮に包んで国会に登院、大工左官も同様に自由権があることを示すため、印ばんてんに、もも引き姿で演説したりする。しかし信頼する同志議員の裏切りに激怒、わずか三カ月で辞表をたたきつけて国会議員を辞めた。

『迂闊《うかつ》にまで理想を守ること、これが小生の自慢です』とは、最愛の弟子幸徳秋水に送った手紙の一節だ。

兆民の思想は、その幸徳秋水の「基督《キリスト》抹殺論」に引き継がれていくが、幸徳秋水が天皇暗殺を企てたとされる大逆事件で処刑されたせいか、長く埋もれていく。東洋のルソーともいわれる兆民が、わが国の近代思想の革命家として、存分な光を浴びるのは、はたしていつの日であろうか。

本名篤介。兆民は「われは億兆の民の一人」という意味である。

おうじん猫は訴訟の神様
お松大権現

奇怪な田地が徳島県にある。

阿南市加茂にある五反歩の田地は、だれも所有したがらない。所有すると必ず変事、凶事が生じるというのだ。戦後の農地改革後もついに所有者が出ず、半分は農水省が所有し、あと半分はお松大権現社領となっている。

猫の祟《たた》り話は世界中にあるが、日本では有馬、鍋島の怪猫が有名だ。ほんとうは、それに徳島の〝おうじん猫〟を加えて、三大たたり猫とされているのだが、有馬、鍋島のたたり猫は映画などになって知られ、徳島の〝おうじん猫〟は知る人ぞ知るものになってしまった。

時代は江戸天和年間というから、ざっと三百年以上も前の話だ。

阿波藩加茂村の庄屋、西惣兵衛は、不作続きのために田地五反歩を担保にして富豪の野上三左衛門から金を借り受けた。

返済期限が近付いてきた時、たまたま野上三左衛門が西家の前を通りかかった。すでに返済金を用意していた惣兵衛は、三左衛門を呼び止めて、借りていた金を返済した。

さあ、その時に悲劇の種子がまかれたのだ。三左衛門は通りがかりなので、証文を持っていない。しかし、そこはお互いを信用し合って、証文は明日に返してもらうということで借金の返済をした。

惣兵衛はもともと病弱であったが、そのころから病に臥《ふ》していたので、証文の受け取りには妻のお松が出向いている。

「金など返してもらっていない」

なんと三左衛門は証文の返却を拒否したのだ。いくら頼んでも、金を返してもらっていないの一点張り。

そのうち惣兵衛が死んでしまった。

「祖先伝来の土地をきっと取り戻してくれ」

惣兵衛の遺言もあって、お松は三左衛門の邸に日参するが、白《しら》を切り通されるだけ。それどころか、お松の体とひきかえなら証文を返してやろうと言う始末だ。お松はだれもが振り返るほどの美貌《びぼう》だったという。

思い余ったお松は、郡代奉行に訴え出た。ところが、郡代奉行には三左衛門から賄賂《わいろ》が届いており、お松の訴えは聞き入れられないどころか、奉行までが美しいお松に手を伸ばしてくる始末だ。強く拒絶すると、奉行はお松の言い分を非とする判定を下した。担保の五反歩の土地は三左衛門のものとなる。

お松は覚悟を決めた。このうえは藩公に直訴するほか道はない。しかし、当時は直訴は死罪と決まっていた。

貞享三年（一六八六）正月、朝五時に起きて沐浴潔斎《もくよくけっさい》、身につけるものを新しいものに取り替えて、徳島の城下へと出発した。懐中には、ことの経緯《いきさつ》を書いた直訴状がある。お城近くで蜂須賀綱矩藩主の行列目がけて走った。

「直訴がございます。加茂のお松と申します。公正なるお裁きをお願いいたします！」

訴えは家老長谷川貞長が裁くことになったが、伝承では家老長谷川は碁を打ちながら、「切るのじゃ、切るのじゃ」と言ったことになっている。それは碁の上での言葉だったが、部下はそれを裁定と勘ちがいして、お松を処刑したというのだから、事実としたら乱暴きわまる話である。

処刑は問題の五反歩の土地から西へ数百メートルの、加茂川と那賀川の合流点で行われたが、処刑の瞬間、首切り役人に向かって一匹の三毛猫が飛びかかっている。それはお松の愛猫の三毛であった。三毛も、お松と同様に首切り役人の刃の下で息絶えてしまった。

郡代奉行は間もなく変死、その子孫にも祟りが続いてついに断絶。五反歩の土地を取り上げた三左衛門の家も同様に廃絶に至る。いいかげんな裁断を下した家老長谷川貞長の別荘延生軒では怪事、変事が続く。

延生軒の地内（八万村）に、猫をまつる鎮守社がつくられ、のちにはお松の霊を共にまつった。それが現在の王子神社で、通称おうじんさんと親しまれている。昭和になってから入学試験の霊験あらたかと受験生を集め、近ごろは選挙の神様にもなっているという。

しかし、「お松さんはもともと土地争いの神さま」とされて、遠く阪神方面から訴訟の願いごとをするのは、加茂にある「お松大権現」である。

現代は訴訟の時代。お松大権現の境内には祈願の猫の置物が無数に並ぶのだ。

「男子に候はば英雄とも……」讃岐の才女
井上　通

今でこそ女は自由に旅に出ているが、昔は女にとって旅は大冒険、大事業の項目に入っていた。旅は、まず男に限られていたと言っていい。

一六八一年というから、井原西鶴が大坂で「好色一代男」を書いていたころだ。讃岐の丸亀港から若い女が江戸に向かって出発した。

女の名は井上通で、二十二歳。さすがに一人旅ではない。父本固《もとかた》が同行している。通は藩主京極高豊公の母養性院に仕えるために江戸へ向かうのだ。

『あめのやわらぐ初めの年（＝天和元年のこと）、霜を踏みてかたき氷にいたる頃ほひ（＝霜月、つまり十一月）なれば、年経る丸亀（＝亀は長寿なのでこう表現した）を船よそほひして、あづまのかた（＝江戸）に趣《おもむき》。先《まず》難波（＝大坂）とて漕《こ》ぎ出す』

出発の日から日記をつけている。大坂を通過し、浜名湖の今切《いまぎれ》の関所で引っかかった。大坂でもらった関所通過札に、通のことを〝女〟と記してあるのが問題だという。

「脇のあいた着物を着ている女は〝小女〟と書くべきである」

通はまだ結婚していなかったので、そうした着物を着ていたのだ。どうしても関所を通してもらえないので、大坂まで使いを出し、改めて関所通過札に〝小女〟と書いてもらってやっと通過できた、と日記に書いてある。

『天竜の川舟にてわたる。それよりしはぶきやみ（＝風邪）にかかりて、もの書くこと父のいさめければ、筆もとらずなりぬ』

冬の天竜川の水しぶきに風邪をひいて、通の旅日記は十九日目で終わっている。しかし、この旅日記は、鎌倉時代に亡夫の遺産相続の訴訟のため関東へ旅した阿仏尼《あぶつに》による「十六夜日記」以来のものとして残っている。

江戸に着いた通は養性院に仕えるかたわら、江戸の第一級学者や文化人と接触する。なにしろ通は和歌、和文はもとより、漢詩、漢文に優れた讃岐第一の才女のうえに、美貌《びぼう》でもあった。将軍の侍講《じこう》を務める室鳩巣は、

『才女にて、男子に候はば英雄とも相成るべきに惜しき事に候』

と手放しだし、「養生訓」で有名な貝原益軒も「有智子内親王（嵯峨天皇皇女で女流漢詩人）以来の人」と激賞した。

養性院が死亡するまでの九年間は「江戸日記」に詳しく、また丸亀に帰ってくる旅の様子は「帰家日記」となって、紀貫之の「土佐日記」にも負けない日記文学と評価されている。

通が丸亀に帰ってきた時は、三十歳。藩士の三田宗寿と結婚するが、当時としては非常な晩婚である。

江戸で評判となった通は、家庭に入っても完璧《かんぺき》な良妻賢母であった。三男、二女を産み、長男は早世するが、三男義勝に女の身で果たせなかった学者、詩人の夢を託した。

義勝の手記によると、

『――五歳で字はわからぬが大学（＝儒教の経典の一つ）を暗記で一冊読む――七歳で字を押さえながら四書を読む――十歳で五経を読む』

といった具合に、通は息子を目覚ましく指導している。彼女自身も父の指導で七歳の時に「源氏物語」を何十回となく読み、大事なところは、ことごとく暗記したものだ。のちに義勝は藩の師範となるが、通は理想的な教育ママであったようだ。

井上通は七十九歳の高齢で、数々の日記、詩文集を残して世を去る。

旧制の県立丸亀高等女学校では、井上通を女子教育のシンボルとして〝学神〟と名付け、明治時代から毎月二十日には全校生に「通女全集」の講義が続けられたそうだ。

あまりにも完璧な才色兼備、良妻賢母の井上通は、現代の女子生徒には少し窮屈なイメージを与えるらしいが、しかし、室鳩巣ではないけれど、通が現代に生きていたら、どんなにか活躍の場が大きかったろうと、惜しまれるではないか。

最後に「江戸日記」にある一節を紹介しておく。陰暦だが、九月十九日の日付の日記だ。

『なが月十九日、よく晴れたり。

……朝ぼらけ、えんなり。（略）

おまへのせんざい菊も、やうやううつろひゆくほど虫の声などはまれまれ、あるかなきかに聞こえて、霜に結ぼほれたる浅茅《あさじ》の色も身にしむ頃なりや。ふるさとの便りもかきたえて……』

美しい日記文である。

盲人村長、一粒の米となって奮闘
森 恒太郎

盲人の身で村、町長を務めた例は、この人のほかに知らない。もちろん、選挙で選ばれたものである。はたして県は、盲人の村長に驚いて、その当選を認めなかった。盲人の彼は激怒した。

「盲人といえども公民である。人権蹂躙《じゅうりん》ではないか！」

県知事と直談判して、村長としての認可を勝ち取っている。明治三十一年（一八九八）のことだ。

日本で初めて盲人村長となったのは森恒太郎。愛媛県伊予郡余戸《よご》村（現・松山市余戸町）の村長である。

実は森恒太郎は、生まれながらの失明者ではない。二十七歳で県会議員になった森が三十一歳の明治二十七年、県民の代表の一人として広島へ明治天皇の奉迎に出かけた時、突然に左目の視界がぼやける。眼底出血と網膜剥離《はくり》だ。さらに翌年、続けて右目も光を失い全盲となる。

突如として暗黒の世界に投げ込まれた森は、人生に絶望して三度も自殺を図るが、ある日、失明が突然であったように、突然に〝開眼〟するのだ。

『或《あ》る日のことであった。私が膳《ぜん》に向かって飯を食べようとしたその時、一粒の飯がたまたま箸《はし》を離れて膝《ひざ》の上に落ちた。私はこれを探り求めて、我が指先に拈《ねん》じていると、豁然《かつぜん》と悟るところがあった。……わずか数時間前までは植物であった一粒の米が人間の血液となり、乳となり、……我ら人間の命となる。実に驚いたことではないか』(「一粒米」より)

森恒太郎は一粒の米のように、自らを粉骨砕身して、世の命に転化しようと決心したのだ。

村長になった森恒太郎は、村中を歩き回り、村の実態を調べあげて、七つの〝村是〟を決める。

○良い習慣を身につけること。

○勤倹貯蓄をすすめ、勤勉の美風を養うこと。

○必需品の購入や生産を共同で行うこと。

○恵まれない小作人を保護する施策を講じること。

○生産性を高めるため、土地の改良を行うこと。

○青少年の教育を行うこと。

○副業を盛んにすること。

この〝村是〟は大阪の内国勧業博覧会で日本一となるのだが、盲人村長は〝村是〟の実現に、それこそ一粒の米となって粉骨砕身するのだ。

貧しい小作農を支援するため、村長自らズダ袋を首にかけ、地主を一軒一軒まわって、田一反につき米一升を拠出してもらった。また、日掛貯金を奨励して、これも村長自身が袋を肩にかけて村中を集金して歩いた。

村民は、ズダ袋をさげた盲人村長の姿を見て、村あげて〝村是〟の実現にとりくんでいく。土地は改良されて一毛作の土地が二毛作となり、カスリ織りも盛んになり、共同組合が村民の暮らしを支えていく。

森恒太郎は子規派の俳句をつくり、天外と号していたが、盲人となってからは〝盲天外〟と改めた。

柳原極堂が俳誌「ホトトギス」を創刊して、のちに編集を引き継ぐ人物はいないかと子規に相談した時、子規は手紙を書き送る。

『盲天寧ろ可ならんも盲目よく為《な》し得へきや否や』

そうして、高浜虚子に「ホトトギス」は託されることになるのだが、もし盲天外が盲人でなければ「ホトトギス」を引き継いで、俳句の歴史も、すこしく変わったものになっていただろう。

　石なげてどむぶりかちん川すずみ
盲人ならではの一句であろう。

　伊予とまうす国あたたかに出湯わく
盲天外は余戸村長を三期十年務めて引退、道後に移り住む。道後に移ってからも、「天心園」という青少年のための塾を開き、さらに盲学校の開設に奔走する。盲天外は村長を辞める時の退職金をこの学校設立のために寄付、県立松山盲唖学校を実現した。今も五歳から三十六歳までの障害者たちが八十人も学んでいる。

盲天外は「一粒米」を出版、全国各地に講演に出かけていく。朝鮮半島までも足をのばした。

六十九歳にして、道後町の町長となって、町財政の立て直しにとりかかるが、胃癌《がん》となって一年で辞職。七十一歳で生涯を閉じる。

　求むれば我が身世にふる道もがな　ただ一粒の米の中にも　　盲天外

権力が恐れた反戦革命の詩人
槇村　浩

『思ひ出はおれを故郷へ運ぶ／白頭の嶺《みね》を越え／落葉松《からまつ》の林を越え……』

反戦詩人が絶唱する「間島《かんとう》パルチザンの歌」の冒頭だ。

間島は朝鮮半島の最北端、抗日運動の根拠地の一つである。

『お丶、××旗を翻《ひるがえ》す強盗ども！／父母と姉と同志の血を地にそそぎ／故国からおれを追ひ／いま剣をかざして／間島に迫る××兵匪《ひ》』

日韓併合に反対し、朝鮮独立を願って戦うパルチザン（農民や労働者の遊撃隊）の一少年に託したこの歌は百九十二行の長詩だ。それにしても歌のところどころにある×印は何か。当局の弾圧による伏せ字である。前の方は〝日章〟、あとのは〝日本〟が伏せられている。

伏せ字は満州（現・中国東北部）駐屯軍兵卒に捧《ささ》げる反戦歌「生ける銃架」では、もっとすさまじい。発表されるや、冒頭十三行の伏せ字は六十八字におよび、まったく意味不明なものになってしまった。裏返せば、それほど国家権力に、恐れ警戒される詩をつくった詩人の名は槇村浩。本名は吉田豊道という。

明治の終わりの年、四十五年（一九一二）に高知市に生まれた。父才松は占いを業とし、母丑恵は土佐藩の下級武士の出である。父は、彼が六歳の時に病死、以後は母が産婆、看護婦となって一人息子を育てる。

『ポスト　夕方に雨が降り出した／小供《こども》は家に走りこむ／ポストは家へ入れない／雷ごろごろなりだして／ポストはシクシク／泣いて居る……』

　小学校三年生の冬に書いた詩だ。すでに地理、歴史書百冊を読破しており、新聞に「神童現わる！」と報道される。評判になって、高知に来た皇族久邇宮の前で講義をさせられるが、「アレキサンダーについて述べよ」と久邇宮にいわれて、「どのアレキサンダーですか」と問い返し、まわりをあわてさせた。アレキサンダーは何人もいるのである。

　二年を飛び級して中学校に入るが、体重二十キロ余りの虚弱少年だった。軍人教育で有名な海南学校では、ひたすらマルクスの「資本論」を読みふけり、激しい軍事教練には反抗するので、岡山の関西中学へ追われる。

　豊道が高知へ帰ってきたのは昭和六年（一九三一）、満州事変がはじまり、不況の中で労働運動が高まっている最中であった。彼は仲間と日本プロレタリア作家同盟の高知支部を結成して、反戦革命の詩を発表しはじめる。詩人槇村浩の誕生である。そして日本共産青年同盟の一員となった。

　侵略の尖兵《せんぺい》として中国に出発する朝倉連隊の兵士たちに向かって、ビラをまいて叫ぶ。

「お前らは〝生ける銃架〟とされているんだ！」

　昭和七年、槇村は検挙されて激しい拷問《ごうもん》を受ける。三畳の板敷きの留置場は日もささず風も通らず、夏はむし風呂《ぶろ》、冬は氷室《ひむろ》だ。次第にのどは狭窄《きょうさく》、食事は通らなくなり、拘禁《こうきん》性うつ病で幻覚に苦しむ。

『もしも政治家に転向があり得ても、詩人には許されないし、あり得ない。なぜなら詩人の転向はそのまま詩人の死を意味する』

『わたしらは、あなたの国では正しい詩人は舌をひっこ抜かれると聞いた。あなたらの国とわたしらの国では、どちらも一帯の詩が牢獄《ろうごく》に値いする』（「異郷なる中国の詩人たちに」より）

まったく槙村浩の詩は牢獄そのものである。伏せ字が鎖のごとく彼の詩を緊縛《きんばく》している。

『列の先頭に立つ×××／揚々として肥馬に跨《また》る××たち／××××××××××××／××××は二十二省の土を×××』（「生ける銃架」より）

彼は非転向のまま三年後に高知刑務所を出る。そして、日中戦争がはじまる前夜に、再び検挙されるが、病気のために釈放された。しかし、彼の輝かしい頭脳は拷問でずたずたに痛めつけられていたのだ。母は懸命に看病し、そして病院に入院させた。

『起床早く、いつも雑誌を持ち、読書してなかなかの勉強家であります。中庭に出ても書物は離さず、小声で独語して、時々笑い、歩き回り、他の患者には親切にしています。』（看護日誌より）

ついに彼の頭脳と肉体はよみがえらず、昭和十三年九月三日、わずか二十六歳という短い生涯を病院で終える。

いま、槙村浩の詩は、〝牢獄〟を脱して若者たちに読みつがれている。

『おれたちは不死身だ！／おれたちはいくたびか敗けはした／（略）だが、密林に潜んだ十人は百人となって現れなんだか／十里退却したおれたちは、今度は二十里の前進をせなんだか！』

（「生ける銃架」より）

神風特攻隊長の悲しき「軍神の母」

関　行男

フィリピンのマニラ北方にあるマバラカット海軍基地跡に、英文のHISTORICAL MARKER（記念碑）が建っている。

なんと碑には、KAMIKAZE AIRFIELD——神風特攻隊の基地、とある。建立者はフィリピン人のダニエル・H・デイゾン。碑にしるされてある。

『カミカゼ特攻隊は昭和十九年十月二十日、大西海軍中将によって当飛行場で編成された』

十月十九日、関行男海軍大尉は上官によばれて驚くべき作戦を告げられる。

「零式戦闘機に二百五十キロ爆弾を搭載して敵船に体当たりをする作戦をたてたのだが、その攻撃隊の隊長になってもらえないか」

体当たりするとは、二度と生きて帰らないことだ。関大尉は長く、深く考えていたそうである。おそらく、日本に残している母と、結婚してまだ半年にもならない新妻のことを思ったのだろう。そして、答えた。

「ぜひ、私にやらしてください」

神風特攻隊は敷島隊と名づけられ、関隊長以下、五人が選ばれた。関行男は遺書を二通書いている。一通は愛媛県西条市にいる母サカエと鎌倉にいる妻の両親にあてて書く。

『西条の母上には、幼時より御苦労ばかりおかけ致し、不幸の段御許し下さいませ』

関行男は大正十年、西条市に生まれた。すでに戦争の大きな渦が巻きはじめた昭和十三年、海軍兵学校に入ることを決心し、両親に養女をもらうことを懇願する。彼は一人息子であったからだ。両親は反対するが、結局は養女を取ることにして、行男を海軍兵学校に送り出した。

海軍兵学校卒業の年に、骨董《こっとう》商の父が病死する。生活に困った母サカエは養女を実家に帰し、草餅をつくって売り歩きながら、ほそぼそと暮らしはじめた。

行男は昭和十六年十一月、海軍兵学校を卒業、一カ月もたたないうちに太平洋戦争がはじまる。妻・満里子とは上官のすすめで昭和十九年春に結婚した。二通目の遺書は妻にあてて書いた。

『満里子殿　何もしてやる事も出来ず、散り行く事はお前に対して誠に済まぬと思って居る。

（略）色々思出をたどりながら出発前に記す。行男』

神風特攻機の最初の一隊・敷島隊は、昭和十九年十月二十五日朝、フィリピン・マバラカット基地を離陸した。隊長機以下五機。第五番機の大黒繁男兵曹長は、同じ愛媛県の新居浜市出身である。

レイテ湾上に敵空母群を発見、関隊長機は空母セント・ローに向かい、五百メートル垂直上昇したのち、反転してセント・ローに激突した。関隊長機は飛行甲板を貫いて爆発、格納甲板にあった魚雷、爆弾が誘爆発する。セント・ローは二十分後に沈没した。

マバラカット基地跡の碑文は続く。

『関行男大尉は〝世界最初の人間爆弾〟であり……カミカゼ特攻は世界史の記録に例のないもの

であります』

関行男・二十三歳、大黒繁男二十歳。二番機、三番機はともに十九歳であった。彼らは二階級特進し、関行男大尉は中佐になって、軍神という名を贈られる。そして母サカエは「軍神の母」となった。十カ月後、戦争は敗北に終わる。

「行男さんは、生きて帰ってきて押し入れの中に隠れているらしい」

軍神への世間の眼は一変した。〝軍神の母〟と尊敬の目を集めていたサカエは、逆に冷たい視線にさらされる。行商の生活にも行き詰まっていたサカエを、山奥の石鎚小・中学校の用務員に呼びよせてくれる人がいた。小・中学生あわせて百三十人の村の学校である。

山の学校へ来て六年目、石鎚おろしの風の冷たい十一月、教員たちに頼まれた買い物の途中、サカエは雑貨屋の店頭で胸をおさえて、倒れた。かつぎ込まれた用務員の部屋で、のぞき込む校長夫妻に、サカエは最後の言葉をつぶやく。

「行男の墓を、たててやって下さい」

これで、関家は断絶した。貧しい母は、国のために散華《さんげ》した息子の墓すら、建てられなかった。息子が国を思うほど、国は息子を思ってくれなかったのである。

しかし、サカエの死後一年目、有志の人たちの手で伊予三島市に関行男の墓が建つ。法名・大義院釈暁忠居士。また昭和五十年には関行男がよく参拝した西条市楢本神社に慰霊碑が建った。

マバラカット基地跡の碑は、こう報告している。

『カミカゼ特攻の戦果は、米艦船の撃沈又は大破、合計三二二隻。兵員に与えた損害九〇〇〇人以上。そして、カミカゼ隊員五〇〇〇人の内、四六〇〇人が戦死した』

小少将

戦乱の世を美貌で綱渡る妖婦

〝傾城〟――中国の書に、一顧、ちょっと見るだけで城を傾け、再顧すれば国まで傾ける美女とあるところから、絶世の美女の意味となっている。

小少将《こしょうしょう》――戦国時代の阿波（徳島）に、これぞ〝傾城〟にして〝傾国〟の美女が存在する。彼女にはられたレッテルはものすごく、〝国を傾けた希代の妖婦《ようふ》〟〝勝瑞城に咲いた妖花〟〝四人の大名、武将を手玉にとった淫婦《いんぷ》〟という具合だ。

実は小少将というのは局《つぼね》名で、実名は分からない。彼女は阿波西条東城（現・板野郡吉野町西条）の城主岡本美作守《みまさかのかみ》の娘として生まれた。城主というが、近くの勝瑞城（藍住町）にいる守護・細川持隆に仕える五百石どり。城というより堀を構えた土豪の邸に生まれた彼女は美少女として評判であった。

父親が仕える細川持隆は、その評判を聞き逃さず、正室（妻）の侍女として呼び寄せ、たちまち側室にして世継ぎの男の子を産ませた。その名は真之。たぶん小少将は十七、八歳である。

ところが小少将は、若くて美男子である細川家の重臣、三好義賢と密通し、はては彼をそそのかして主君持隆を殺させてしまうのだ。まさに傾城にして妖婦である。

さて、新しい権力者のもとへ、小少将は子連れで〝再婚〟する。夫義賢は、主君の遺児でもある真之を殺さず、養育していずれ主君にたてると宣言して、まわりの非難をかわした。

小少将は新しい夫義賢のもとで、嫡子長治、続いて次男存保を産み、大形殿と呼ばれて、揺るぎない地位を獲得した。

ところが、夫義賢は大坂方面の戦に出掛け、流れ矢にあたって急死する。小少将は三十歳を少し出たころである。

当主を失った勝瑞城は、約束であった先代の遺児真之をかつぐのではなく、当主の嫡子長治を幼君として擁立した。篠原紫雲をはじめとする三好の重臣が、これを補佐したので、国はおさまった。

中央では三好一族がかつぐ将軍が、織田信長のかつぐ将軍に追われる。阿波の三好家も騒然となるなか、小少将は三好家の重臣で木津城主篠原自遁と関係を持つのだ。

さあ、このスキャンダルを幼君補佐役の重臣紫雲は黙って見過ごせない。自遁に自重を求めるのだが、それを知った小少将が怒った。息子の幼君長治に命じて紫雲を討たせる。多情のせいで忠臣を殺したとあって、小少将の悪名はますます高まるばかりだ。

忠臣を失った阿波の国は乱れていくが、やがて小少将の一番恐れていたことが起きた。息子同士の争いだ。弟に四国管領の座を奪われた真之は、父親の一族細川を頼って城を脱出、仁宇谷にたてこもる。

長治は異父の兄を討つべく軍勢を引き連れて出陣する。小少将にとっては、ともに我が子の戦い、我が身を引き裂かれる思いである。結果はどうだったか。

裏切りが出て、弟の長治のほうが死ぬのだ。

空《から》になった勝瑞城へは讃岐の十河家を継いでいた存保が帰って来た。

時はあたかも天下は騒乱の戦国時代に突入していた。隣の土佐から長宗我部元親が内紛の阿波へ侵攻してくる。

「ああ、忠臣篠原紫雲らが生きていたら……」

との嘆きをよそに、小少将の次男存保は中富川の決戦で敗れ、勝瑞城を明け渡す。阿波の三好一族は滅びてしまった。こうして小少将の評価は、傾城どころか傾国の妖女と決定づけられた。

さて、その後、小少将はどうなったか。なんと、勝利者の長宗我部元親に連れられて土佐に行き、元親の側室となったと、噂されている。いかに絶世の美女でもすでに五十歳にもなった女を元親が連れて帰るわけがないという説も強いが、最近、土佐国安芸郡の地検帳から、彼女が元親の側室として、化粧料として現安芸市の土地二反あまりをもらっていたことが確認された。――小少将は、またも美貌を武器に生き延びたのだ。

しかし、淫乱の妖婦といわれるが、小少将を三人の男子の母親として見直してみると、どうなるか。名のある武家にあっては、戦に負ければ母子ともに殺される運命にあったことを見逃してはいけない。

小少将は三人の息子たちを助けるために、美貌を武器に男たちの間を綱渡りしていったのではあるまいか。ちょうど我が子義経らの命を救うため、夫を殺した敵平清盛に身をまかせた常盤御前のように、だ。その視点でとらえ直すと彼女の物語は一変してしまう。どうやら小少将物語は再検証が必要のようだ。

日本一の白鳥手袋を作った男
棚次辰吉

種子《たね》を播《ま》いても、育てるのは土地と水、といわれるが、香川の白鳥手袋ぐらい格好の見本はない。

香川県白鳥《しろとり》町は、日本の手袋の八割を生産し、手袋神社まで鎮座、昭和六十三年（一九八八）には手袋百年祭で賑《にぎ》わった町だ。いったい誰が、〝手袋〟という種子を、この町に播いていったのか。

白鳥村にある千光寺の副住職、両兒舜礼《ふたごしゅんれい》は、隣の杉原村の出身者だが、十九歳の明石タケノが好きになり、大阪へ駆け落ちした。舜礼は托鉢《たくはつ》にまわり、タケノはメリヤス製品の賃縫いをはじめた。

舜礼はこのメリヤス製品に注目する。手袋の製造にとりかかるのが明治二十一年（一八八八）。昭和六十三年の〝手袋百年祭〟は、この年から数えているのだ。

「来て、手伝ってくれ」

舜礼は手袋の将来は明るいとみて、郷里の寺で小僧をしている十六歳の棚次辰吉に声をかけて大阪に呼び寄せた。辰吉はいとこの間柄である。ところが、半年もたたないで両兒舜礼は脳涙結晶病という珍しい病気で急死する。三十九歳。

残された棚次辰吉は、未亡人タケノを助けて必死に事業所を支えた。

日清戦争がおきた。戦争には手袋が大量に必要とあって、急に注文が増える。辰吉の手袋事業所は危機を脱して、しっかりとした地歩を固めることができた。

故郷を出て八年目、帰郷した辰吉は小学校にミシンを寄付して、高学年の女生徒にミシン縫いを教える。

「うちの檀家を助けてもらえんだろうか」

もと奉公していた教蓮寺の住職から、村の窮状を訴えられた。教蓮寺は、三百年も前の戦国時代、播州赤穂から松原村に入植してきた塩づくりの人たちの寺である。

赤穂にも優る日照時間のある松原村では、塩づくりが栄えた。江戸時代には、村の向山周慶が開発した砂糖づくりも始めて、いわゆる〝讃岐三白〟の二つを持つ繁栄の村となった。

しかし、明治になって、讃岐三白は輝きを失う。塩田が狭いこともあって、塩はすたれていき、砂糖は台湾産の輸入で大打撃を受け、村は見るかげもなく貧しくなってしまった。——辰吉自身が、小作農の三男で、口べらしのために寺の奉公に出る状態だったのだ。

辰吉は故郷の村に〝手袋〟という種子を播いた。「積善商会」の看板をかかげ、寺の敷地に工場をつくる。タケノが技術を指導し、村の若い女性たちの手で手袋を生産しはじめた。〝白鳥手袋〟の誕生である。(松原村は隣接する白鳥村と合併して白鳥町になる)

辰吉が種子を播いた土地は、ひどく肥えた土地だった。職を求める人手に満ち、その人たちは伝統的に新しい技術にいどんできた〝入植者〟の子孫たちである。

そして、辰吉は〝水〟をそそぐ。歯車を多く使った刺しゅうミシン機を完成、「軽便飾縫機」として、白鳥手袋の生産をいっきょに高めた。一名「ガタガタミシン」とよばれたが、世界に君臨していたドイツ手袋の刺しゅうミシンを超える傑作であった。

日露戦争がおきる。寒冷地の戦争とあって膨大な防寒軍服、手袋、ゲートルがいる。辰吉のガタガタが威力を発揮して、白鳥の手袋産業は大飛躍するのだ。

いつも戦争が、白鳥手袋に奇跡的な〝水〟を贈った。それは、血のまじった水ではあったが……。いや、日本の産業自体が血のまじった水で育てられたのである。

第一次大戦。世界の手袋産業を握っていたドイツとイギリスが直接戦争をはじめたのだから、かわって世界の手袋産業を日本が担うことになった。白鳥手袋は〝爆発〟する。辰吉の会社は従業員一千人を超え、一カ月に三万ダースを製造する。白鳥周辺の工場を合わせると八十万ダースにせまる生産となった。大正初期のデータだから、驚くべき数字だ。

しかし、昭和の大不況は、白鳥手袋に大打撃を与える。辰吉たちの手袋業界は必死になって、生産性を高め、新しい製品をつくり、新しい市場を求めて苦境をのりこえる。

戦争はいつも甘い水を贈るとは限らない。太平洋戦争は、白鳥手袋をはじめ、手袋産業を零にしてしまった。しかし、辰吉たちはもう一度たちあがり、昭和六十三年には「手袋百年祭」が開かれるまでになった。

考えれば、白鳥手袋には、日本の産業革命、近代化の歩みが凝縮して詰まっている。

棚次辰吉は昭和三十三年、日本が高度成長に向かって疾走しはじめるころ、もう一度の白鳥手袋の繁栄を夢見ながら、八十三歳で手袋一筋の生涯を閉じた。

日本の少女の瞳を三倍にした男

中原淳一

日本の少女の瞳《ひとみ》を、いっきょに三倍に大きくしたのは中原淳一である。

太平洋戦争が終わって、まだ焼け跡の匂《にお》いが立ちこめている昭和二十二年（一九四七）の元旦に、月刊誌「ひまわり」が出版された。表紙には驚くような大きな瞳をした美少女が描かれている。爆発的に「ひまわり」は売れ、半年後には三十万部という史上最大の少女雑誌となった。その表紙絵を描き、出版したのが中原淳一であった。

日本中の少女たちは、表紙絵の少女の三分の一ほどの瞳しか持っていないが、誰もが心に、淳一が描く少女の瞳を夢みた。

中原淳一は、どのようにして日本の少女の瞳を大きくしていったのか。はじめに〝いっきょに〟と書いたが正しくは〝いっきょ〟ではない。

淳一は大正二年（一九一三）に香川県白鳥《しろとり》町の醤油《しょうゆ》問屋に生まれている。三男二女の末っ子である。白鳥町にいたのは二歳までで、家業の都合から徳島市へ移るので、淳一の郷里のイメージは徳島にある。

徳島に移って三年目、父はポックリ死んでしまう。五歳の淳一は、母と共に近くにあるキリスト教宣教師のランプキン女史の家に住み込むことになった。

淳一はランプキン女史や母たちに囲まれ、見よう見まねで人形づくりをおぼえるのだ。アメリカ人のランプキン女史のつくる人形は西洋人形なので、目が大きかった。

「ジュンイチ・ドール（人形）、ワンダフル！」とランプキン女史が舌を巻くほど、淳一の人形づくりは幼い子供と思えない鮮やかさを見せる。

新町小学校に入学すると、左右両手で絵を描く教師がいて、淳一の絵心をひどく刺激する。絵を描いてみると、断然ほかの子供たちと違っている。放っておけば、一日中、目もあげず前屈《まえかが》みで絵ばかり描く子供になった。前屈みでいいのだ。淳一の描く絵は写生画でなく、想像画なのだ。想像なので、瞳は自由に大きくしても構わない。

淳一は教会に住み込んだせいか、キリスト教の洗礼を受けた。母も受けている。

昭和になって、一家は上京し、淳一は兄の反対を押し切って、日本美術学校に入った。画家を目指す。淳一はすでに美しいイメージに生きる少年になっていたのだ。

十七歳になったばかりの淳一は、美しいイメージを激しく凝縮させるものに出合う。昭和五年二月二十一日の銀座であった。

竹久夢二の「雛《ひな》によせる人形展」だった。夢二は、淳一とは瀬戸内海をはさんだ岡山に生まれた画家だ。同じ海、同じ空気の中で生まれて成長した画家である。

ここで、淳一がイメージする大きな少女の瞳に夢みる光が宿ったのだ。

二年後、淳一も同じ銀座で人形展を開く。その年の十月に「少女の友」の挿絵を描いた。さらに「主婦之友」に西條八十の詩に挿絵を描いて、トップ画家の地位を確保した。

淳一の描く、大きく、つぶらな瞳の少女たちは、日本の少女たちの心をとらえはじめる。しかし、昭和十二年に日中戦争がおき、日本は太平洋戦争への道をまっしぐらに走りはじめた。淳一の絵は軍事色に染まる風潮の中で〝非国民の絵〟となっていく。彼は昭和十五年の五月号で、「少女の友」の表紙を描くことを断念した。

その年、淳一は「男装の麗人」と結婚する。雑誌の対談をしたことから、淳一は宝塚歌劇団のスター葦原邦子に恋をしたのだ。葦原邦子は男役スターで、まぎれもなく男装の麗人だった。淳一は邦子との間に四人の子を持つが、彼女が男装を脱いで、ただの妻になったことに失望していたようである。

戦争が終わった。淳一の時代がやってきた。淳一が描く大きな瞳の少女の雑誌は飛ぶように売れて行く。彼はファッションも手がける。彼が創《つく》り出した美少女には、衣装が必要なのだ。

淳一のデザインする衣装は、瞳の大きい美少女の肉体を美しく包み隠して、胸のふくらみすら感じさせない。いや、性を徹底的に拒絶し、成長すら拒否している超ストイックな美少女でなくてはいけない。それは〝人形〟だから可能な世界であったようだ。

昭和三十四年、倒れる。半身不随となるが、闘病して十年後、再起。新しい雑誌「女の部屋」を出して美しい女性像を求めようとするが、再び脳血栓で倒れる。

それから十数年を千葉の海岸で療養につとめるが、二度と立ち上がれず昭和五十八年、七十歳で息を引き取った。十数年を看病し続けたのは、シャンソン歌手高英男であった。画家で長男の州一氏の鋭い指摘があるように、中原淳一は、自分自身が挿絵となった美少女であったようである。

愛に苦しんだ娘巡礼は女性史学者に
高群逸枝

『あゝ、疲れた。とうとう野宿と決定。……着物も髪も露でシトシトになっている。月が寂しく、風は哀《かな》しく――。……これから何百里、かよわい私で出来ることであろうか。あゝ、泣いて行こう。いいえ、花を摘んで歌って行こう』

大正七年（一九一八）七月十四日の娘巡礼記である。

のちに「母系制の研究」や「招婿婚の研究」など女性史学を樹立する高群逸枝（明治二十七年生まれ）は二十四歳の時、人には明かせない悩みを抱いて郷里熊本を出発、たった一人で四国遍路を志した。

白木綿の上衣、手甲、脚絆《きゃはん》に草鞋《わらじ》をはき、同行《どうぎょう》二人と書いた笠《かさ》には若い娘にふさわしく紅緒を結んだ。彼女の懐には、「娘巡礼記」を書く約束で、九州日日新聞社から受け取った十円があるだけ。しかし、それは豊予海峡を渡る船賃にあてるつもりだから、四国八十八カ所の三百六十二里を無銭で歩き通さなくてはいけない。

平成の今だって、娘一人の漂泊の旅は危険に満ちているのに、まして大正の時代だ。大冒険の旅といっていい。冒頭に紹介した一文は、逸枝が四国八幡浜に上陸、〝逆うち〟、つまり逆まわりで高知へ向かう第一夜のものである。

幸い、ひとりの老人が同行を申し出てくれる。それにしても、老人と孫娘のような二人連れの旅は、時に飢え、時に遍路宿の宿賃にも窮してしまう。難病のゆえに差別と偏見を受けていた人々の群れにまじって枕を並べ、垢《あか》で真っ黒な湯舟に立ちすくみ、男たちのからかいに身をすくめ、膿《うみ》を流す少女と心を通わせようと努めるうちに、何かに打ちのめされていた彼女自身の心が再生していくのだ。

九州日日新聞に連載されたルポルタージュ「娘巡礼記」は、予想もしないブームを巻きおこした。

彼女は、ひたすら四国を歩く。土佐路に入って、彼女の心は激変した。

『当山に優しき一老尼おはして、妾《わたし》にお水を呑《の》ませ給ふ。妾思ひぬ。心優しきこそわが唯一の理想たれ』

『山を下りて、浜辺の砂原をまた野宿を定む。夜半に凄風《せいふう》一陣、波濤《はとう》しぶきて、髪も袂《たもと》もしとしとに濡れぬ。……再び杖をとりて立たざるべからず。

妾、歩きながら瞑想《めいそう》す。

わが求むるものは愛なり。妾は今まで非常に苦悶《くもん》しぬ。……』

彼女は二人の男性の愛に追いつめられていたのだ。

『愛せねばならぬ、愛せねばならぬ。一切は私の愛人だ……』

こうして彼女は四国八十八カ所を全部打ち納める。日付は十月十八日になっていた。残金はわずか一銭五厘。

熊本に帰り着くのは十一月二十一日。

帰り来て先づ嬉しさに悲しさに　入りもかねしか此所ぞ我が家

高群逸枝は、四国遍路から帰ってから、橋本憲三と結婚する。憲三は雑誌の編集者として腕をふるうが、職を退いてからは、家事一切を引き受け、逸枝の研究を全力で助ける。

逸枝は詩人、評論家、女性解放運動の旗手として活躍していたが、昭和六年を境に、社会との交わりを一切絶って、世田谷区の通称〝森の家〟にこもり、面会謝絶、一日十時間を超える勉学に打ち込み、なんと三十年間、門外に出ることなくひたすら女性史学の完成に没頭する。

夫憲三が家事一切を引き受けたのはこの時期からである。夫憲三の献身なくしては、彼女の大著「母系制の研究」や「招婿婚の研究」などは世に出なかったかもしれない。いってみれば、四国遍路の同行二人のように、逸枝は憲三と四十五年の歳月を巡礼するのだ。

彼女の渾身《こんしん》の研究で、平安期まではムコトリとかツマドイとかムコを女の家に招いて結婚する招婿婚があったことを証明してみせ、〝母系〟という言葉を社会に認知させて、『多少なりとも日本婦人の有史以来の鬱屈《うっくつ》を晴らし』（書簡）てみせたのである。

昭和三十九年に逸枝は癌《がん》性腹膜炎で世を去った。七十歳。夫憲三はその後も逸枝の仕事の顕彰に努めて、十二年後に七十九歳で逸枝のあとを追った。

おそらくあの世でも二人で同行二人の遍路行をしているにちがいないのだが、見事に女性、高群逸枝はあくまでも四国遍路（巡礼）から〝出発〟したと言っていいだろう。

日本最大の告白家、今治で誕生
徳冨蘆花

ときに、告白は人を救う。

四国遍路の〝効能〟の一つに、遍路宿での告白があげられている。自分の苦しみを人に語ることで、苦しみから解放されるというのだ。

『生温き風が伝ふる「南無大師遍照金剛……」の声、昨日も今日もぞろぞろと四国遍路の門前を通るを見るにつけても、吾《われ》は旅の身……』

これは小説「不如帰《ほととぎす》」で知られる徳冨蘆花の自伝的小説「思出の記」の一部だ。文中では宇和島になっているが、実際は今治《いまばり》のことである。

蘆花が熊本県水俣で生まれた年は、まさに日本が近代国家を目指して歩き始めた明治元年（一八六八）だった。本名健次郎。

蘆花は今治市を二度訪れている。一度目は兄猪一郎（蘇峰）に連れられて、京都の同志社に入学した翌年に、従兄《いとこ》の伊勢時雄が牧師をしている今治教会に立ち寄った。十歳の時だ。

二度目は十六歳の時。熊本のメソジスト教会で洗礼を受けてから、伝道のために今治教会を目指して瀬戸内海を渡った。この今治での伝道生活の中で、蘆花という筆名を使いはじめている。

兄蘇峰の雄大な名前にくらべ、まことにひそやかな名である。

蘆花の一生は、兄蘇峰との闘いの一生であったともいえる。蘇峰は民友社をつくり、国民新聞を発行、輝かしい論陣を張って、蘆花の眼前に聳《そび》え立つ存在だ。蘆花は劣等感にさいなまれながら、「思出の記」を書いた。

たしかに「思出の記」は、一種の立身小説ではあるが、「坊ちゃん、エライ人に御なんなさい」と励まされた明治の子供たちが、社会や国家が望んでいるような〝立身出世〟をとげなかった小説である。

蘆花は今治教会で、懸命に伝道生活を送るが、求められて英語の教師も務めたりしている。翌年再び同志社に入学するため今治を去った。

「夕風そよぐ甲板に立って、後になり行く宇和島（実は今治）を眺めると銀河につづく墨絵の陸《おか》に灯《ともしび》の影ちらちらと――夢のように美しい所であった」

この「思出の記」を兄の国民新聞に連載する直前に、蘆花は小説「不如帰」を書き、大評判となっている。

しかし、蘆花は結婚した妻愛子に向かって告白の小説「黒い眼と茶色の目」を書く。

『吾妻よ。二十一年前結婚の折おまへに贈らねばならなかつたのを、今日まで出しおくれたのが此書《この》だ』ではじまる青春記だ。同志社創立者新島襄の義姪を愛した――そのことを妻に告白せずにはおられなかったのだ。

妻愛子は、この小説を読んで、たちまち卒倒して病床に伏してしまったという。

黒い眼とは師新島襄の眼であり、すなわち〝霊〟のこと、茶色の目とは「よくない女」「不良の娘」といわれる新島の義姪の目、すなわち〝肉〟のことである。

蘆花ぐらい霊と肉との相克に苦しんだ作家はいないだろう。それもあって、トルストイに傾倒していく。トルストイも、おのれの強い性欲に深く悩んだ人である。

日露戦争が終わった翌年、はるばると蘆花はロシアのヤースナヤ・ポリャーナの村に、トルストイを訪ねている。

帰国した蘆花は、北多摩郡の粕谷（現・東京都世田谷区粕谷町）に土地を求め、そこで〝美的百姓〟の生活を始める。

「人間は書物ばかり読んでいると悪魔になる。労働ばかりしていると獣になる」

といって晴耕雨読のトルストイヤンの生活を実践するのだ。

そうして、霊肉相克から脱出せんと、ますます告白の小説を書きつのる——。

蘆花はわが国最大の告白家といっていい。告白することで解放され、救われていく。まるで、四国遍路みたいではないか。遍路みちに面したキリスト教会（ここも告白の場所でもある）で十六歳の年を送り、みずから蘆花のペンネームを使い始めた愛媛県の今治市は、くしくも〝告白〟の旅立ちに一番似つかわしい土地というべきだろう。

昭和二年（一九二七）、心臓病と腎臓病で死ぬ。五十九歳。〝美的百姓〟の場所はいま〝蘆花公園〟となっている。

崇徳上皇

八百年の怨念をこめる雲井の御所

はたして人間の怨念《おんねん》は、八百年も生き続けるものだろうか。

昭和三十九年（一九六四）九月二十一日、香川県坂出《さかいで》市にある白峰御陵で、崇徳上皇の八百年御式年祭が行われたが、当日は上皇の怨念で必ず雷鳴があると予告されたように、旱魃《かんばつ》の最中だというのに激しい雨と雷鳴がとどろき、おまけに近くの小学校が不審火で全焼した。上皇の怨念は今も生きていると、関係者を震え上がらせている。

高貴な身分の罪人が、遠くに流されることを配流《はいる》というが、京都から近いところでは、淡路、阿波、土佐と圧倒的に四国が多かった。その他では隠岐と佐渡がある。

讃岐（香川県）がその配流の地に加えられるのは、安和二年（九六九）のことだ。讃岐配流の第一号は安和の変で罰せられた清原孝章で、第二号が超大物の崇徳上皇である。（約五十年後には法然上人が流されている）

崇徳上皇は第七十五代の天皇だ。鳥羽天皇の第一皇子として誕生、わずか四歳で天皇に即位した。

ずいぶん幼い即位だが、父の鳥羽天皇も四歳で即位している。それというのも祖父や父たち老人組が、権力を保持するために、意図的に幼帝をつくりだしていたのだ。だから、崇徳天皇の父鳥羽天皇は二十歳の若さで退位させられているし、崇徳天皇も二十二歳で退位させられる。つまり、一人前になったら、クビにされるのだ。そうして次なる幼帝をつくって老人支配のシステムを継続させる〝院政〟時代であった。なんと崇徳天皇の次の第七十六代近衛天皇の即位はわずか二歳である。

さて、この二歳で即位の近衛天皇が十六歳の若さで病死したことから、宮廷を二分する血の権力闘争が始まったのだ。

崇徳上皇側には前左大臣藤原頼長や源為義、為朝父子。対する後白河天皇（崇徳上皇の弟）には関白藤原忠通、源義朝（為義の長男）と平清盛がつき、お互い兄弟、父子の骨肉の争いとなった。保元の乱である。夜討ちによる速攻で後白河天皇側が勝利。崇徳上皇は京、仁和寺に逃げ込むが、捕らえられて讃岐への配流となったのだ。

今でこそ京都、香川間は数時間で結ばれているが、平安の昔は徒歩と船便で十数日もかかった。

僧形の三十七歳、崇徳上皇は讃岐の松山ノ津（坂出市）に着く。京へ帰ることを願いながら上陸するが、再び崇徳上皇が讃岐を出ることはなかった。

ここもまた　あらぬ雲井となりにけり　空行く月の影にまかせて

と詠んだことから、幽閉の館は〝雲井御所〟と呼ばれる。地元の豪族で国司代行の綾家は、きわめて神経を使って上皇を見張り、かつ面倒をみている。娘を差し出し、皇子までもうけているが、その皇子は綾家に引き取られた。皇室の菊の紋章も賜るけれど、綾家では恐れ多いと茎を一本つけ、一本菊の紋章にした。

　瀬をはやみ　岩にせかるる滝川の　われても末にあはむとぞ思ふ

百人一首に残る崇徳上皇の和歌である。〝われても末にあわん〟と願った京へは、ついに帰ることもかなわず、八年の幽閉生活ののち病死する。四十五歳。いや、暗殺されたとも、自殺したともいわれ、怨念の深さを匂《にお》わせるのだ。

四年あと、かつて京都の御所で武士であった西行法師が、讃岐白峰の御陵を訪れた。その時の様子を江戸の怪奇小説「雨月物語」の中で、上田秋成は生々しく描写する。

西行の前にあらわれた崇徳上皇の姿は、〝手足の爪は獣のごとく生《せい》のびて、さながら魔王のかたち、あさましくおそろし〟という有様だ。髪ふり乱して現世への恨みを西行に告げ、やがて天下に大乱が起きると予言する。

西行は、お姿をあらわして下さったのは有難いがと、

　よしや君　昔の玉の床とても　かからむのちは　何にかはせむ……

と、手向けの歌をささげる。たとえ帝《みかど》であっても、死んでしまえば名もない人間と何の違いがありましょうか。どうか怨《うら》みを鎮めてご成仏下さい……。

怨念の上皇は、その歌を聞くと、怒りの表情を和らげ、木立の中に消えたとある。

白峰御陵は四国にただ一つの天皇陵だが、きっと怨念は、まだまだ姿をあらわすにちがいない。なぜなら、怨念思想は生きている人間の思いの中から生まれるものだから、悲運な崇徳上皇に心を寄せる人がいるかぎり、白峰のあたりに上皇の怨念は生き続けるだろう。

国事犯の四国逃亡記録
江藤新平

明治七年(一八七四)の、国事犯捜査で使った人相書きを紹介する。

『佐賀県士族　征韓党　江藤新平
年齢四十一歳/丈高く肉肥えたる方《ほう》/顔面長く頬《ほお》骨高き方/眼太くまなじり長き方/右頬黒子《ほくろ》あり/言舌ははなだ高き方』

明治の新政府で司法卿《きょう》、参議までつとめた江藤新平は、郷里の佐賀で乱を起こした罪で追われ、時の内務卿大久保利通は大捜査網を敷いた。九州はもちろん四国、中国さらに隣国の清国まででも人相書きが配布されている。ほんとうは写真つきの手配書となるはずだったが、江藤の写真が手に入らなかったので、人相書きとなったのだ。こういう捜査方法は、江藤が司法卿であった時に、西欧の警察制度を導入して作りあげたものである。

江藤は仲間数人と鹿児島へ向かい、野に下っている西郷隆盛をたずねる。しかし西郷には江藤を庇《ひ》護《ご》する力はなかった。たぶん西郷は彼に外国に行くことを勧めたらしいのだ。

江藤は高知の盟友林有造を頼って、三月十五日、四国宇和島へ渡る。宿に泊まるが、宿帳に記入するのに印判を持っていないとあって、警察に届けられた。宿帳に住所、氏名を記入、印判を押すことを決めたのは江藤新平本人であったのだ。

通知を受けた愛媛県松山裁判所の吉田判事は、かつて勤王派に暗殺された土佐藩執政の吉田東洋の子息だ。

「江藤は後世英雄たる人物だ。少なくとも愛媛県内で、不浄の縄にかからせたくない」

わざと逮捕命令を遅らせて、江藤らの逃亡を助けた。翌日、逮捕に向かった警官は、宿に残された舶来のマントやトランクを発見しただけである。

征韓論に敗れ、西郷隆盛とともに下野した江藤には、すでに政府内でも三条太政大臣をはじめとして同情的な助命論が出ていたのだ。しかし、絶対的な中央集権政府をつくることに執念を燃やす大久保利通にとって、江藤新平はどうしても断罪しなくてはならない政敵であった。

山を越えて高知を目指す江藤たちは折からの大雪に苦しみながら、三日二夜山中を放浪、山あいの大宮村にたどりつく。そんな山村にまで、逮捕令が届いていて、江藤は今さらながら自分の作った警察制度の徹底ぶりに舌をまく。

二十日、下田港へつく。ここも警戒厳しく、しかし、漁村の見知らぬ家族に助けられて、やっと林有造のいる高知まで運んでもらう。しかし、林有造は頼れる人物ではなかった。

「自訴されるがよかろう」

自首して、罪を待てというのだ。頼られてはなはだ迷惑の様子で、事実、さっそくに高知県令へ江藤新平あらわる、と通報している。

しかし、江藤たちを助けたのは、一行が休んだ此君亭の主人内川源十郎だ。友人で、人斬り以蔵の弟の岡田啓吉に相談。網船に江藤たちを隠して高知市を脱出させ、稲生まで運んだ。

江藤たちは徳島県との境にある甲浦《かんのうら》を目指して、険しい山越えを試みる。逃亡を知った官憲たちは遠まきにして、江藤たちを追ってくる。甲浦は薪炭《しんたん》を大阪へ船積みする港で栄えていた。江藤は東京を目指し、天皇に直接訴えようと考えている。

ついに江藤たちは甲浦の戸長役場で逮捕される。現在その地に「江藤新平君遭厄地」の大きな石碑が立っている。そのときに没収された所持品は、六連発のピストル、銀装の小刀、金時計、千五百円余の現金となっている。

逮捕にあたった高知県庁の細川是非之助は、普通三日の行程を六日かけて江藤を高知まで護送する。朝は遅く宿を立ち、夕方はまだ日が高いうちに宿へ着く。せめて護送中だけでも江藤を慰めようとする配慮であった。

佐喜浜の江戸屋では、捕吏の長、本山守時が深夜厠《かわや》に立った江藤に、ひそかに耳打ちした。

「閣下を敬慕しておる者です。どうか脱出してください。後は私が死をもって当たります」

江藤は深く感謝して、また部屋に帰った。本山はのちに大審院判事となっている。

江藤の逃亡は、多くの高知県人の温かい人情と義侠《ぎきょう》心にいろどられている。ただし、林有造を除いて、である。

江藤は佐賀に送られ、臨時裁判所で裁かれた。大久保利通は、東京での裁判は妨害が入ると考えたからだ。判決は「梟首《きょうしゅ》」。斬首《ざんしゅ》した首を獄門台で三日間人目にさらす刑である。

国を思ふ　人こそ知らめ

丈夫《ますらを》が　心尽くしの　袖《そで》の涙を

が江藤新平の辞世の歌。『今日は都合よく相すみ大安心』が大久保利通の、その日の日記。

日柳燕石

博徒にして勤皇の詩人、高杉晋作かくまう

『日柳《くさやなぎ》氏は博徒の頭で、子分は千人ばかりもあって、実に関西の一大侠客《きょうかく》だ。身をもってかくまってくれるので、しばらくここ琴平に潜伏したい』

幕末の志士高杉晋作が長州の仲間に送った手紙にあるように、日柳燕石《えんせき》は讃岐琴平に接する榎井村（現・琴平町）に住む博徒である。

高杉晋作は、女連れで逃げて来ている。彼を暗殺する組織が動いているというので、大急ぎでなじみの芸者おうのを連れて四国へ渡ってきたのだ。

「ここなら安心です。万が一のときでも、ちゃんと脱出の手だてはついております」

燕石の住まいは〝呑象楼《どんぞうろう》〟と称する二階家屋で、回転壁や抜け穴がつくってある。もともと榎井村は金毘羅神社につらなる天領地。代官所は対岸の岡山にあることもあって、幕末は治外法権的な土地だったから、お尋ね者が潜むには絶好の場所である。

日柳燕石は、ただの博徒ではなかった。吉田松陰、桂小五郎、伊藤博文、大村益次郎らと交流のある勤皇家なのだ。博徒にして勤皇家。それだけでも不思議な〝化合物〟を見る気がするが、それにもう一つ、燕石は〝詩人〟でもあった。

『学文詩賦《しふ》も小生の到底及ぶところではなく……』

と、高杉晋作が書いているように、十三巻の本を書き、八千の漢詩を詠んだ〝大〟詩人なのだ。

燕石は、文化十四年（一八一七）に榎井村の大地主の家に生まれた。名は政章、通称長次郎という。幼いころから伯父の儒学者石崎青崗や三井雪航に入門して、「鳥の鳴かざる日はあるも、放学（勉強を怠る）の時なし」といわれるほど、詩文に打ち込む。だから燕石は、博徒である前にまず詩人であったのだ。

しかし、二十歳ごろから遊び始めた。琴平は天下の観光地だから、歓楽にはこと欠かない。両親が相次いで死んだこともあって、あとは糸の切れた凧《たこ》のように、豊かな財産を使いまくる毎日だ。しかも「バクチをしないのは金毘羅さまの鳥居だけ」といわれる土地である。榎井村はその中心でもあったから、当然のように賭けごとに手を出し、ついには自らが賭場《とば》を持ち、子分を養う博徒の親分になった。つまり、貧乏からの博徒（会津の小鉄など）と違い、〝旦那《だんな》博徒〟（大前田英五郎など）の典型である。

詩人にして博徒の親分となった燕石を勤皇家にしたのは、頼山陽の教えを受けた儒学者森田節斎との出会いである。ときあたかも、飢饉《ききん》、疫病、百姓一揆、さらに黒船の到来の幕末。たるみきった幕政に激しい怒りが爆発、尊王攘夷《じょうい》の血をたぎらせてしまうのだ。燕石二十八、九歳の時である。

さて、潜む晋作は六尺をこす大男。かくまう燕石は五尺にたらない小男である。約一カ月後、突然に逮捕の手がのびる。ただちに晋作を象頭山越えさせ、伊予川之江港から長州へ逃がしたが、燕石は彼をかくまった罪で、高松藩の獄舎に三年間入れられる。

獄中の燕石は詩作、読書しながら、王政復古と諸大名の版籍奉還を断行すべしと、長文の建白書も書いている。ものすごい先見性ではないか。

慶応四年（一八六八）、高松藩は〝朝敵〟となり、燕石は釈放される。その前の年に、高杉晋作は結核のため、維新の成就を目前にして二十八歳の生涯を終えていた。息たえる前に筆をとって、

おもしろきこともなき世を　おもしろく……

までで力が尽き、付き添っていた望東尼が、

すみなすものは心なりけり

と、結んだ。

その年の六月、燕石は北越掃討の官軍に総督府付の日誌方として参加する。燕石らをのせた船は新潟県の柏崎港に着く。燕石は刀を杖《つえ》にして、よろめきながら船を下りた。船中で熱病にかかり、体は高熱で燃えるようだ。上陸して半月あまり、ついに燕石は柏崎で息を引きとった。五十二歳。死の前に一編の詩をつくっている。

錦旗すでに新潟の東に移る　病夫一枕秋風に伏す……

遺体は近くの丘に葬り、爪と髪が郷里榎井村にとどけられた。その二週間後の九月八日に、元号は明治となった。

太平洋戦争が始まるころ、勤皇家にして詩人、しかも博徒という例を見ない〝化合人物〟である燕石がラジオや舞台にとりあげられて、ちょっとした〝燕石ブーム〟となった。舞台では松山出身の井上正夫が燕石を演じている。

一通の手紙で土佐二十万石を獲得
山内一豊の妻

山内一豊が土佐浦戸の城に無事入ったのは慶長六年（一六〇一）正月の八日。そろそろ四百年近くなるが、地元では何かメモリアルな行事など、計画しているのか。なにしろ、土佐を三百年近くも支配する人物の〝進駐〟である。

この日、山内一豊の妻が一緒にお国入りした形跡はない。お国入りする側から言えば、前の支配者長宗我部の遺臣たちが反乱やら一揆をおこしているから、危険な進駐にちがいない。

それにしても当時のお国入りというのは、さぞかし大変だったろう。山内一豊は、前が遠江掛川六万石の城主だから、少なくとも一千人をゆうに超える家臣団を連れてのお国入りのはずだ。

まして、連れてきた家臣団が混成集団でもある。もともと山内一豊は母と共に各地を放浪する浪人であったが、豊臣秀吉に出会ってから、めざましい出世をとげた人物だ。播州の地で二千石、近江長浜でついに二万石の大名、掛川で六万石という急成長。家臣団も出身地の尾張にはじまって播州、近江、掛川と各地で膨張してきた四種類の混成軍である。

一豊は、この混成軍に土佐の人材を加えて一つにまとめてしまう名案があった。それは高知城の築城である。普請奉行百々越前が自ら赤褌《ふんどし》の尻からげ姿で工事場を駆けまわり、一豊もそこの石、ここの材木に腰をかけて大声で監督した。武士も人夫も鍬《くわ》や鎌《かま》を手に、腰にもっそう弁当をつけて土を運び、草を刈る。

一豊の妻も、すぐに土佐入りしてきた。家臣団の妻女を指図して、追手門と西北両門に大釜をすえて湯をわかしての賄方《まかないかた》に汗を流す。

こうして二年かかった高知城築城は、家臣団のあいだの「わだかまり」を溶かし、上下一致の和を結晶させ、一豊は城よりも大きい収穫を得たのだ。しかし、この知恵を山内一豊は妻からもらっていたのかもしれない。一豊の出世の節目には、必ず妻の才覚が輝いているのだ。

あの有名な名馬買い入れのエピソード。十両の金を鏡の箱の底より取り出して夫に渡した。これが信長の目にとまって、出世街道のスタートになっている。実は、掛川六万石から土佐二十万石への大栄転も、妻の才覚であった。

『老中奉行にわか叛逆《はんぎゃく》企て、人数催促の回文来り候ほどに……』

これは関ケ原の合戦の直前に、家康に従って関東にいる夫一豊にあてた手紙だ。つまり、大坂城の石田三成一派が反逆を企て、大坂にいる諸侯の妻子ことごとく人質として城へ入るように催促が来た。つね日ごろ決心しているように、どうか家康公について、よくよく忠節をつくして下さい。決してわたくしの身のことはご心配になりませぬよう……。

『叶《かな》わぬせんには自害をとげ、人手にはかかり候まじ』

しかも、文箱に入れたこの手紙を、開封せずに家康に見せろと夫に伝えた。一豊はその通りに文箱を家康にさし出した。彼女は、天下が家康のものになると読み切っていたのだ。

「山内どのご夫妻のお志、子々孫々忘れはせぬ」

文箱の中を見て家康は感激した。関ケ原では後陣で、さしたる武功のない一豊が、土佐二十万石の大封をうけたのは、まぎれもなく妻の手紙とその演出にあった。

一豊の妻は、近江の浅井長政の家臣の娘。父が戦死して、母につれられ美濃の叔母の家をたよったのが、一豊と出会うきっかけとなっている。この賢い娘を見そめたのは、一豊ではなく、一豊の母の法秀尼であったらしい。

ただ一つ残念なことは、この賢い妻は後継者を産めなかった。いや、娘がひとり生まれたのだが、六歳の時に近江大地震で家の下敷きになって死んでいる。それ以後、ついに子宝には恵まれていない。

これまで〝一豊の妻〟としか書かなかったのは、千代とも、おまつともいわれ、確かな名前が残っていないからだ。妻の名も明記しない封建の時代、まして跡継ぎを得るために側室を持つのは当たり前なのに、一豊は側室を持っていない。これは驚くべきことと言っていい。『内室には子息なし。終《つい》に妾《めかけ》をおき給わず。一豊公は生得実体なる人也』（治国寿夜話）とあるように、一豊は妻のすばらしい才覚に誠実でこたえているのだ。

一豊は高知城を完成させて一年後に、五十九歳で死ぬ。あとは甥の忠義が継いだ。

一豊夫人は、喪があけた慶長十一年、土佐を離れ、京都に退隠して見性院を名乗った。たった五年の土佐暮らしであったが、一豊夫妻が大きくした山内家は明治維新のその日まで、ついに国替えすることもなく、土佐を支配し、土佐に根づいた。

見性院は六十歳で京都に没した。

山崎宗鑑

讃岐に「下々の下の客」で三十年

もちろん乱暴な話だが、地方の文化を振興するのに一番効果的なのは、中央に戦乱をおこすことである。

俳諧《はいかい》の祖といわれる山崎宗鑑が、京都に近い山崎の里から四国の讃岐を目指すのは、都の奪還を狙う細川軍の不気味な動きがあったからだ。なにしろ世は応仁の戦乱の時代。京都はすっかり荒れ果ててしまい、戦に巻き込まれては大変と、宗鑑は前を流れる淀川を下って讃岐を目指した。

引っ越し道具などはない。宗鑑が住んでいたのは草庵《そうあん》で、やかん一つだけ転がっているという生活だった。もともと山崎の里は竹の多いところなので、竹を切って油筒を作って生活の糧にしていた。なにしろ、山崎の里は灯油の生産販売の中心地である。

裕福な油商人たちをスポンサーに俳諧を楽しみ、書を教えながらの生活は、頭を丸めて隠退の暮らしに入った宗鑑には、まことに快適であったらしく、山崎の里には三十年近くも暮らした。

もともと宗鑑は武士だ。琵琶湖畔の志那郷（現・滋賀県草津市）に生まれ、志那弥三郎範重といった。時の将軍足利義尚に仕えたが、戦乱の中で同じ年齢の将軍が病死したころから急に世の中がいやになって、隠棲《いんせい》したのだ。まだ二十五歳という若さ。

宗鑑が生まれてからずっと世は戦乱の連続だった。それも下の者が上の者を裏切り、さらにまた下の者が乱を起こすという下克上だ。かねて師事していた一休禅師が亡くなったのも動機の一つかもしれない。

彼は竹林の中で、その地の名をとって山崎宗鑑と名乗り、連歌の名人として名を売った。連歌は、和歌の上の句をだれかが詠み、下の句を他の人が付け加えて完成させたり、さらに、どんどんと付け句を続けて、句のはずみや展開ぶりを楽しむ。

たとえば、宗鑑が出入りする右大臣が、「〝……とぞという歌は昔なりけり〟はどんな上の句にも付くと発見したぞ」と自慢する。

「それは高貴なお人のこと」

宗鑑はやり返す。

「私らの身分では〝それにつけても金のほしさよ〟がいずれの上の句にもぴったりなのですが」

この臆面《おくめん》もないこっけいさが宗鑑の真骨頂だ。それまで貴族趣味の上品ぶった連歌を、庶民の場所まで引きずり落とした。平気で〝屁《へ》〟などを読みこむ。『にがにがしくもおかしけり』の下の句の上には、『わが親の死ぬるときにも屁をこきて』を付ける。

俳諧が連歌から独立するきっかけになったとされる「新撰犬筑波集」は山崎宗鑑が編者というが、なんと冒頭の一首からこうだ。

　さほ姫の　春たちながら　尿《いばり》して　かすみのころも裾《すそ》はぬれけれ

この大衆性と〝軽み〟こそ、俳諧への道であった。

さて、宗鑑はなぜ数ある地方の中で讃岐を目指したのか。一つは、親交のあった京・東福寺の寺僧梅谷和尚が讃岐坂本郷の興昌寺（香川県観音寺市）の住職となったこと、さらに山崎の油商人たちが内海交通の要所であった坂本郷とつながりがあって、そのツテもあったのだろう。

宗鑑は興昌寺山の中腹に庵をつくり、一夜庵と名づけて、入り口に額をかかげて、こう書いた。

『上の客立帰り　中の客日帰り　下々の客泊まりがけ』

これが『上は立ち　中は日ぐらし下は夜まで　一夜どまりは下々の下の客』の歌で親しまれる一夜庵の由来だ。

客の長居を喜ばない庵の規則だが、実際は多くの人たちが宗鑑のもとに集まって、自由通俗、機知朗笑の俳諧文化を讃岐に咲かせることになる。寺に残る宗鑑座像は眼光鋭く気むずかしそうだが、実は人恋しい人物であったようだ。

宗鑑が坂本郷に来た時は六十歳を過ぎていたというが、そのころの坂本郷は山のところまで遠浅の海がせまり、白砂青松の有明浜に近く、「浜から戻りても松の影ふむ砂白きに」（河東碧梧桐）の快い暮らしであったらしい。

宗鑑はいづくへ行たと問ふならば　用が出来たであの世へと言へ

これが宗鑑の辞世の句だ。没年は定かでないが、一応、天文二十二年（一五五三）十月二日、八十九歳とされている。当時としては驚くべき長寿で、それほど長くもあるまいと考えていた讃岐暮らしも三十年に近かったことになる。

こうして地方に根付いた俳諧文化は、芭蕉、蕪村、一茶の流れを経て、すぐ隣国の松山地方の子規、虚子に開花するのだ。現在、観音寺市と草津市は、宗鑑終焉《しゅうえん》と出生の因縁で姉妹都市となっている。

日本で初の女性飛行士、人生飛行に失敗

兵頭　精

どうやら近く向井千秋さんによる日本女性宇宙飛行士第一号が誕生しそうだが、では飛行機による日本の女性飛行士第一号はだれだったのだろうか。

兵頭精《ただし》。大正十一年（一九二二）の航空免状第三十八号にこの名がある。ちょっと男性の名のようだが、れっきとした二十二歳の女性なのだ。

世界初の女性飛行家はフランスのバロン・ド・ラロッシュである。明治四十二年（一九〇九）に複葉機で単独飛行し翌年に第三十六号の万国飛行免状を取得した。日本の徳川大尉はこの年に第二百八十九号の免状を手にしている。世界の女性一号は日本の男性飛行士よりも八カ月早かった。

さて、日本女性の第一号飛行士は、世界のラロッシュに遅れること十二年になるのだが、当時の日本の国情を思えば、これでなかなかの奮闘ぶりといっていい。精は明治三十二年（一八九九）、愛媛県北宇和郡の現・広見町東仲に、農家の二男四女の末っ子として生まれている。

なぜ、飛行機を見る機会もない地方の女性が飛行士を目指したのだろうか。

彼女が決心をしたのは松山の済美女学校に在学中、たまたま冬季休暇で家に帰っている時に、

二年前、脳溢血で急死した父親のことを、母親から聞いたのだ。

「お父さんは空を飛んでみたいと、しょっちゅう言っていたよ。飛行機の完成をどんなに待っていたか……。それも待てなくて、さぞ残念じゃったろう」

精は、父親の代わりに空を飛ぼうとひそかに決心した。その年の暮れ、アメリカのチャールス・ナイルスが東京の青山練兵場で、初めて宙返りを披露している。

女学校を卒業した精は、成績が抜群だったので、教師になれとか、医者の道へすすめられるが、飛行家になると宣言した。まわりは驚いて引きとめるが、精は家出のようにして上京する。

当時、民間の飛行機練習所は四カ所あったけれど、女性を理由になかなか入所させてもらえなかった。なにしろ、男でも極めて冒険とされた飛行士なのだ。

それでもやっと、千葉県津田沼にある伊藤飛行機研究所に入所を許可してもらった。

おそろしく高額の授業料が必要だったが、長姉のカゾエが根負けした形で出してくれ、在京の同郷人で弁護士の富田数男が保証人になってくれたので、入所できた。

練習生はみな男性である。しかし、精が入所して半年後に、同じ四国の高知県から、看護婦の市原翠が入所してきた。精のことが華やかに新聞に紹介されたので刺激されたのだという。

授業料は月百二十円、練習費は一分間二円。大学卒の初任給が三十八円のころだから、いかに高額であったか。今だと、ざっと月百万円以上の計算になる。女性練習生第二号の市原翠は数カ月で資力が続かず、退所していった。残るただ一人の女性である精も、三年もかかって、卒業する。ほんとうは六カ月で卒業できるのだが、飛行訓練中に練習機を破損してしまい、その修理代を高額に取られてしまったのだ。

大正十年、精は伊藤飛行機研究所を卒業する。卒業証書番号は第十五号。ということは、男性でもなかなか卒業が難しいのだ。同じ卒業生で第十八号をもらったのが、のちに蝉《せみ》の権威者になる加藤正世博士。加藤は、精の郷里に近い八幡浜出身でアメリカのライト兄弟よりも早く飛行機を設計して飛行を試みていた二宮忠八を世に紹介した人物でもある。

精は卒業後すぐに三等飛行機操縦士の試験を受ける。飛行はすべてうまくクリアできたが、着陸に失敗。機体が転覆、精は逆さ宙づりになったけれど、奇跡的に無事だった。

ひるまず精は、三カ月後に再試験に挑んで、ついに合格。大正十一年三月三十一日付で航空免状を受けとった。第三十八号であるが、女性ではとびきりの第一号だった。精は免状を父親の仏前に供えたという。

『女流飛行士、誕生！』と新聞に大きく取りあげられ、華々しくデビューした。飛行競技会に参加。参加するだけで数百円の出演料がもらえたから、舞台の大スターなみである。

ところが、突然のように精は姿を消す。

『花形の女流飛行家雲隠れ』（大正十一年八月、朝日新聞）

未婚の精は保証人の弁護士の子供を流産していたのだ。

『駆落をした女飛行家・兵頭精』（大正十一年九月、朝日新聞）

精はせっかく女性として第一号飛行士となったが、人生の飛行に失敗して、以後航空界に姿を見せることはなかった。昭和五十五年、東京で老衰で死亡。八十一歳。

新米も供えられたる墓ありて

晩年になって精が作った俳句である。

黒岩涙香

明治の世に、庶民の文化革命家

『磯のあわびに望みを問へば　わたしゃ真珠をはらみたい』

臨終のベッドで、さらに自分の戒名を書き残して息を収めた男がいる。

『黒岩院周六涙香忠夫居士』

黒岩涙香（本名周六）は〝まむしの周六〟と呼ばれて恐れられた存在である。なぜ恐れられたか。彼の発行する「萬朝報」は赤い紙に印刷され、激しい人身攻撃で、赤い爆烈弾のような新聞であった。その大半はスキャンダル報道であったから、彼の新聞は〝赤新聞〟と呼ばれて恐れられ、嫌われ、軽蔑《けいべつ》もされている。しかし、新聞社の壁には「眼无王侯手有斧鉞」の額が掲げてあった。〝目に王侯無く、手に斧鉞（おのとまさかり）あり〟である。

明治二十五年（一八九二）、黒岩周六こと涙香は「よろず重宝」をもじった「萬朝報」を創刊号でいきなり三万五千部を刷った。百年前のことだ。涙香はわずか三十歳。運転資金ゼロ。社員の給料はおろか、明日の紙代に布団を質入れする始末だったが、スキャンダル報道と、一に簡単、二に明瞭《めいりょう》、三に痛快の紙面づくりで部数をあげていった。名家のスキャンダル、あやしげな宗教の大摘発、名士の二号夫人五百例を大暴露というぐあいで、五年目に十万部という東京第一の発行部数を誇る新聞となっている。

「人身攻撃は止めて下さい」

入社してきたキリスト教徒の内村鑑三が諫言《かんげん》する。社長涙香の答えはこうだ。

「誠に御説の通りですが、是《こ》れだけは許してもらいたい。自分よりも正しくないことをする人があったら、これを黙って許しておくのは社会の不幸です。自分にやましくなく、他人の過ちを責めるのは、自分の権利です」

たしかに「萬朝報」はあわびのように美味《おい》しい新聞だが、この内村鑑三の他に、評論家・斎藤緑雨、社会主義者の田岡嶺雲、幸徳秋水、堺利彦、東洋史家の内藤湖南、演劇評論家・三木愛花など、多彩な人材が集結して〝真珠〟もはらんでいたのだ。

涙香・黒岩周六は文久二年（一八六二）に高知県安芸郡川北村（現・安芸市）の郷士の家に生まれている。先祖は君主に殉じて自刃した誠忠の士黒岩越前というから、彼は家系の熱血を受け継いでいたようだ。検事の叔父を頼って十七歳で大阪英語学校に入学、英人カロザウスの家に寄宿するなど、英語習得に非凡な才を見せている。

これがのちに、彼を翻案探偵小説の人気作家として誕生させることになるのだ。彼の翻案探偵小説第一号は「法廷の美人」。原作はコヌウエイの「暗き日々」である。ユゴーの「レ・ミゼラブル」は「噫《ああ》無情」。そしてデュマの「巌窟《がんくつ》王」、ボアゴベイの「鉄仮面」。翻訳というより天衣無縫に改作をして、まさに翻案だった。あまりに人気を得たので、当時文壇を牛耳っていた硯友社一派は、危機感を抱いて御大尾崎紅葉を先頭に〝探偵小説退治〟のために匿名の探偵小説を量産してみせたりしたが、面白さは涙香の作に遠く及ばず、反対に退治されてしまった。

しかし裸一貫で東京に出てきた二十歳前後の周六は、順調に萬朝報にたどりついたのではない。花札、バクチで食べたり、着物がなくて十日間も布団の中にくるまっていたり、どん底を這《は》いまわる。この周六を救ってくれたのが、鈴木ますだ。

彼女は、彼が泊まっていた上野の安宿のおかみだったが、子持ちの元芸者で、七歳も年上だった。周六が世に出ていくのを見ると、自分の娘、真砂子と結婚させる。この時期に周六はますの手引きよろしく趣味の才能を爆発させる。

花札、かるた、藤八拳《けん》、闘犬、撞球《どうきゅう》、野球、自転車、俚謡《りよう》……。国技館の名称も彼の命名ともいうし、「百人一首かるた早取秘伝」「前人未踏聯珠《れんじゅ》（五目ならべ）真理」「花いくさ鴨《かも》の巻（花札必勝術）」という具合に、趣味の組織者（オルガナイザー）になっていくのだ。

それらのものが、すべて萬朝報にそそぎこまれた。まことに萬朝報は庶民のエネルギーに点火を試みる明治の〝文化大革命〟であったようだ。そして、涙香黒岩周六は稀有《けう》の文化オルガナイザーであった。

しかし、萬朝報が不吉な変化を見せたのは明治三十六年。日露間に暗雲がたちこめ、開戦、非戦で世論が沸騰している時、突然非戦の立場を一転して開戦論を展開した。非戦を唱えてやまない幸徳秋水、堺利彦、内村鑑三は抗議退社した。その時、涙香は三つの真珠を失ったのである。

さらに、それまで反権力を貫いていたのに、大隈内閣を支持して御用新聞となってしまった。

萬朝報の部数はみるみる減っていく。萬朝報の凋落《ちょうらく》と同時に涙香の肉体も肺癌《がん》に侵される。大正九年（一九二〇）十月、五十八歳で涙香は命をきざむのを止めた。

以後、庶民のエネルギーに火をつける文化大革命は一度も起きていないようだ。

戦国の風見鶏は、体に無数の傷あと

藤堂高虎

藤堂高虎は加藤清正、黒田長政とともに築城の三名手といわれるが、ことに縄張り（設計）にかけては当代随一の人物だった。

慶長九年（一六〇四）、藤堂高虎は伊予国今治に城を築く。関ケ原の戦いで徳川家康側に加担、めざましい奮戦をした功績で伊予半国二十万三千石を領し、伊予水軍の根拠地来島《くるしま》水道を望む地に、水城を築いたのだ。中央に五層望楼《ぼうろう》方式の天守閣を置き、城内面積三十六万平方メートル、中堀、外堀には海水を引き入れた。理想的な水城である。

もともと高虎は近江国（滋賀県）の出身。はじめは豊臣秀吉の弟秀長に二万石の知行で仕えていた。それがなぜ伊予へやってくることになるか。

秀長が死に、その子の秀保に老臣として仕えるが、秀保は酒色におぼれて狂死した。

太閤秀吉は大和豊臣家百万石を廃絶する。主家をつぶされた高虎はどうしたか。先君秀長、若君秀保の菩提《ぼだい》をとむらうと剃髪《ていはつ》。金銀を家臣に分配して高野山に入ったのだ。――さんざん働かせた弟の大和豊臣家を、あっさり廃絶する秀吉の冷酷さに抗議もこめた行動であったのだが、これが秀吉の気持ちをゆさぶった。

「弟はよい家臣を持っていたものだ。あらためて秀吉の家臣として働いてくれ」

伊予宇和島七万石の大名に大抜擢《ばってき》された。この剃髪事件を高虎のパフォーマンスと見る人は意外に多い。なにしろ高虎は戦国の風見鶏《どり》といわれ、保身遊泳術の名手とされているのだ。関ケ原の戦いの時も、早くから徳川家康の勝ちと読み切り、全身を投げ出すようにして加担している。

さて今治城だが、すべてが完成するのが慶長十三年。その前の十年に高虎は家康から江戸城の縄張りをまかされているのだ。さらに慶長十四年に篠山城、そして十五年に亀山城というぐあいに、築城縄張りの依頼が彼のもとに殺到しているのだ。

なかでも亀山城の築城にあたっての挿話がおもしろい。亀山城は、もと明智光秀の居城で、山陰、山陽、京、大坂に通じる要衝の地だ。なんと、この亀山築城のとき、自分の居城、今治城の天守閣を解体して移してみせた。実は、すでに伊賀、伊勢への転封の内命が出ていたのだ。思い切って自分の居城の五層望楼式の天守閣を解体し、大坂の蔵屋敷に移送しておいて、亀山城の天守閣をあっという間に完成してみせる。これも高虎の出世パフォーマンスであった。

「高虎の手ぎわの早さよ」

家康が目を細くして喜び、外様《とざま》ながら、その才能を徳川幕府深くに抱きかかえるのだ。高虎が二代目の秀忠、三代目の家光からも信任されているところを見ると、ただの風見鶏とは思えない。

たしかに、伊予から伊賀、伊勢に移った高虎は、伊賀の忍者集団をかかえ込み、徳川幕府の情報司令の役目を担ったり、その動きに影があったりして好意を持たない向きもある。〝高虎は家康、秀忠の電話器だ〟と評したのは徳富蘇峰だ。

藤堂高虎は寛永七年（一六三〇）、七十四歳で死ぬ。その「湯灌記録《ゆかん》」には、

「六尺二寸の体に、すき間なく傷跡あり、鉄砲玉の傷、槍《やり》傷、刀傷、火傷である。右手の薬指と小指は切れて、爪《つめ》もない。左手の中指も半分。左足の親指は爪がなく、左右の手の指の腹は、節くれ立ったマメが幾つもあった」

と報告されている。それは、十五歳の姉川の初陣以来、大坂夏の陣まで四十五年間に戦場に身をさらして刻みつけた〝墓碑銘〟である。これを見ても分かるのだが、高虎は高みで風向きだけを気にしている風見鶏ではない。いわば〝命がけ〟の風見鶏なのだ。

「わしが死んだ時、殉死したいと考えるものは、姓名を書いてこの函《はこ》に投ぜよ」

晩年になって高虎は藩庁に投書箱を置いた。七十三名の家臣が名を書いて投じた。

高虎はこの函を封じて、幕府の老中に持ち込んだ。

「この中にある者はすべてわが忠臣であります。これらがみな殉死すると、天下の先鋒《せんぽう》たるお役目は果たせません。(徳川の先鋒はつねに藤堂高虎だと、家康に言われていた)どうか殉死を禁止する令を出して下さい」

そのころは、殉死の習慣が残っていたのだが、このことがあって、高虎死去にあたっては、藤堂家からは一人の殉死者も出ることはなかった。

「人材あってのこと」が高虎の口ぐせであった。

さて、藤堂家の家紋が「蔦《つた》」であることも忘れてはならない。蔦は自ら直立しないが粘り強く、大木や、確かなものに密着して繁茂するのだ。

高虎のパフォーマンスに使われて消えた今治城の天守閣は、いま再建されて来島《くるしま》海峡のそばに建っている。

TVドラマで脚光、ドイツに因縁の女の一生
林　はな

「この旧盆には、徳島市の発展のため、せめてお里帰り願って、市民や県民にお顔を見せてもらいたいものです」

　徳島市長は畳につくほどに頭を下げた。

「はあ、では秋ごろにでも墓参を……」

　林はなは、徳島へ帰郷することになった。

　昭和四十一年（一九六六）、NHKの朝のテレビで、彼女をモデルにした「おはなはん」が放送され、日本中の茶の間で人気者となったのだ。原作は林はなの長男謙一が書いた「おはなはん一代記」で、樫山文枝さんが彼女に扮した。

　明治の初めおはなはんは、十八歳で好男子の陸軍中尉殿と見合い結婚、一男一女を得たとたんに夫を失ってしまう。再婚話に耳もかさず、二児を育てて明るく元気に生き抜くというストーリーは、事実そのままだったが、舞台だけがちがった。林はなは徳島市の銀行頭取の次女として生まれ育ったにもかかわらず、テレビでは愛媛県大洲市に生まれ育ったことになってしまった。

　たぶん、戦争で焼かれた徳島市には明治、大正の面影が少なく、戦災にあわなかった大洲市に

色濃く明治、大正の城下町風景が残っていたせいだろう。

それにしても、テレビの影響はすさまじく、大洲市に続々と観光客が押しかける。そこで、たまりかねて徳島市長が、東京に住んでいる林はなを訪れ、本家は徳島であるとアピールするために帰郷を懇望したのだ。

林はなは明治十五年（一八八二）生まれ、その生涯に日清戦争、日露戦争、第一次大戦、日中戦争、そして太平洋戦争と、息つく間もないほどの戦争を体験する。

夫の林三郎は同じ徳島出身。陸軍士官学校を出て、中尉のときに遠縁の彼女と結婚した。三年後に日露戦争に従軍、乃木大将の副官となる。乃木大将は旅順攻略で何万という部下を戦死させた将軍である。

「ドイツ語だ」と、夫の三郎は、当時盛んだった英語やロシア語でなく、ドイツ語を選んだ。

「いずれ、ドイツとは手を結ぶか、戦うかは分からないが、日本にとって、いや、世界にとってドイツは重大な国になるだろう」

三郎の〝ドイツ好き〟は実って、ドイツ大使館付駐在武官として派遣されることになった。

ところが、出発直前に発病する。

「どうも風邪をひいたらしい」

汗を流せば治ると馬に乗って馬場をまわった。四〇度をこえる発熱。かけつけた医師は「腸チフス」と診断した。井戸水を飲んだのが原因だった。あっけなく三郎は死亡。三十一歳。

「夫を死なせたのは、私に医学の知識がなかったからです」

おはなはんは、幼い二児をかかえて鷲山女子医学校（現・東京女子医大）へ入学、必死に医者への道を目指すが、病弱の長男は発育が遅れ、このままでは死んでしまうだろうと宣告される。彼女は医学の道を断念。助産婦の資格をとって生活の糧とし、必死に子育てに専念した。無事、子供は成長する。

大正に入って、第一次大戦が起きる。日本は青島《チンタオ》のドイツ軍と戦う。

「ああ、夫が生きていれば……。夫のいう通りになった」ドイツ兵捕虜は、はなの郷里徳島に全員収容され、のちにドイツ村ができる。彼女にとっては、夫の予言のあかしと見えた。昭和に入って、日本はドイツと結び、第二次世界大戦をドイツと共に戦うことになる。

「夫が生きていれば、どう言っただろう」

ドイツとともに、敗戦。長男謙一は、父が心を寄せていたドイツを旅し、深くドイツ女性にひかれて、子供をドイツへ留学させた。やがて、はなの孫はドイツ娘を連れて帰って来る。〝おはなはん〟は、亡き夫が手引きしたのだと思う。で、〝おはなはん〟は、亡き夫が導いた孫の嫁サビネと一番の仲良しになる。

「どうもサビネの日本語は乱暴で困るね。台所で亭主そっくりの言葉を使っているよ……」

――ばばちゃん、おかか、ケチケチするない

――お醤油《しょうゆ》、ブッかけちゃえ

――こんちきしょう、硬くて切れねえよ

〝おはなはん〟こと林はなは、昭和五十七年、九十九歳の生涯を終える。

「ぜひ、大洲市にお墓を用意させてもらいます」と言っていた大洲市長の言葉はどうやら空手形に終わったようである。

北から来た人の「生活の探求」
島木健作

北から来たその人は、穏やかな瀬戸内の風土がひどく珍しかったようである。

香川県木田郡平井町（現・三木町）に島木健作がやってきたのは一九二六年、大正が昭和にかわった年であった。健作は二十三歳、自炊生活をしながら、日本農民組合の書記として、懸命に働く。その生活を描いた小説「生活の探求」が、驚くべき大ベストセラーになるのだが、しかし「生活の探求」とは、小説には不向きな堅苦しい題名ではないか。

島木健作は本名朝倉菊雄。明治三十六年（一九〇三年）、札幌に生まれた。彼の祖父は伊達藩の出身だったが、明治維新の時に賊軍側になったことから、北海道へ移住した。

『子どもの私の仏頂面は小学校でも有名だつた』（「文学的自叙伝」）

というのも、自分が敗残者の運命を持っている意識があったからだ。

『北方人の血と運命といふものは、かつて勝利したことのない、いつも野にあつて踏んづけられ通してきたもののそれであつた。……戦つて敗れた敗残者どもが、あつたかい南の国から追はれ追はれて、半年雪に埋もれてゐる辺土に住みついた……』

そうした北の敗残者の運命観が、彼を仏頂面にしているのだ。

その彼が東北帝国大学学生の身分をなげうって南の国へやって来たのは、当時、全国的に高まっていた農民運動支援のためだった。まことに生真面目《きまじめ》に農民運動の先頭に立ち、香川県下を駆け回って活動した。しかし、彼は肺結核だった。

昭和二年（一九二七）、その活動の中で日本共産党に入党する。県会には初めて小作人を議員に送りこむことに成功。さらに国会議員に大山郁夫を押し立てて応援活動に走りまわる。

三・一五事件――。昭和三年三月十五日、全国的な規模で治安維持法による弾圧があった。この一斉弾圧に先立つ二月下旬、健作も逮捕され、高松刑務所から大阪刑務所にまわされた。

連日、高熱と喀血《かっけつ》が続く。三歩歩けば壁にぶつかる独房の中で、死の恐怖と、そして発狂の恐怖に襲われた彼は、ついに「転向」をした。二度と、思想的な政治活動はしない……。

昭和七年、刑期を一年残し仮釈放となった健作は、東京の兄の家で決心する。

「作家となろう」

健作は、書くことで自己を表現しようと考えたのだ。

『今年は春から雨の降ることが少なかつた。山林を切り開いて作つた煙草《たばこ》畑まで、一町余りも下の田の井戸から、四斗入りのトタンの水槽を背負つて傾斜七十度の細い畦道《あぜみち》を日に幾度となく往き還りする老父の駒平の姿は痛々しい』

「生活の探求」は、こう書き出されている。あたたかい南の国の農民は、北の国とは違う戦いがあった。旱魃《かんばつ》だ。

『その山から、金毘羅山の頂上までは峰伝いであつた。篝火《かがりび》を焚《た》く穴が百三十何箇所も掘つてある。村人たちは束にした割り木を運んで来て一つの穴に二束の割りでおいて回るのだつた。……

火は勢ひよく燃えた。紅蓮《ぐれん》の長蛇にも似た火焔《かえん》の姿は壮観といふほかはないものだつた』

この送り火のシーンは三木町より東にある大川町の田面で今も行われている「二十日盆」の行事がモデルになっている。

『農民から親しまれたとはいえないが、信頼はされたと思う』（自筆年譜）と自負する活動生活が熱っぽいタッチで描かれた小説は、発表して半年で五十版をかさね、なんと七十万部という驚異の大ベストセラーとなった。

主人公の生き方が同世代の農村青年たちの共感を呼んだのだ。時代は日中戦争に突入していた。健作は日中戦争の勃発《ぼっぱつ》を告げる号外の鈴の音を聞きながら、「生活の探求」を書いている。実は、この「生活の探求」の前に書いた小説は、検閲にひっかかって発売禁止処分を受けている。しかし、「生活の探求」は発売禁止どころか、大ベストセラー。続編も発行された。

『大切なのは、簡単な清潔な秩序ある勤労生活です。朝は早く起き、冷水で身体を拭《ぬぐ》ひ、清潔な食ひものを食ひ、よく筋肉を労して働き、物事は何でも自分自身の頭で納得の行くまで考へ、一日の課程は必ず仕上げてのち眠る。……さういふ生活にあつては不健康な要求は起きることが少ないし、またもし起こつても意志を働かして抑へることが割合に容易だ』

観念を捨て、単純に黙々と働く人間――それは戦争下の時の権力から歓迎されるものでもあった。〝北の人〟は、祖先がかつて追われた南の国で懸命に戦うが、彼の暗い予感のように、やはり敗北したというしかないようだ。

昭和二十年、敗戦の翌々日、老母や川端康成、小林秀雄らに見守られて鎌倉の養生院で永眠。四十二歳の誕生日が三週間後にせまっていた。

官僚から海賊大将軍へ、中央に叛旗

藤原純友

長い歴史の中で、四国から中央政権に向かって公然と叛旗《はんき》をかかげてみせたのは、厳密にいって二人しかいない。たったの二人かと思う人もおれば、二人もいたのかと感じる人もいるだろうが、私はたった二人かと思う側である。

その二人とは、坂本龍馬と藤原純友。坂本龍馬のことは、よく知られているが、藤原純友のことは、平安時代のせいか出生も確かでない。

『承平六年（九三六）六月某日、南海の賊首藤原純友が党を結んで、伊予国日振島に屯聚《とんしゅう》、余艘《そう》の舟をもって、官物私財を掠奪《りゃくだつ》す』

「日本紀略」という歴史書に記録される日振《ひぶり》島は、宇和島の沖三十八キロ、豊後水道に浮かんでおり、確かに純友の居城跡が残っている。

日振島は面積五平方キロあまりの小島で、現在六百人の島民が漁業で生計をたてている過疎の島である。いまの感覚では、どうしてそんな辺鄙《へんぴ》なところに根拠地を置いたかと不思議だが、そこは瀬戸内海への出入り口であり、また太平洋コースで京へ向かう船も抑えることができるし、さらに万一、京からの攻撃があっても守るに易い位置なのだ。

では、藤原純友はいったい何者か。彼は伊予掾《じょう》という、地方官としてはナンバー3の役人として朝廷から派遣され、海賊を取り締まる役目の人間であった。ところが、いつの間にか海賊たちと通じ、任期が終わっても京へは帰らず、自ら海賊大将軍と名乗り、瀬戸内海西半分の海賊たちを束ねて、南海の孤島日振島に君臨したのだ。まことにアッと驚く変身ぶりである。

なぜ純友は、取り締まり側から取り締まられる側に大変身したのか。

純友の出生には諸説がある。藤原家の主流である北家の一門、藤原良範の三男という通説と、伊予の司高橋友久の子で、藤原家へ養子に入ったという別説があるようだが、いずれにしろ官僚として京で朝廷に仕えていたことにちがいはない。

その京都での生活で、朝廷と藤原一門のドロドロした権力争いや、貴族階級の腐敗した〝甘い生活〟ぶりを厭《いや》というほど見せつけられた。地方官僚として伊予へ出てみると、京とはうってかわって農漁民の飢餓すれすれの暮らしぶりを見る。ひとにぎりの支配階級のぜいたくな暮らしを支えるために、庶民から搾《しぼ》れるだけのものを搾りとっている律令国家の現実に愕然とするのだ。しかも、自分は伊予掾という搾取の手先ではないか……。

「われこそは海賊大将軍なり」

京へ運ばれる官物を強奪する海の者を海賊というけれど、それなら庶民から〝税〟を搾り取る朝廷こそは大賊ではないか――。取り締まりの手口や、官物の輸送状況は熟知している。たちまち、備讃瀬戸まで勢力をのばし、釜島に城を築く。

「備讃の瀬戸を制する者は日の本を制す」といわれるのは、当時の物流の大動脈瀬戸内海を制することで、京を〝心筋梗塞《こうそく》〟におとしいれる意味である。

折しも関東では平将門が中央政権に叛旗をひるがえしていた。叔父の常陸大掾を殺して関東一円を制圧した将門は、「われこそ坂東の新皇なり」と宣言する。時の中央政権は東西から挟み撃ちされる形になって、屋台骨をゆるがされる危機感におそわれるのだ。

純友も将門も、京で政治の腐敗ぶりをみての叛旗であったとされ、さらに将門と純友は謀議をして決起したという説もあるようだが、その点ははたしてどうか。

純友は瀬戸内海を中心にして、新しい政治の海上王国を目指した――と解する人は少なくない。日振島の城跡に「藤原純友籠居《ろうきょ》の跡」という石碑がある。昭和十四年に海運王といわれた山下汽船の創始者山下亀三郎がたてたものだが、本当は〝純友雄飛の地〟としたかったらしい。しかし、当時は朝廷に敵した逆賊とされていたので遠慮したのだ。そこで裏に「小舟を率いて活躍した剛壮果敢の行動、海国男子をして、エライ男だという感も起きる」との文を刻んでいる。

世直しをはかったとされる純友の反乱は、そう長くは続かなかった。一時は瀬戸内海全域を制圧し、讃岐の国府を襲って焼きはらい、播磨に進出、淡路島の兵器庫を襲うなど、暴れ放題であったが、京からの追捕軍数千を迎えて戦ううち、副将と頼んでいた藤原恒利に寝返られて敗れることになる。

最後は松山郊外の古三津《ふるみつ》の砦《とりで》に立て籠《こも》るが、ついに捕まり一子重太丸とともに処刑された。すでに、「坂東の新皇」と称した平将門も討たれていた。純友が、中央に叛《そむ》いて一大海上王国をつくる理想を持ったことは本当のようだが、裏切りという悲劇の終末を迎えたのは、なぜか。

たぶん、彼が鮮やかな叛旗をかかげたにもかかわらず、結局は掠奪という海賊行為に終始したからではないのか。いや、努力したが海賊集団を思想集団に改造できなかったのかもしれない。

〝妖怪〟奉行、二十二年間の幽閉日記
鳥居耀蔵

十一月二十四日の夕方、藩の船が丸亀港に着いた。丸亀藩の重役たちがそろって出迎えている。

「大変なものを預かることになった……」

江戸から五十二人もの藩士が護送してきた囚人は、町奉行兼勘定奉行だった鳥居耀蔵甲斐守だ。ただの町奉行ではない。天保改革の旗手として、残忍で酷薄な取り締まりを実行、渡辺崋山や大塩平八郎を死に追いやった妖怪《ようかい》（耀甲斐）である。

天下が忌み嫌った人物を押し付けられた小藩丸亀藩は、〝妖怪〟を六番丁の御用屋敷に幽閉、看守を数人つけた。

『看守頭佐久間ハ暗愚、佐川ハ頑愚』

と〝妖怪〟は日記に書いて、見張りの人間をののしっている。

『安達ハ痴、間宮ハ愚。春来一語ナシ。ソノ他二十余名皆語ヲ交エるなし。……日夜黙座』

『離郷して十度……長嘆悠々海南ニ在リ、一時ニ聴ク嚶々《おうおう》トシテ鶯ハ友ヲ呼ブヲ、鳥スラ猶カクノ如シ、我ナンゾ堪エン』

時にふれ漢詩を書いており、なかなか上手だ。耀蔵は儒学の司《つかさ》である林家の出身である。旗本鳥居家に養子にゆき、幕府の治安官僚として出世した。老中水野忠邦が行った政治改革では、衣食住、風俗、思想の統制をはかる「町触れ」を百七十八も出し、鳥居町奉行は容赦なく取り締まった。ぜいたく禁止令で七代目団十郎を放逐、「にせ紫田舎源氏」は風俗びん乱として発禁、「世の中眉に火をつけるがごとく」暗くなったと記録されている。

洋学を忌み嫌い、渡辺崋山、高野長英らの蘭学者たちを逮捕し、西洋砲術の研究者高島秋帆は、ほとんどデッチあげの罪状で逮捕する。

ライバルもワナをもうけて次々と失脚させる。ついには自分を取り立ててくれた老中水野忠邦すら裏切って生き残りをはかる策謀ぶりだ。水野を裏切ったことで、ついに彼自身も失脚した。

『一切の病客諸医の治療無効の者、治方を乞う日に多し』

万延元年（一八六〇）の日記に書いてある。なんと幽閉の身の彼のところに医者に見はなされた病人たちが押しかけているのだ。鳥居耀蔵は漢籍を通じて漢方医学の知識が深かったのである。万延元年には診療者三百四十八名と記入している。

万延元年というと、幽閉生活十六年目だ。無言の応対をしていた警護の藩士たちも、〝妖怪〟の医学知識を知って、自分たちの病気を診てもらったり、外から病人をつれてきたのだろう。医者に見はなされた患者ばかりを書いてあるから、彼の治療は丸亀の医者たちよりも高度だったといえる。毎年、四百人、五百人と診ているから、難病者が治った例が少なくなかったのだろう。

万延元年から耀蔵が丸亀を去る明治元年までの九年間に、彼が診察した患者数は驚いてはいけない、六千人である。

しかし、やがて治療は訪れる患者にたいしてではなく、自分自身に施されている。文久二年（一八六二）ころからの日記には、襲いかかる百病と闘う様子が書かれてある。『腫《は》れもの痛み極まる。眠る能はず』『病篤く一事も記す能はず』『昼夜昏々《こんこん》として眠る。一粒の飯、一滴の水を口に入る能はず』……。

それにしても、二十二年間の幽閉である。〝妖怪〟ぶりを恐れられて、誰も救出活動をせず、ただ捨ておかれたのだ。世はかわり、明治となって、〝妖怪〟鳥居耀蔵は、いまは東京と名をかえた郷里へ帰っていく。よくぞ生き抜いたものである。やってきたころ、食べた枇杷《びわ》の種を幽閉の部屋の窓から投げ棄てたが、それが今は亭々とした大木になって幽閉の長さを物語っている。五十歳で来た彼は七十二歳になっていた。

東京の渋谷で長男成文が迎えた。別れたとき二十四歳だった成文には孫ができている。『東京一望悲傷に耐う……故郷、却つて是れ他郷に似たり』

街はすっかり西洋風になっている。

「それみろ、いわんことじゃない。将軍家は、おれが言っていたことは聞かず、蛮夷（西洋）を近づけたから滅んだのだ」

傲然《ごうぜん》と、妖怪・鳥居耀蔵は言い放ったという。

『……罰せられてほとんど三十年、悔ゆる色なく、老いてますます勇。（旗本）八万子弟中かくのごとき人を見ず。また一丈夫というべき者か』――勝海舟の言葉である。

明治五年、七十八歳で死ぬ。日記は『暑さたえ難し』で終わっている。

「立川文庫」は、母子兄弟の家族工場から

山田　敬

作家の丹羽文雄は、中学校の受験前に「立川文庫」を夢中で読みふけったので、受験に失敗してしまったと語っている。

「立川文庫」は少年向きの講談本で、ことに猿飛佐助などの忍者シリーズが大正期の少年を魅了した。昭和の代表的な作家の川端康成、石川達三、高見順、大岡昇平、椎名麟三などを、「立川文庫」世代と位置付けるほどの傑作シリーズであった。

今治市の回漕問屋日吉屋の跡取り娘である山田敬は、養子の夫や子供たちがいるにもかかわらず、大阪から巡業にきていた講談師玉田玉麟を愛してしまった。

「駆け落ちしましょう」

ひるむ玉麟をはげまし、二丁櫓《ろ》の帆船をやとって島伝いに大阪へ逃げた。明治二十九年（一八九六）、玉麟は四十一歳、敬は一つ上の四十二歳である。敬はその年齢で、夫と五人の子供と、裕福な家を捨てたのだから、すこぶる情熱的な女性といわねばなるまい。

大阪へ帰った玉麟は、不倫行為がとがめられて、寄席の出演を拒否されてしまう。敬とて着のみ着のままの出奔であったので、たちまち生活に窮してしまった。

敬は速記講談に目をつける。講談を速記させて出版するのが流行《はや》りはじめていたからだ。速記者山田都一郎を高額で引き抜いてきた。当時の速記者は特殊技能とあって、新聞社、出版社から優遇され、都一郎などは仕事に呼ばれる時には二人曳《び》きの人力車に乗るという勢いである。

敬は、この腕ききの速記者を玉麟の速記講談につなぎとめるために、郷里の今治から娘の寧を呼び寄せた。寧はすでに判事と結婚して女の子を産んでいたが、母の敬の出奔の事件で離婚されている。

寧は勝手きわまりない母のエネルギーに押されるようにして、売れっ子の速記者と結婚した。こうして玉麟改め「玉田玉秀斎口演・山田都一郎速記」の講談本が売り出される。

しかし、寧と速記者の結婚は破れた。同時に玉秀斎口演の講談本は速記者を失ってしまった。

「よし、自分たちで筆記しようじゃないか」

その時、すでに大阪で成人して生活をしていた敬の長男阿鉄《おてつ》と三男顕、四男唯夫が、協力を申し出た。

阿鉄とは女のような名前だが、山田家には代々長男は育たぬといわれていたので、女名がつけられたのだ。阿鉄は歯科医の見習いになって、素早く歯科医の資格を獲得、開業していたのだが、一時そちらは休業とした。三男の顕は税関吏、四男唯夫は会社員であったが、こちらも勤めをやめて義父の速記講談の仕事に取り組むことになった。

阿鉄は大変な文学好きで、小説、文学書を読みあさり、歴史書、武芸書までも乱読していたので、義父の口演する講談を巧みに潤色していった。開けてびっくり、前よりも玉秀斎口演の速記講談本は人気を集めたのだ。忍術ブームの引き金となる「眞田幸村諸国漫遊記」が玉秀斎口演、山田酔神速記で誕生する。酔神は阿鉄のペンネームだ。

　とても酔神ひとりでは追いつかず、敬も寧も、弟の顕、唯夫も筆記をはじめる。そのうち、酔神が企画と題材を出して、玉秀斎が読み、家族が総がかりで筆記、できあがると玉秀斎が目をとおすという家族の集団創作となった。

　これらの速記講談本は大阪の立川文明堂などの出版屋から発行された。この〝立川〟をとって「立川文庫」といわれるのだ。これも本当はタツカワと読むのだが、いつの間にかタチカワとなっている。

「立川文庫」の猿飛佐助や霧隠才蔵などの忍者ものが大ブームになったのは、牧野省三が尾上松之助を使って忍術映画をつくったからでもある。

　敬の家は立川文庫の「工場」であった。それも、全くの家内工場だ。ものすごい忙しさであったが、文庫がいくら売れても印税ではなく安い買い取りの原稿料であったので、生活は少しも楽にならなかったらしい。労働の激しい零細手工業そのものだった。

　すさまじい文庫の売れ行きも、忍者の濫造《らんぞう》で次第に生気を失い、大正八年（一九一九）に玉秀斎がコレラで急死、あとを追うように敬が死ぬと、家族による創作集団工房は自然と消滅して、酔神らも、それぞれ本業に戻っていった。

　寧の娘蘭子は戦後、一家のことを「女紋」という小説にし、舞台やテレビでもさまざまに演じられているが、今治の美しい中年女性の恋愛が、立川文庫という大衆文化の華を咲かせたところが面白いのだ。

「電子立国」の高知四兄弟

樫尾忠雄

「貧乏だったことが、親の残してくれた最大の遺産だった」

カシオ計算機の創業者、樫尾忠雄の言葉だ。

忠雄が生まれたのは高知県久礼田《くれだ》村植田（現・南国市）の貧しい農家である。二期作もある高知県だが、植田あたりは段々畠しか作れず、土地もやせていて水持ちも悪かった。一家は蚕を飼ったり、焼物をつくったりして暮らしをしのいだ。

忠雄が五歳の大正十二年（一九二三）におきた関東大震災が、彼の人生を変える。――死者十万人、焼失、倒壊した家は七十万戸。母キヨノの弟が東京で大工として働いていた。電報を打っても返事もないので心配した父の茂が上京する。

無残な瓦礫《がれき》の街で、春一は元気でいた。

「義兄《にい》さん。東京へ出てこないか」

再建のはじまった東京では大工の仕事は山のようにあった。

大正十三年、忠雄一家は東京へ引っ越す。焼け跡のバラックで、四畳半と三畳に台所だけ。父は大工から左官、そして建材店に勤め、五人の子供たちのために、それこそ身を粉にして働く。小学校までかと思っていた忠雄を、母は内職をして高等小学校へ進ませてくれた。

昭和六年（一九三一）、十三歳で旋盤見習工として小さな工具会社に勤めた。機械いじりの大好きな忠雄は、乾ききった地面に水をしみ込ませるようにして新しい技術を覚えていく。

「これからの職人はウデだけではダメだ」

工場主のすすめと援助で、夜学の専門学校に入った。

昭和十七年の二十四歳、荒川の家に旋盤を一台据えつけて、自営の工員となる。戦争の最中《さなか》とあって軍需の仕事がいくらでもあった。しかし、昭和二十年に敗戦。東京は関東大震災の時のように瓦礫の街となった。いや、こんどは日本中が瓦礫だった。

敗戦の虚脱状態の中で、忠雄は三鷹市に焼け残った機械を集め、「樫尾製作所」をつくった。本物の独立である。自転車の発電ランプや、うどん製造機を考案して作ったり、思いつくまま何でも作った。結婚したての妻志げも手伝う。

次男の俊雄は幼い時から〝発明家〟になるといい、一日中火鉢にもたれ考えることに飽きない子供だった。

「兄さん、手伝うよ」

俊雄は作業場で〝指輪パイプ〟を発明する。指輪にパイプの吸い口をつけたもので、仕事しながらタバコが吸えるようになっている。父の茂が銀座や新宿の喫煙具店に売り込みに行った。まさにカシオ・ファミリー・カンパニーである。これが樫尾製作所の最初のヒット商品となった。

昭和二十四年、忠雄は俊雄、和雄、幸雄の弟たちをつれて第一回ビジネスショーに出かける。そこには外国製の電動式計算機があった。

「……兄さん、この計算機を作ってみよう」

言い出したのは次男の〝発明家〟俊雄である。活発で運動会ではいつも一等賞の三男和雄が、うなずいた。四男の幸雄は大学で機械を勉強している。

「ぼくも手伝うよ」

俊雄の思いついたアイデアを幸雄が図面に引き、忠雄と和雄が具体的な形に作りあげる。四兄弟は外国製に負けない独創的な計算機の開発に着手するが、まるでドン・キホーテのような挑戦でもあった。

継電器（リレー）を使い、電流で回路を切り替える方法で計算するという独創的な「カシオ一四―A型」が昭和三十一年に完成する。「一四」は十四桁まで計算できる意味、Aは一号機を表す。

外国メーカーの社員が「カシオ一四―A型」のキーをおしてみて、「ワンダフル」と声をあげた。この世界初の純電気式計算機は世界の計算機界を席巻した。さらに電子式の計算機を開発、ポケットに入るまで小型化した「カシオミニ」は一千万台を超えるスーパーヒット商品となる。

そして電子キーボード、液晶テレビやOA機器など〝電子立国〟の象徴的な大会社に成長する。

「会社を大きくしてこられたのは、兄弟の仲が良かったからだろうと思う。なぜ、仲がよいのかと問われたら、生真面目《きまじめ》に生きた親の背中を見て育ったからだとしか言いようがない。貧しくとも、ものはなくとも生活は楽しかった」

平成三年、樫尾忠雄、死去。七十五歳。日本の歩んできた道と似た人生だった。

池田勇人

全身白衣の病人遍路、やがて日本の総理に

今治市の沖に浮かぶ大島に一艘《そう》の木造船が着いた。

船から顔も手も包帯で包んだ白衣の遍路姿の男が、数人の女性たちに助けられて白い砂浜に下りた。――昭和九年（一九三四）の春のことだ。

「一番札所は、このすぐ上です」

坂道を杖《つえ》にすがるようにして登ると、小さな堂があって、島四国八十八カ所の一番札所霊山寺《りょうぜんじ》とある。大島の八十八カ所巡りは江戸時代の文化四年（一八〇七）にはじめられたとされている。

包帯で全身を包んだ三十四歳の男は、大島の北、広島県豊田郡吉名村（現・竹原市）の造り酒屋の次男、池田勇人だ。のちに総理大臣になり、日本の高度成長を指導する人物である。

勇人は京都帝国大学を卒業後、大蔵省に入った。広島県人の宮沢裕（宮沢喜一の父）の紹介で、伯爵広沢金次郎の三女、直子と結婚、二十七歳にして函館税務署長に赴任、すぐに宇都宮税務署長になるなど、順風満帆の歩みをみせていたが、昭和五年の秋、突然に悪夢のような病気に見舞われるのだ。

「どうも手足がムズムズして、かゆい……」

ぽつんとアズキ大の水ぶくれができている。そのうち、皮膚がはげて、吹き出ものは全身にひろがる。大学病院に入って検査をくりかえし、やっと病名がわかった。

――落葉性天疱瘡《ほうそう》。

何万人に一人という病で、しかも難病だという。白い軟膏を塗るために頭も丸刈り、ぐるぐる巻きの包帯姿は、まるで全身大火傷《やけど》を負ったような無残な姿である。宇都宮税務署長の椅子《いす》は投げ出すしかない。

東京にある直子夫人の実家で闘病生活がはじまる。闘病というが、治療のきめ手もない。菜食に切りかえて、ひたすら痛みとかゆみに耐える。あとは勇人の母のウメが一心に四国石鎚権現に祈り、夫人の直子はキリストに祈った。その直子が突然、看病疲れのためか心臓発作で死ぬ。最愛の妻に先立たれた勇人は大蔵省に退職願を出して、郷里の吉名村へ帰った。

「勇人の病気を治すためには、家の全財産がなくなっても構わん」

両親は息子のために五人の看護婦を雇った。家族は水ごりをとり、お百度を踏む。

「遊んでいるなら、手伝いに来てくれ」

親戚《しんせき》の娘、大貫満枝が、看病の手伝いにやってきた。満枝は、きたなく、むごたらしい手当てを、厭《いや》がりもせず手伝った。

「お兄さん、頑張ってね……」

勇人の心に、満枝への愛が芽ばえた。

「勇人、大島へお遍路に行きんさい」

こうして、池田勇人は池田家の持ち船に乗り、全身包帯の白衣巡礼姿で、大島にきたのだ。

「もし、僕の病気が治ったら、必ず吉名へ帰ってほしい」

勇人の手紙に、満枝の返事。

「まず生きることが大切です。私に対するお気持ちなど、あとあとのことだと存じます。回復だけを念じております」

ふつう大島遍路は二、三日の行程であるが、勇人は一日かけてたった四キロの五番札所安楽寺までを歩くのがやっとだった。全身包帯の姿では宿屋に泊まることもはばかられて、海岸伝いについてくる持ち船で泊まった。

こうして、全長六十三キロの島八十八カ所を歩き続けた。不思議にも、全身の皮膚から、かさぶたが剝離しはじめた。しかも、その下から新しい皮膚が顔を出しているのだ。

四年の闘病生活ののち、池田勇人は大蔵省へ帰る。奇跡的な復活に、勇人は一生〝弘法大師〟への合掌を忘れなかった。

大貫満枝とは、復職後の翌年に結婚する。

「貧乏人は麦を食え」

政界に転じた池田勇人は、大蔵大臣を経てついに総理大臣となる。

「所得を倍増させます」

昭和三十九年、東京オリンピックの開会を見てから、総理を辞職する。喉頭癌《がん》だった。翌四十年夏、死去。六十六歳。

子規が呼んだアメリカ人夫妻
H・アイザクソン

そこは四国の深奥部といっていいだろう。愛媛県上浮穴郡《かみうけなぐん》美川村《みかわ》に不思議な五人のアメリカ人たちが姿を見せた。昭和四十年のことだ。五人のうちの一人は日本人と同じ顔をしていて、シゲコと呼ばれていた。

五人のアメリカ人は、美川村の中でもはずれにある藁《わら》ぶきの家に住みつく。リーダーである五十歳のアメリカ人の名はハロルド・アイザクソン。彼はアメリカのミネソタ大学やハワイ大学などで日本文学や日本美術を教えていた。シゲコと呼ばれる女性は、日系二世のアメリカ人で、アイザクソンの教え子であり、妻でもある。あとの三人は彼の教え子たちで、日本を知るために四国遍路をしながら師のアイザクソン夫妻の到着を待っていたのだ。

うち、日本語をしゃべるのはシゲコ（寺前繁子）とピンカールだけである。もっともシゲコの日本語は両親の出身である和歌山弁なので、師であり夫でもあるアイザクソンから正しい日本の言葉を教えられた。その日本語は平家物語や、雨月物語の日本語であった。

アイザクソンはサンスクリット語をはじめ、ペルシャ語、ヒンズー語、フランス語、イタリア語など世界十数カ国語を解し、東洋思想、なかでも日本文化を研究していた。その日本文化の中でも、俳句、川柳に注目して、正岡子規を生んだ四国にやってきたのだ。

美川村ではヒッピーのようなアメリカ人たちの来村に驚きはしたが、難しい本を読みふけり、また瞑想《めいそう》を続けるのを見て、野菜や果物を届けたりしている。

アイザクソン夫妻と師弟たちは、二年後に近くの山の町久万《くま》に引っ越す。

アイザクソンは俳句の研究、そして子規の研究に打ち込む。弟子たちも俳句研究の他に、能、義太夫、碁、さらに刀かじの研究に散っていく。

シゲコは一女一男を産む。長女の名はヤヨイ（弥生）、長男はツキマル（月丸）から始まって、成長するに従いバクオウ（獏王）、ハルナガ（春永）と名が改めた。

松山市近郊の伊予市の寺、正圓寺の近くに移る。そこからは松山城が見えた。子規の墓も近い。

アイザクソンは「Ｐｅｏｎｙ　ＫＡＮＡ」（牡丹かな）を書く。子規の俳句を翻訳しているのだが、その中で〝切れ字〟の翻訳にあたって彼は一つの〝発明〟をする。「かな」「けり」「や」など、俳句には独特の語尾があって、五七五の調子を高めている。五七五のリズム自体が翻訳を拒絶するものであるが、それはスリー・ライン・ポエム（三行詩）として解決するにしても〝切れ字〟は訳しようもない。そこで、アイザクソンは子規の一句の中で、「牡丹かな」の部分を「Ｐｅｏｎｙ　ＫＡＮＡ」と切れ字をそのままローマ字で表記したのだ。

アメリカに二年ほど帰国したのち、再び四国にやってくる。愛媛県南宇和郡城辺町に、やはり藁ぶきの家を借りて住む。そこで三年、俳句の研究と論文の発表を続けるが、母危篤の報にアイザクソンはひとり帰国した。帰国したアイザクソンを待っていたのは、自分自身の〝癌《がん》〟であった。

シゲコの帰国を待たず、アイザクソンはアメリカで死去した。昭和四十九年三月のことだ。二人の子供をかかえたシゲコは、オランダへ渡る。オランダのフローニンゲン大学で日本文学の翻訳の仕事があったのだ。

平成元年、シゲコはフローニンゲン大学の〝日蘭人文情報工学研究所〟を持ってふたたび愛媛県に帰ってくる。愛媛県の中山町に研究所を置いて、歳時記の翻訳にとりかかる。

「主人（アイザクソン）がしようとしてから二十年目になります」

日本の歳時記が本格的に翻訳されたことは、今までになかった。文化や自然、歴史習俗に裏づけられた歳時記を、翻訳するのは想像を絶する作業である。それが仕上がった。

「何枚の原稿になりましたか」

の問いに、彼女はこう答えた。

「十キログラムになりました」

アイザクソンの墓は伊予市正圓寺の墓地にある。はるか松山城を望むことができ、それは彼の遺言であったとも伝えられている。墓碑には、

『アイザクソン・ハロルド、聖光常楽藍山大居士』

とある。藍山はアイザクソンの俳号だ。並んで赤字でアイザクソン繁子の名があり、戒名も彫られてあった。

『無量大楽耳根大姉』

繁子は一九一四年生まれのアイザクソンより二十一歳若い一九三五年生まれ、耳根は彼女の俳号である。

あとがき

四国は、実は岩手県と同じくらいの広さで、とても四つも国が集まっているとはいえない島国だが、日本列島の中で特異な大きさを持っている島である。

それは、四国が〝死国〟であり、そこへ行って死にたい場所であり、さらに重要なのは、そこで再び蘇生したい〝再生〟の場所でもあるからだろう。

平たくいえば、〝遍路の国〟となってしまうが、四国を往来する人びとは、命ぎりぎりの往還ぶりを見せている。

〝都〟をのぞけば、四国ほど往還の多い地はないという不思議は、四国が〝生と死〟の、いいかえれば、〝往生と転生〟の地であったからだろう。

四つの国、愛媛（伊予）、香川（讃岐）、徳島（阿波）、高知（土佐）を平均にとりあげて、〝百の往還〟にまとめてみた。実は朝日新聞の四国版の週一回の連載で、第一回が一九九一年一月三日であったので、ジョン万次郎からはじまった。万次郎が郷里の港から出港したのが一月三日だったからである。（一九九三年四月二十三日まで連載）

往還する人びとの中には詩人が多いのに驚いた。四国は〝詩国〟といわれているのも、あながち当て字だけの遊びではないようだ。

それにしても、何億人の名もなき人びとが、死と再生を願って四国を往還したかしれない。いや、何十億人か、数えようもない。ほんとうは、名もなき人びとの、命ぎりぎりの往来こそ書かねばならない往還記だろうが、それはまた別の機会にゆずるしかない。

私は四国の遍路みちに面した家に生まれ育ったけれど、あの場所こそは生死《しょうじ》の花の降りそそぐ修羅の道辺であったと、今つくづくと思いかえされるのである。

早坂　暁

一九九三年暮れ

「遍路国往還記　復刻版」発刊によせて

来年は、「昭和一〇〇年」に当たる。昭和の真っ只中にこの世に生を受けた私は、知らず知らずのうちにその時代の空気感と景色を心身に沁み込ませながら時を過ごしてきた。昭和の歩みは、戦後復興と近代化に取り組む中にあって、我が国古来の風土や精霊信仰の尊さを忘れることなく、「義理」や「人情」が人々の心の奥底に宿る良き時代であった。そうした昭和期も、デジタル化の潮流が浸透しはじめ、人々の心のふれあいが薄まる中で、経済バブルの崩壊とともに幕を閉じた。あれから三十年余、遥か遠くになりにけりの感があり、寂しい思いが募る。

愛媛県北条町（当時）ご出身の早坂暁氏の筆によるこの「遍路国往還記」は、平成に元号が変わった直後から朝日新聞に連載され、書籍化されたとお聞きした。一昨年だったか、私は、今回、本書の復刻を発案されたセーラー広告㈱社長の村上義憲氏から、早坂氏ともども同郷のご縁もあって、本書（原版）を贈呈いただき、初めて拝読させていただいた。

仏教用語に「四苦八苦」という言葉がある。「四苦」は「生」「老」「病」「死」の四つの苦しみであり、「八苦」とともに、謂わば人生は苦労に苦労を重ねて生き抜くものといったことを教える。この遍路国往還記には、百篇の「人生」が、四国を舞台に簡潔かつ見事な筆致で描かれている。有り様は千差万別なれど、いずれの「人生」も苦難に立ち向かうものである。

そして、苦難に遭遇する都度に出会う人々の義理や人情に支えられ助けられて乗り越えていく。その姿に、清々しさと懸命に生きることの大切さを思い起こさせてくれる。

私事ながら、私の名前は、父が「池田勇人氏」から拝借して名付けたらしい。そうしたこともあり、村上社長から本書を頂戴し、最初に目を通したのは池田氏の闘病記であった。氏がそうした苦難を体験されたことなど全く知らなかった。また、百篇の登場人物には、お名前も知らなかった方も少なくなく、とても新鮮な出会いをさせていただく機会となった。

本書のタイトルは、四国遍路の巡礼記を連想させるが、遍路を直接描いたものではない。四国遍路の特徴・価値は、「円環」「再生」「共生」にあると言われる。本書は、どの逸話から読んでもよい円環形式により、周囲の人々の助けを借りながら再生していこうとする姿を描き出しており、読後にはお遍路巡りを成し遂げた充実感を味わえる設えになっている。

目まぐるしく移り変わる現代社会にあって、本書は心穏やかに日々を送っていくうえで打って付けの教本であり、復刻版出版に際して多大なるご尽力をされた村上社長に深く敬意を表させていただきたい。多くの皆さまが本書を手元に置かれ、これからの人生の節目節目において読み返していただくことを是非ともお薦めしたい。

二〇二四年六月

四国経済連合会　佐伯　勇人

遍路国往還記　復刻版

二〇二四年六月一日　初版発行

著　者　早坂　暁
発行者　村上義憲
発行所　セーラー広告株式会社
〒七六〇-八五〇二　高松市扇町二丁目七番二〇号
電話：〇八七-八二三-一一五五
発　売　株式会社　美巧社
〒七六〇-〇〇六三　高松市多賀町一-八-一〇
電話：〇八七-八三三-五八一一

印刷：株式会社　美巧社
ISBN978-4-86387-194-6
定価はカバーに表示してあります